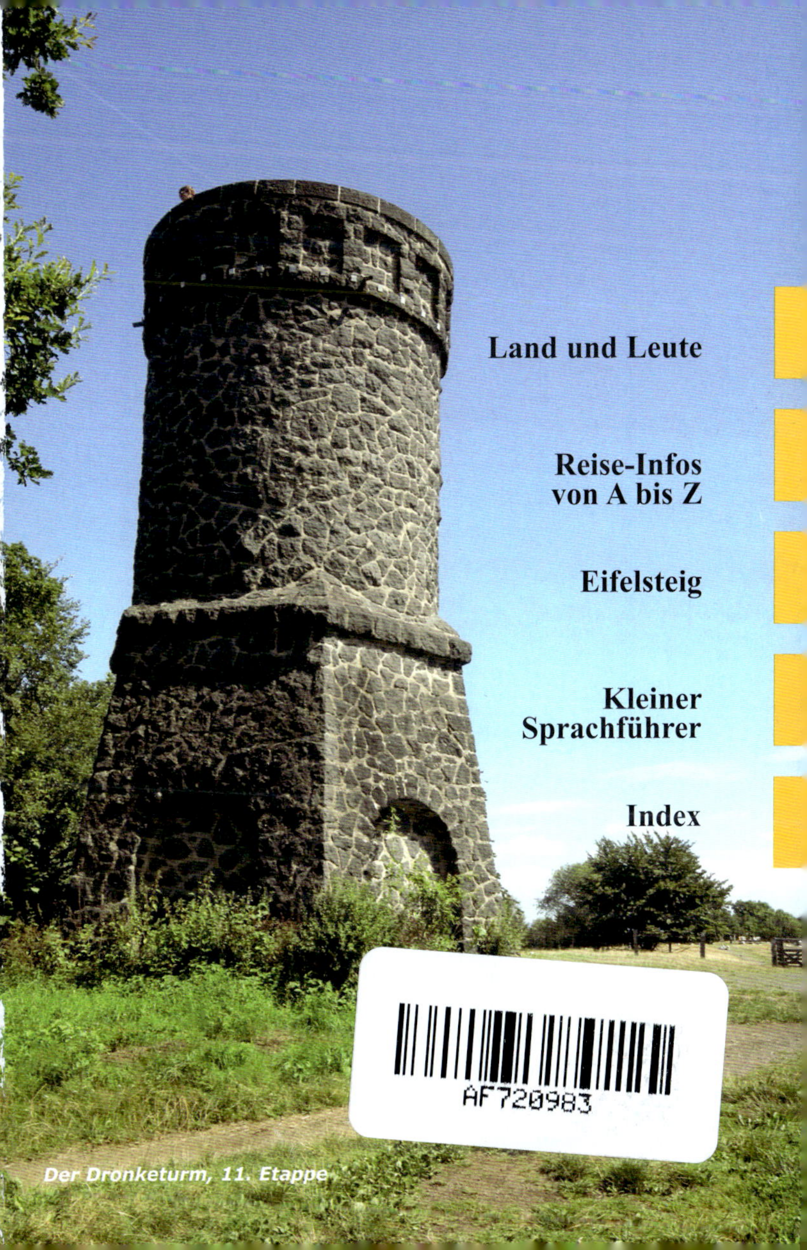

Der Dronketurm, 11. Etappe

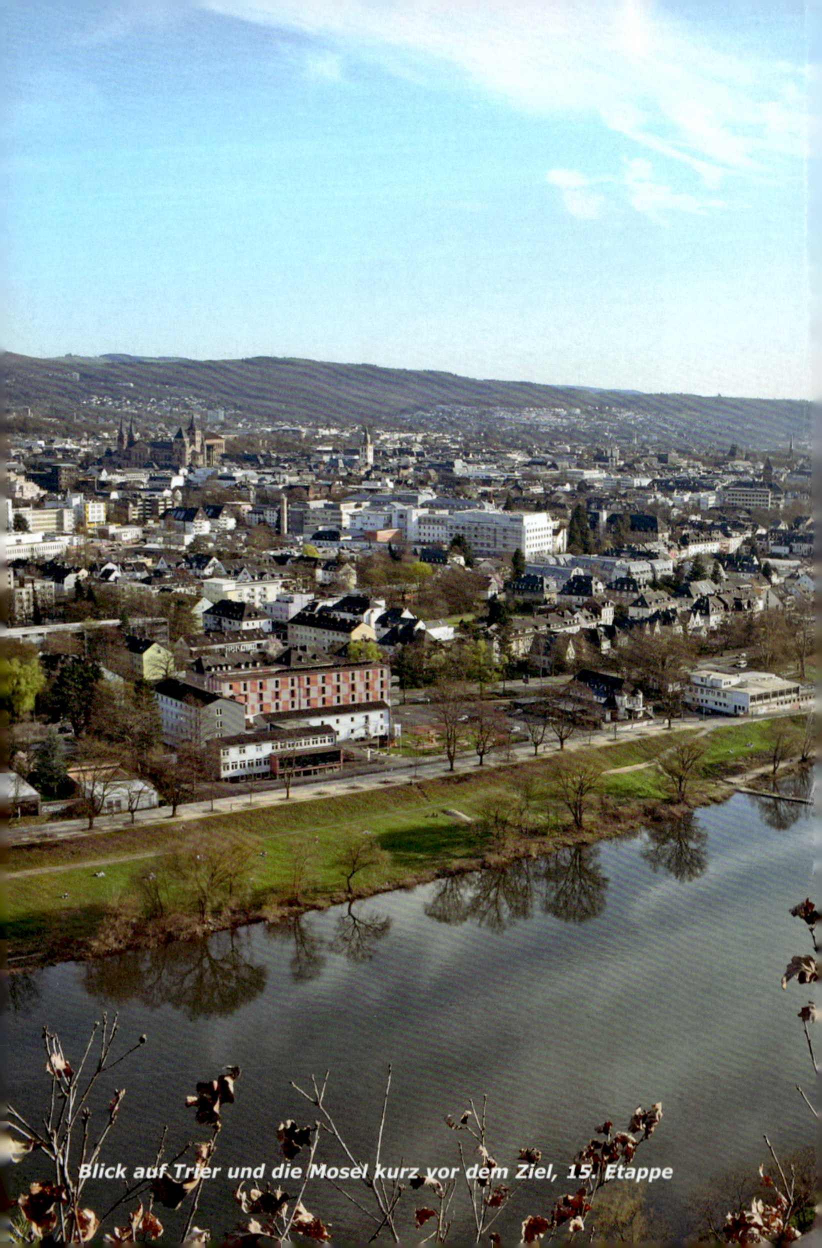

Blick auf Trier und die Mosel kurz vor dem Ziel, 15. Etappe

Band 226

OutdoorHandbuch

Ingrid Retterath

Eifelsteig

von Aachen nach Trier

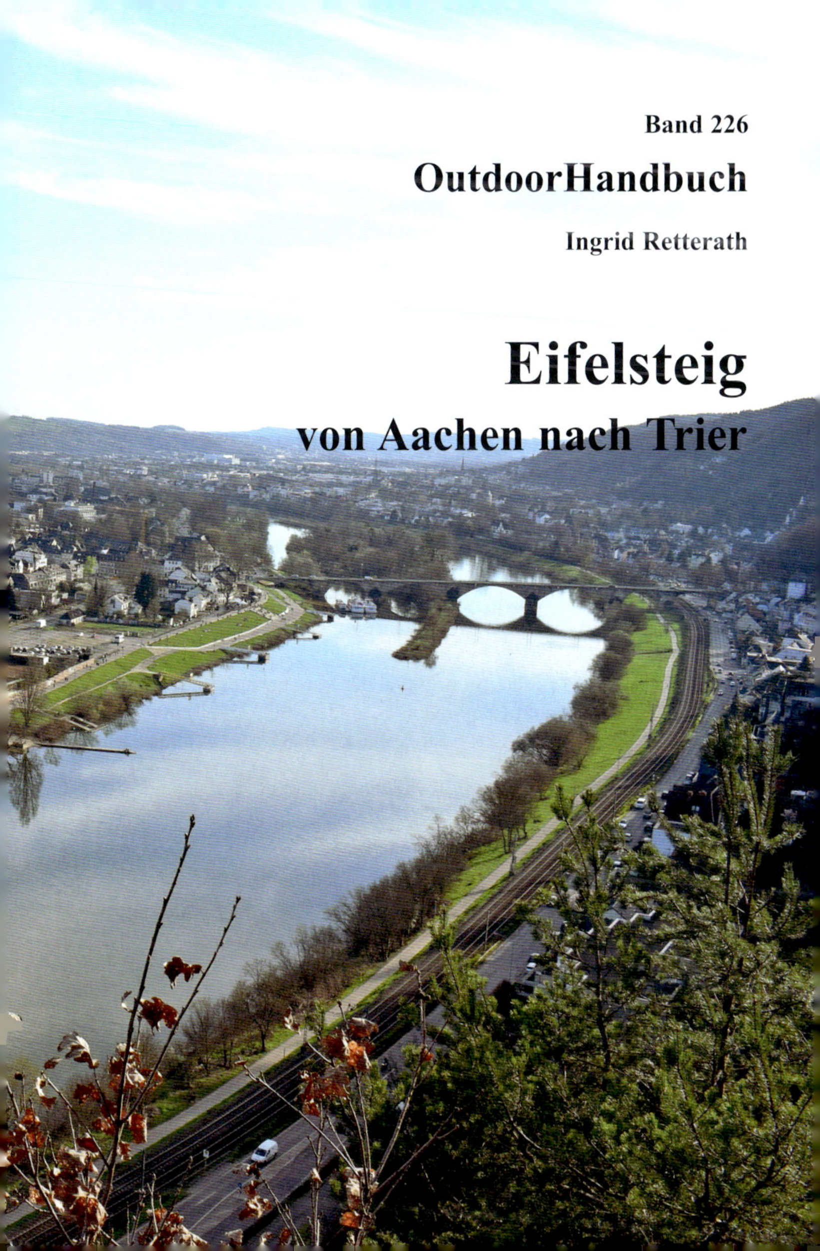

Eifelsteig

Alle Informationen, schriftlich und zeichnerisch, wurden nach bestem Wissen zusammengestellt und überprüft. Sie waren korrekt zum Zeitpunkt der Recherche. Eine Garantie für den Inhalt, z. B. die immerwährende Richtigkeit von Preisen, Adressen, Telefon- und Faxnummern sowie Internetadressen, Zeit- und sonstigen Angaben, kann naturgemäß von Verlag und Autorin – auch im Sinne der Produkthaftung – nicht übernommen werden.

Die Autorin und der Verlag sind für Lesertipps und Verbesserungen (besonders per E-Mail) unter Angabe der Auflagen- und Seitennummer dankbar.

Dieses OutdoorHandbuch hat 224 Seiten mit 68 farbigen Abbildungen sowie 18 farbigen Kartenskizzen im Maßstab 1:100.000, 15 farbigen Höhenprofilen, 5 farbigen Stadtplänen und einer farbigen, ausklappbaren Übersichtskarte. Es wurde auf chlorfrei gebleichtem, FSC®-zertifiziertem Papier gedruckt, in Deutschland klimaneutral hergestellt und transportiert und wegen der größeren Strapazierfähigkeit mit PUR-Kleber gebunden.

FSC
www.fsc.org
MIX
Papier aus verantwortungsvollen Quellen
FSC® C009051

Klimaneutral
Druckprodukt
ClimatePartner.com/10951-2107-1012

Dieses Buch ist im Buchhandel und in Outdoor-Läden erhältlich und kann im Internet oder direkt beim Verlag bestellt werden.

OutdoorHandbuch aus der Reihe „Der Weg ist das Ziel“, Band 226

ISBN 978-3-86686-698-0 3., überarbeitete Auflage 2021

Text und Fotos: Ingrid Retterath
Karten: Heide Schwinn
Lektorat: Ricarda Kuschma
Layout: Alexandra Sauerland

Gesamtherstellung: gutenberg beuys feindruckerei

Dieses OutdoorHandbuch wurde konzipiert und redaktionell erstellt vom:

Conrad Stein Verlag GmbH,
Kiefernstr. 6, 59514 Welver,
☏ 023 84/96 39 12,
info@conrad-stein-verlag.de,
www.conrad-stein-verlag.de

Titelfoto: Burg Kerpen, 8. Etappe

Inhalt

☺ Eine **Übersichtskarte** des Weges, **Autorenprofil** sowie eine Liste aller verwendeten **Symbole** in diesem Buch finden Sie auf den vorderen und hinteren Umschlagseiten bzw. -klappen.

Einleitung

„Fels & Wasser“ ist das Motto dieses Premiumwanderweges durch die schönsten Wälder, Felder und Ortschaften der Eifel. Er gehörte schon vor Abschluss der Markierungsarbeiten zu den zehn Top-Trails von Deutschland. Es ist mir daher eine besondere Freude, Ihnen diesen Fernwanderweg vorstellen zu dürfen. Sie werden unterwegs garantiert zahlreiche Erlebnisse haben, die in engem Zusammenhang mit Wasser und Fels stehen. Beim wachsenden Wasserfall von Nohn treffen Sie sogar auf eine perfekte Kombination aus beidem.

Die idyllischen Täler kleinerer Flüsse wie Rur, Urft, Lieser, Salm und Kyll begleiten Sie auf dem gesamten Weg. Mächtige Felswände, verlassene Steinbrüche und urige Eremitenhöhlen bilden hierzu den perfekten Kontrapunkt. Im Norden wandern Sie durch das Hohe Venn, eines der größten Hochmoore Mitteleuropas. Durch das Rurtal gelangen Sie zum Rursee und erleben die Schönheiten des Nationalparks Eifel. In der Kalkeifel begegnen Ihnen Kalkmagerwiesen und Wacholderheide. In der Vulkaneifel erinnern Maarseen und Trockenmaare an die vulkanische Geschichte der Region. Kurz vor dem Ziel zieht die Südeifel mit ihren Buntsandsteinfelsen noch einmal alle Register.

Der Weg eignet sich zudem sehr gut für Pilger auf dem Jakobsweg, die nach dem Besuch des Aachener Doms auch den Trierer Dom und das Grab des Apostels Matthias besuchen wollen, bevor sie weiter zum Grab des Apostels Jakobus pilgern. Er führt mit einem deutlich geringeren Asphaltanteil als alle üblichen Pilgerwege an zahlreichen Kirchen und Klöstern vorbei, die bis heute Anlaufstelle für Pilgerreisende sind. Besonders sind hier das Kloster Steinfeld und die Abtei Himmerod zu nennen. Ich habe eine meiner Recherchewanderungen auf dem Eifelsteig als Jakobspilgerin absolviert und wurde – von zahlreichen herzlichen Wünschen und nützlichen Tipps beflügelt – geradezu von Etappe zu Etappe getragen.

Ich wünsche Ihnen gute Erholung, blasenfreies Laufen und viele nette Begegnungen.

Ingrid Retterath

Danke

... sage ich an dieser Stelle allen, die mich beim Erstellen dieses Buches unterstützt haben. Das gilt ganz besonders für Freddy Thobe, der mich bei einer Etappe durch echtes Wildwetter begleitete.

Herzlichen Dank sage ich meiner Freundin Maria Leiff für ihre ortskundige Hilfe sowie den Damen und Herren der örtlichen Touristeninformationen für ihre Beratung und Unterstützung.

Dank und Grüße auch an Christian Koch, Martin Hungenbach und Armin Hofmann, die ich bei früheren Wanderungen fotografieren durfte und deren Fotos ich weiterhin nutzen darf.

Mein umfassendster Dank gilt allen Lesern der zweiten Auflage, die mit ihren Zuschriften auf Änderungen aufmerksam machten und mich mit klugen Anregungen, freundlicher Kritik und wohltuendem Lob versorgten.

Last, but not least, schätze ich mich glücklich, mit meiner Mutter Gerda Retterath und meiner Freundin Silke Sohler ein seit vielen Jahren zuverlässiges Vorablese-Duo an meiner Seite zu haben.

Bitte

... schreiben Sie mir, wenn Ihnen Fehler, Änderungen und Lücken auffallen. Informationen in Reiseführern sind unweigerlich **Veränderungen** unterworfen: Die Wegführung wird verändert, ein Hotel ändert seine Preise, eine neue Pension wird eröffnet, eine Privatperson bietet ihre Dienste nicht mehr an, ein Museum verlegt seine Öffnungszeiten, eine Busverbindung wird eingestellt, ein vormals angenehmer Waldweg wird zur Schnellstraße ...

Dies gilt umso mehr für ein Buch, das unter den Bedingungen der Coronapandemie entstanden ist, und eine Region, die von den Überflutungen im Juli 2021 schwer gebeutelt wurde. Bei Redaktionsschluss stand nicht fest, welche Hotels, Pensionen, Jugendherbergen und Einkehrmöglichkeiten nach der Beseitigung der Flutschäden und nach der Pandemie überhaupt ihren Betrieb wieder aufnehmen bzw. aufrechterhalten können.

Allen Zuschriften von Lesern werde ich nachgehen und sie bei der Folgeauflage berücksichtigen. In der Zwischenzeit werden ihre Tipps auch bereits in den **Updates** zum Buch auf der Verlagshomepage zu finden sein. Und natürlich können Sie auch einfach nur schreiben, wo es Ihnen besonders gut gefallen hat: eifelsteig@retterath.net

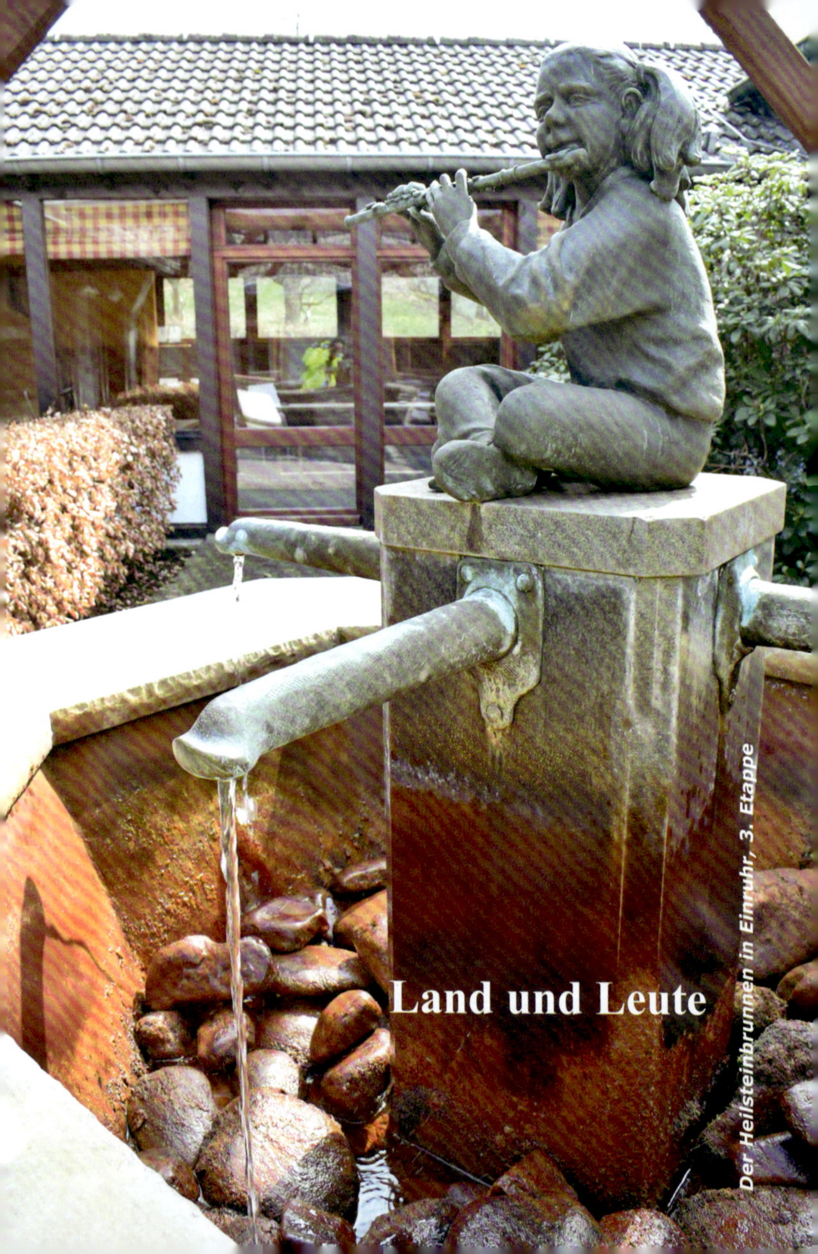

Land und Leute

Der Heilsteinbrunnen in Einruhr, 3. Etappe

Die Eifel ist ein Mittelgebirge, das sich westlich der Kölner Bucht bis zum Hohen Venn im deutschsprachigen Teil Belgiens und hinunter nach Luxemburg und an die Mosel erstreckt. Höchste Erhebung ist ein Vulkankegel mit dem Namen Hohe Acht (747 m).

Die raue Landschaft mit ihrer vielfältigen Vegetation ist besonders gut im **Nationalpark Eifel** zu erleben, der nicht weit vom Ziel der Wanderung entfernt liegt. Der Nationalpark ist noch recht jung, er entstand in einem vormals militärisch genutzten und lange Zeit für Zivilisten gesperrten Gebiet.

Die Menschen in der Eifel sind zurückhaltender als im benachbarten Rheinland. Umherirrende Fremde mit Rucksack werden eher mit freundlichem Interesse beobachtet als angesprochen. Beim Betreten einer Dorfkneipe kann es Ihnen passieren, dass kurz alle Gespräche ersterben. Nach der ersten Kontaktaufnahme mit dem Wirt ist das Eis meist schnell gebrochen, die unterbrochenen Themen werden wieder aufgegriffen und Sie können ungestört essen, trinken oder Ihre Unterkunft festmachen.

Sprache

In der Eifel wird „Hochdeutsch mit Knaubeln“ gesprochen. Sie werden bei Einheimischen den rheinischen Singsang heraushören, selbst wenn diese meinen, reinstes Hochdeutsch zu sprechen. Je kleiner der Ort, je ländlicher, desto mehr rheinische Ausdrücke mischen sich in die Sprache. Es bleibt aber stets gut verständlich für andere Deutsche und für Ausländer mit deutschen Sprachkenntnissen. Ein paar Begriffe zum Sattwerden finden Sie bei ☞ Essen und Trinken, andere Survival-Phrasen im Anhang.

Der „alte“ Eifelsteig

Lange bevor der Eifelsteig zwischen Aachen und Trier in aller Munde war, wanderten wir auf dem Eifelsteig. Wie kann das sein? Ein 86 km langer Rundwanderweg von Blankenheim über Hellenthal, Einruhr, Gemünd und Steinfeld wieder nach Blankenheim hieß schon vor Jahren Eifelsteig. Vier bis fünf Tage dauerte eine Wanderung durch die Nordeifel, es gab schon Gepäckservice und Pauschalarrangements für die Wanderung.

Als überlegt wurde, einen Premiumwanderweg für die gesamte Eifel anzulegen, gefiel den Planern der Name Eifelsteig so gut, dass der alte Weg dem Rotstift zum Opfer fiel.

Mit Fertigstellung der Markierungen für den „neuen" Eifelsteig wurden die Markierungen für den „alten" Eifelsteig entfernt, damit keine Verwirrung aufkommt. Damit keine falsche Trauer aufkommt: Auch der neue Eifelsteig führt durch die schönen Örtchen Blankenheim, Einruhr, Gemünd und Steinfeld, zum Teil sogar auf den alten Wegen und zum Teil auch mit angenehm reduziertem Teeranteil. Hellenthal hat einen guten Eifelsteig-Partnerweg erhalten.

Der Weg: Idee und Anlage

Gut vorstellbar, dass nach der einvernehmlichen Idee, einen Premiumwanderweg durch die Eifel anzulegen, die Meinungen sehr auseinandergingen, wo genau er verlaufen soll. Zu viele Möglichkeiten standen zur Verfügung, Einheimischen und Ortsfremden die Schönheit der Eifel in ihrer Gänze zu zeigen und dabei auch noch möglichst abgasferne, teerfreie Wege zwischen den Sehenswürdigkeiten zu finden.

Sicherlich gab es auch ein Tauziehen zwischen einem relativ gradlinigen Weg und möglichst vielen Schleifen zu weiteren sehenswerten Zielen. Mit keinem der Verantwortlichen hätte ich tauschen wollen, als entschieden werden musste, welches malerische Örtchen, welcher idyllische Wasserfall und welche wehrhafte Burg dann doch nicht malerisch, idyllisch oder wehrhaft genug war, um ein weiteres Abweichen von der eigentlichen Nord-Süd-Route zu rechtfertigen.

Meine Gratulation! Der neue Eifelsteig verbindet die unterschiedlichen Landschaften der Eifel und viele der schönsten Orte harmonisch miteinander. Dichte Wälder, windumwehte Kuppen, wilde Täler, stille Maare, schroffe Felsen, unerwartete Wacholderschutzgebiete, geheimnisvolle Hochmoore – nichts wurde ausgelassen. Entstanden ist ein abwechslungsreicher Weg mit gut gestalteter Wegführung. Wann immer es möglich war, haben die Planer einen schmalen, fußfreundlichen Weg gewählt. Nicht einmal in den Orten muss man lange Asphalt treten, auch hier wurden oftmals kleine Wege und Pfade am Ortsrand gefunden und markiert.

Die Markierungsarbeiten übernahmen viele fleißige Helfer des Eifelvereins. Der nördliche Teil war bereits im Herbst 2007 fertiggestellt, der rheinland-pfälzische Teil folgte 2009. Im deutschen Teil ist der Weg durchgehend gekennzeichnet, es fehlt nur die Teiletappe auf belgischem Staatsgebiet im Hohen Venn. Geplant ist auch ein Ardennensteig in Belgien, der dort mit dem Eifelsteig deckungsgleich sein soll.

Der Eifelsteig wird am Ende durchgängig auf Sicht markiert sein. Wenn Sie an einem Wegweiser stehen, sehen Sie also meist schon den nächsten. Die nächste Markierung erfolgt damit stets lange vor dem Punkt, an dem Sie sich fragen, ob Sie richtig laufen. Auf den Wegweisern ist ein symbolischer Wanderweg in Gelb abgebildet, der einen grünen Untergrund (Wald/Wiese) in einem Bogen durchschneidet. Rechts des Bogens ist ein blaues Oval abgebildet, das eines der Eifeler Maare darstellen soll. Üblich sind Aufkleber auf Laternen und Ampelpfählen sowie handgemalte Kunstwerke und aufgesprühte Symbole auf Bäumen. Wo ausnahmsweise Markierungen fehlen (sie sind leider beliebte Souvenirs), hilft dieser Wanderführer.

Wanderrichtung

Der Eifelsteig ist in Nord-Süd-Richtung konzipiert, aber auch in Gegenrichtung perfekt markiert und gut zu laufen. Ich beschreibe ihn von Nord nach Süd, damit die an diese Laufrichtung gebundenen Jakobspilger keine Schwierigkeiten bei der Orientierung haben. Weiterer Vorteil dieser Laufrichtung ist, dass am Ziel in der Trierer Innenstadt eine bessere Infrastruktur mit bequemeren Rückreisemöglichkeiten auf Sie wartet, als es in dem kleinen Kornelimünster der Fall ist. Anhand der im Buch enthaltenen Beschreibungen und Karten sowie der Wegmarkierungen in der Natur dürfte es aber auch keine Schwierigkeit sein, den Weg von Trier nach Aachen zu wandern.

Partnerwege

Mancherorts ist es am Eifelsteig so schön, dass man am liebsten einen Tag länger bleiben würde oder dass man allein für einen Tagesausflug anreisen möchte. Dafür wurden rechts und links des Eifelsteiges ganze 20 Partnerwege angelegt, das sind für eine Halbtages-, Tages- oder Zweitageswanderung geeignete Touren mit besonderem Themenschwerpunkt oder Zubringerwege von ebenfalls sehr schönen Eifelorten mit Anschluss an den Eifelsteig. Im Bereich der Vulkaneifel heißen diese Vulkaneifel-Pfade. Besonders entspannende Wege mit schönen Geschichten werden Muße-Pfade genannt. Sie sind genauso gut markiert und beschildert wie der Eifelsteig.

Reise-Infos von A-Z

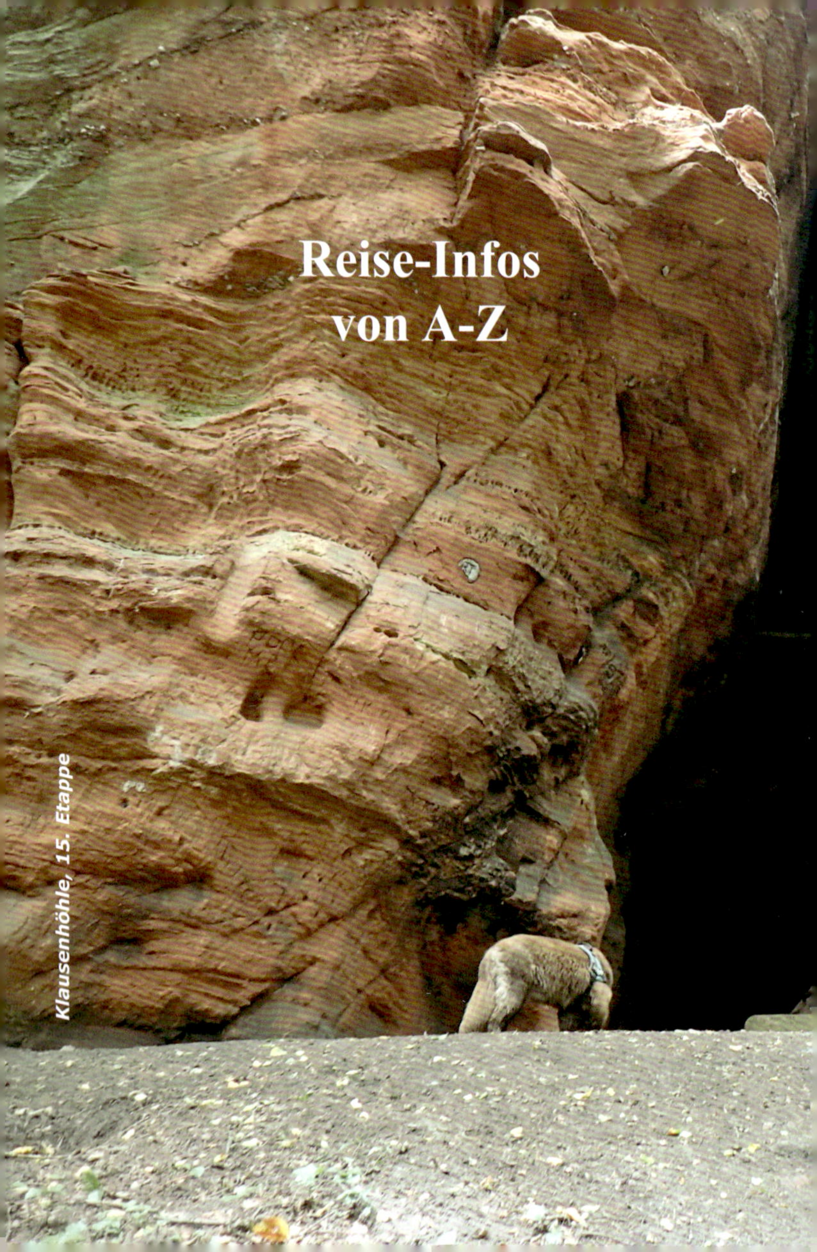

Klausenhöhle, 15. Etappe

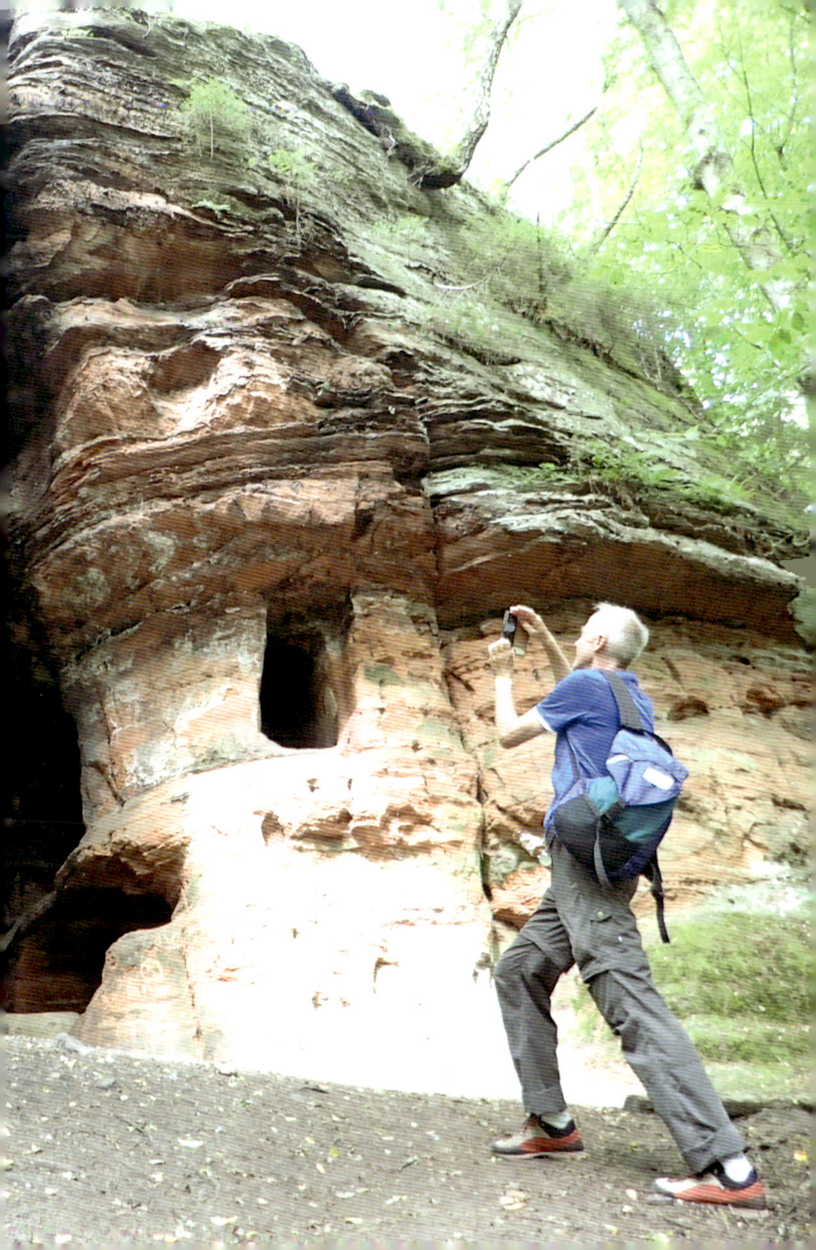

An- und Abreise

Auto

Nach Aachen reisen Sie aus Köln über die A4 an, aus dem Ruhrgebiet führt die A44 zum Autobahnkreuz Aachen. Dort führt die A544 Richtung Europaplatz, vom dortigen Kreisverkehr aus ist die Innenstadt gut ausgeschildert.

Bahn

Am Start in Aachen und am Ziel in Trier haben Sie Bahnanschluss an DB-Bahnhöfe. Beide sind Haltepunkte für viele regionale, überregionale und internationale Züge.

Auf der Eifelstrecke Köln – Trier verkehren der Eifel-Mosel-Express RE12, der Eifel-Express RE22, die Eifel-Bahn RB24 und die RB83. Nahe des Eifelsteigs halten sie in Kall, Nettersheim, Blankenheim (Wald), Gerolstein, Kordel und Trier.

Auf der Mosel-Sauer-Strecke verkehrt der RE14 von Trier über Igel nach Luxemburg, über die Moselstrecke sind Trier und Koblenz miteinander verbunden.

▷ DB Regio NRW GmbH, Domprobst-Ketzer-Straße 1-9, 50667 Köln, ☏ 08 00/150 70 90 (gebührenfreie Fahrplaninfos für den Fernverkehr), ☏ 018 05/19 41 95 (Beschwerden, Schadensfälle), ☏ 118 61 (persönliche Beratung), ☏ 018 05/99 05 99 (zentrales Fundbüro der DB)

▷ Die schlaue Nummer im Nahverkehr hilft bei der Suche von Verbindungen, Fahrplan und Tarifen: ☏ 018 03/50 40 30.

▷ VRS Verkehrsverbund Rhein-Sieg GmbH, Krebsgasse 5-11, 50667 Köln, 💻 www.vrsinfo.de

▷ RVK Regionalverkehr Köln GmbH, Theodor-Heuss-Ring 38-40, 50668 Köln, 💻 www.rvk.de, ☏ 02 21/16 37-0 (Zentrale), ☏ 018 04/13 13 13 (Service-Hotline)

▷ Verkehrsverbund Region Trier (VRT), ☏ 01 80/199 33 66, 💻 www.vrt-info.de

Fernbus

Aachen und Trier werden je einmal täglich vom Flixbus angefahren.

💻 www.flixbus.de

Abreise

Die Bahn braucht ungefähr vier Stunden von Trier über Köln nach Aachen.

Ausrüstung

Sparen Sie am Gewicht Ihres Gepäcks, nicht an der Qualität der Ausrüstung. An einem billigen Rucksack oder schlecht sitzenden Schuhen kann die gesamte Wanderung scheitern.

Imprägnieren Sie Rucksack, Schuhe und Jacke. Vielleicht nehmen Sie auch zusätzlich eine Regenschutzhülle für den Rucksack mit, wenn Sie keinen Regenponcho haben, der auch Platz für den Rucksack hat. Sachen, die nicht nass werden dürfen, sind gut in einem kleinen Plastikbeutel aufgehoben. Beim Packen achten Sie darauf, schwere Sachen nah am Körper zu verstauen. Ihr Rücken wird es Ihnen danken. Sachen, die häufig gebraucht werden, passen in die Außentaschen oder direkt unter die Deckelklappe.

Achten Sie darauf, den Rucksack möglichst leicht zu halten. Das gilt besonders für diejenigen, die zelten wollen. Unbedingt zu Hause probepacken, auswiegen (sogar bei Unterwäsche gibt es verblüffende Gewichtsunterschiede), auf eine Trainingswanderung mitnehmen und gnadenlos ausmisten. 10 kg sollte die Obergrenze für den Rucksack sein, die Tagesration Essen und mindestens 2 l Getränk eingeschlossen. Alles andere ist Schinderei.

Trekking ultraleicht von Stefan Dapprich und Stefan Kuhn, Conrad Stein Verlag, Basiswissen für draußen, Band 184, ISBN 978-3-86686-654-6, € 9,90

Ferner können Sie das tägliche Rucksackgewicht reduzieren, indem Sie von einem der Angebote zur Gepäckbeförderung Gebrauch machen und nur mit dem Tagesrucksack laufen.

Einkaufen

Der Eifelsteig führt zwar durch herrlich ländliche Natur, aber auch durch so dicht besiedeltes Gebiet, dass bei vernünftiger Planung keine Versorgungslücken entstehen können. Auf jeder Tagesetappe kommen Sie zumindest an einem kleinen Tante-Emma-Laden oder einer Tankstelle mit Bistro vorbei, wo Sie Ihre Vorräte auffüllen können. Gewöhnlich können Sie etwa zwischen 9:00 und 18:00 einkaufen, im ländlichen Bereich sind die Läden zur Mittagszeit geschlossen. Die großen Supermärkte sind von 8:00 bis 20:00, manche sogar ab 7:00 und bis 23:00 geöffnet.

Samstags schließen die Läden zum Teil schon mittags, sonntags sind nur Bäckereien und Tankstellen geöffnet. In vielen Unterkünften können Sie Lunchpakete bestellen, die einen Einkauf unterwegs entbehrlich machen.

Wasser erhalten Sie bei allen Anwohnern, die Sie freundlich darum bitten, nachdem Sie sich als Wanderer vorgestellt haben.

Entfernungen und Etappen

Entfernungen	**km**	**km gesamt**
Kornelimünster	0	0
Roetgen	14,5	14,5
Monschau	17,2	31,7
Einruhr	24,4	56,1
Gemünd	21,5	77,6
Steinfeld	17,6	95,2
Blankenheim	23,5	118,7
Mirbach	17.9	136,6
Hillesheim	25,9	162,5
Gerolstein	20,3	182,8
Daun	23,8	206,6
Manderscheid	22,8	229,4
Himmerod	18,2	247,6
Gladbach	25,4	273,0
Kordel	23,0	296,0
Trier	17,2	313,2

Die meisten Eifelsteigwanderer planen zwei Urlaubswochen und die einrahmenden Wochenenden für die Strecke ein. Wenn Sie am Freitagabend nach Kornelimünster anreisen und dort am Samstagmorgen starten, haben Sie 15 Wandertage und den Sonntag für die Besichtigung von Trier und die Rückreise. Die Wegbeschreibung umfasst daher 15 Tagesetappen. Wer länger braucht oder schneller sein möchte, findet auf den meisten Tagesetappen weitere Unterkünfte in der Nähe der Strecke, um den eigenen Laufplan länger oder kürzer zu gestalten.

Essen und Trinken

Die Küche der Eifel ist von einfacher Hausmannskost geprägt, die zum Teil pfiffig herausgeputzt wird. Wer also Reibekuchen nicht mit Rübenkraut (regionaltypisch) oder mit Apfelmus (wie überall) verzehren will, findet sie auf manch einer Speisekarte auch mit Lachs kombiniert. Und Steckrübensuppe mit frischer Sahne und magerem Eifelspeck verfeinert ist ein echter Genuss!

Besonders auswärtige Gäste loben die Backkunst der Bäckereien und Konditoreien. „Eifeler Landbrot frisch aus dem Ofen schmeckt besser als jedes Steak", hörte ich einmal bei der Recherchewanderung von belgischen Wanderkollegen.

Die „Marke Eifel" hat einen sehr guten Ruf. Schinken, Wurst, Käse, Konfitüren, Honig und zahlreiche andere Leckereien kommen ohne lange Transportwege direkt auf Ihren Frühstückstisch. Auch auf vielen Speisekarten in Restaurants stehen Steaks von Eifelrindern, Medaillons vom Eifelschwein, Koteletts vom Eifellamm sowie viele Wildgerichte und Spezialitäten mit heimischen Produkten.

Ein Blick auf die Speisekarte (Foderkaat = Futterkarte):

Ääpele (Nordeifel) bzw. **Äppel** (Südeifel): Äpfel
Ädääpele: Kartoffeln (Erdäpfel, Nordeifel)
Äppelschmeer: Apfelkompott
Appeltaat: Apfelkuchen
Ätzetzupp: Erbsensuppe
Blootwoosch: Blutwurst
Botteramm: Butterbrot, belegtes Brot
Bottermilschbunnetzupp: Buttermilch-Bohnensuppe (man liebt sie oder man hasst sie)
Bunnetzupp: Bohnensuppe
Döppekooche: Kartoffelauflauf aus geriebenen Kartoffeln, manchmal mit Mettwurst
Flieten: Hähnchenflügel
Frikadell: Fleischklops, Frikadelle
Halve Hahn: Roggenbrötchen mit mittelaltem Holländer

Hämmchen: Eisbein (meist mit Sauerkraut und Kartoffelbrei)
Himmel un Ääd: Kartoffelbrei mit Apfelmus, oft mit Blutwurst
Kappes: Weißkohl
Klappschmeer: zusammengeklapptes Butterbrot (Südeifel)
Knippplätzchen: handtellergroßer Keks mit Hagelzucker
Kromberen: Kartoffeln (Südeifel)
Kromberenschniedscher: Reibekuchen (Südeifel)
Monschauer Dütchen: dünner Mürbeteig, zu einer Tüte geformt, meist gefüllt mit Eis und Sahne
Murre: Möhren
Murre ungerei: Möhren „untereinander", also nach dem Kochen mit Kartoffeln und Butter gestampft (schmeckt deutlich besser, als es aussieht)
Quallmänner: Pellkartoffeln
Quetschen: Pflaumen
Printen: im ofenfrischen Zustand stets hartes, lebkuchenähnliches Dauergebäck
Prummetaat: Pflaumenkuchen
Rievkooche: Reibekuchen (Nordeifel)
Schmeer: großes Butterbrot mit Belag, z. B. Schinkeschmeer (Südeifel)
Stubbi: kleine, dickbauchige Bitburger-Flasche
Suurbrode: Sauerbraten (meist mit Rotkohl und Klößen)
Suure Bunne ungerei: saure Bohnen „untereinander", siehe „Murre ungerei", dazu gibt es oft Mettwurst
Suure Kappes: Sauerkraut
Suure Kappes ungerei: Sauerkraut „untereinander", siehe „Murre ungerei"
Teerdich: Sauerkraut „untereinander" (Südeifel)
Tzupp: Suppe, Eintopf
Viez: Apfelwein (Südeifel)

In jedem größeren Ort finden Sie Gourmetrestaurants, Gasthäuser, Pizzerias, Dönerbuden und andere Schnellrestaurants.

Das Bierangebot ist vielfältig. Rund um Aachen finden Sie Kölsch in vielen Kneipen. Je tiefer Sie in die Eifel eintauchen, desto häufiger werden Sie Pils angeboten bekommen. Neben dem überregional bekannten Bitburger gibt es immer wieder Spezialitäten kleiner regionaler Privatbrauereien zu kosten.

In der Eifel gibt es einige Kornbrennereien, deren Produkte und fruchtige Liköre vielerorts zu finden sind.

Feiertage

In Nordrhein-Westfalen und Rheinland-Pfalz werden die bundesweiten Feiertage Neujahr, Karfreitag, Ostermontag, Christi Himmelfahrt, Maifeiertag (1. Mai), Pfingstmontag, Tag der deutschen Einheit (3. Oktober) und 1. und 2. Weihnachtstag gefeiert. Hinzu kommen Fronleichnam (der Donnerstag 10 Tage nach Pfingsten) und Allerheiligen (1. November). Zu Heiligabend, Silvester und Karneval (11.11. und Weiberfastnacht bis Aschermittwoch) sind viele Geschäfte und öffentliche Institutionen geschlossen oder im „Notbetrieb".

Frauen

Immer wieder fragen mich Leserinnen und weibliche Bekannte, ob der Eifelsteig auch für Frauen ohne männliche Begleitung geeignet sei. Es fällt mir schwer, diese Frage zu beantworten. Vielleicht so viel: Ich bin eine Frau und ich bin für alle Auflagen weite Strecken dieses Weges ganz allein gewandert. Allerdings bin ich kein ängstlicher Typ. Wenn es Ihnen nicht geheuer ist, ganz allein durch die Wälder zu wandern, fragen Sie doch eine Freundin, ob sie Sie begleitet! Ihnen werden überall Personen begegnen, die alleine wandern und die sich weder fürchten, noch Böses im Schilde führen.

Ins Gepäck sollten vielleicht nicht zu viele Eifelkrimis wandern, nach deren Lektüre Sie hinter jedem Fels und jeder Wegbiegung einen Mörder lauern sehen. Obwohl: Alle beschriebenen Mörder wurden in diesen Romanen durch die diversen Kriminalbeamten und Hobby-Detektive gestellt oder fanden ein tödliches Ende. Eigentlich dürfte keiner mehr frei herumlaufen …

Geld

Einige kleinere Unterkünfte und viele „Futterkrippen" nehmen keine Karten. Sie sollten also stets etwas Bargeld für die nächsten ein bis zwei Tage dabeihaben. Nehmen Sie nicht unnötig viel Bargeld mit auf den Weg, in jedem größeren Ort gibt es Geldautomaten. Kreditkarten werden nur von größeren Hotels akzeptiert. Mit Maestro-Karten kann man eher Glück haben, sie werden auch in manchen Jugendherbergen akzeptiert.

Unter 💻 www.kartensicherheit.de können Sie sich eine SOS-Info-Karte ausdrucken. Auf dieser Karte stehen alle wichtigen Rufnummern zum Sperren von Kredit- und Mobilfunkkarten und Reiseschecks.

Gepäckservice

Es ist nicht nötig, alles für die Übernachtung Benötigte den ganzen Tag zu tragen. Sehr viel komfortabler ist es, nur mit Tagesrucksack zu wandern und sein Gepäck in die nächste Unterkunft vorauszuschicken. Teilt man den Transportpreis durch mehrere Wanderer, ist es preiswert erkauftes Wandervergnügen, besonders für Camper. In fast jedem größeren Ort gibt es Taxiunternehmen, die Ihr großes Gepäck zur nächsten Unterkunft oder Campingplatz bringen. Gepäckservice bieten auch viele Vermieter an, oft sogar preiswerter als Taxiunternehmer. Je nach Strecke ist mit € 15 bis 40 zu kalkulieren, bei typischen Wandertagesetappen von 20 bis 25 km werden meist um die € 25 erbeten.

Hunde

Der Eifelsteig stellt auch Vierbeiner vor eine Herausforderung in puncto Kondition und Geländegängigkeit. Viele Etappen führen durch Nationalparkgelände und Naturschutzgebiete, ferner sind einige Ortschaften zu durchwandern. Es sollten daher nur gut leinengängige, kerngesunde Hunde mitgenommen werden, alles andere wird eine Quälerei für Mensch und Tier.

Eine Etappe könnte brenzlig werden: Im Butzerbachtal bei Ramstein sind steile Treppen, eine Leiter, zahlreiche Bachquerungen mit Trittsteinen und zwei Hängebrücken zu bewältigen. Die Strecke ist für jeden Hund abwechslungsreich und spannend, alle meine bisherigen Hunde lieb(t)en den Eifelsteig. Der Asphaltanteil ist angenehm niedrig, sodass nur in den größeren Ortschaften die Pfoten qualmen werden.

Wasser gibt es unterwegs meist mehr, als den Hundebesitzern überhaupt Recht sein kann. Wer einen wasserliebenden Hund hat, sollte für ihn ein Handtuch extra mitnehmen, um eine Chance zu haben, bei den Vermietern am Ende der Tagesetappe Aufnahme zu finden. In vielen Unterkünften sind auch mitwandernde Hunde willkommen, allerdings stets nur nach vorheriger Vereinbarung. Unterkünfte, in denen Hunde willkommen sind, habe ich mit 🐕 gekennzeichnet.

📖 **Trekking mit Hund** von Heiko Kühr, Conrad Stein Verlag, Basiswissen für draußen, ISBN 978-3-86686-550-1, € 9,90

Für Hunde ist der Eifelsteig gut geeignet

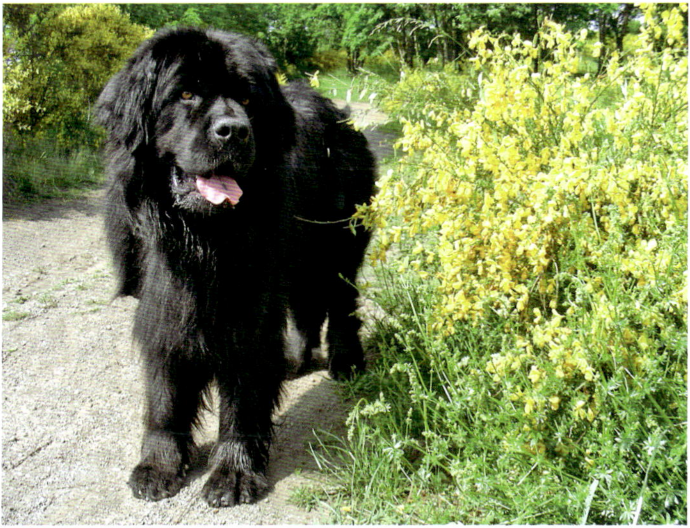

Information

Die Eifel Tourismus GmbH (ET) ist nicht nur Projektträger des Eifelsteiges, sondern auch ein guter Ratgeber für die Vorbereitung jedes anderen Eifelurlaubs. Sie betreibt auch die Seite 💻 www.eifelsteig.de, auf der Sie immer die aktuellsten Meldungen zum Fortschritt der Markierungen und zu Veranstaltungen nachlesen können.

♦ Eifel Tourismus GmbH, Kalvarienbergstraße 1, 54595 Prüm, ☏ 065 51/96 56-0, 💻 www.eifel.info, 📧 info@eifel.info

Die lokalen Touristeninformationen finden Sie jeweils in den Orts-Infos.

Der Eifelverein ist mit 23.000 Mitgliedern in 140 Ortsvereinen einer der größten Heimatorganisationen Deutschlands und bietet gute Informationen und Service. Seine Mitglieder kümmern sich in ihrer Freizeit ehrenamtlich um die Markierung des Weges. Die genausten Wanderkarten zum Eifelsteig stammen vom Eifelverein.

♦ Eifelverein e.V., Stürtzstraße 2-6, 52349 Düren, ☎ 024 21/131 21, 💻 www.eifelverein.de, ✉ post@eifelverein.de

Karten und GPS

Der Eifelsteig ist nahezu perfekt markiert. Zusammen mit den Übersichtskarten und den Erläuterungen zur Wegstrecke in diesem Büchlein werden Sie Ihren Weg problemlos finden. Dennoch sind hier ein paar Kartentipps für diejenigen, für die eine Wanderung ohne Kartenstudium nur der halbe Genuss ist:

▷ Kompass Wander-Tourenkarte 2502: Eifelsteig 1:50.000, ISBN 978-3-85026-982-7, 3. Auflage 2018, Preis: 9,99 Euro

▷ Wanderkarte Eifelsteig: mit Ausflugszielen, Einkehr- & Freizeittipps, wetterfest, reißfest, abwischbar, GPS-genau, 1:25.000, Publicpress, 6. Aufl. 2019, ISBN 978-3-89920-516-9, € 14,90. Die Leporello-Faltung und die regentropfenfeste Beschichtung sind unterwegs sehr praktisch, aber zur Orientierung fehlen die Nebenwege.

☺ Die Kartenempfehlungen wurden von der Geobuchhandlung Kiel überprüft. 💻 www.geobuchhandlung.de

Die GPS-Tracks zu den beschriebenen Wegen können Sie auf der Internetseite des Verlags (💻 www.conrad-stein-verlag.de) herunterladen.

🕮 Tipps zum Umgang mit dem GPS-Gerät finden Sie in dem Ratgeber „**GPS** – *Grundlagen · Tourenplanung · Navigation*" von Michael Hennemann, Conrad Stein Verlag, ISBN 978-3-86686-495-5, € 9,90.

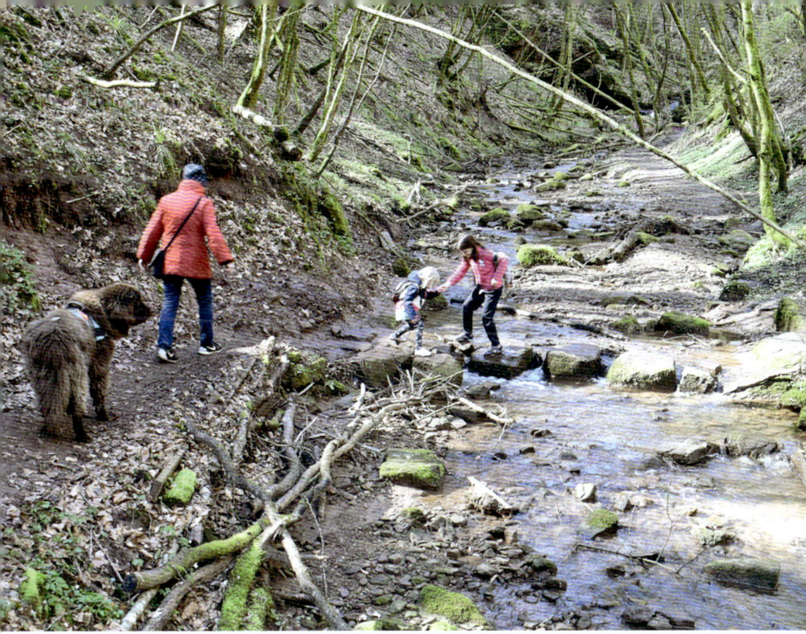

Auch für Kinder ist der Eifelsteig eine tolle Erfahrung

Kinder

Den kompletten Eifelsteig kann ich nur Familien mit Kindern empfehlen, die vorher schon andere Fernwanderungen geschafft haben. Die Strecke hat bis zu 700 m Höhenunterschied an einem Tag, das kann ziemlich anstrengend werden. Der Weg ist nicht kinderwagentauglich. Ganz kleine Kinder in der Kraxe zu transportieren, erfordert eine gute Kondition des Trägers.

Gut vorbereitete und ausgerüstete Kinder, die gerne wandern und mit verantwortungsvollen Erwachsenen unterwegs sind, werden die abwechslungsreiche Landschaft und die netten Leute in der Eifel schnell in ihr Herz schließen. Nur darf beim Wandern die Laune nicht sinken, dabei helfen Spiele, Singen und Geocaching.

☺ Unterwegs traf ich immer wieder Familien, die den Eifelsteig in Tages- und Halbtagesetappen liefen, auf diese Weise viele schöne Wochenenden und Feiertage auf der Strecke verbrachten und am Ende dann doch die komplette Strecke bewältigt hatten.

Klima und Reisezeit

Die Eifel ist durch ihre exponierte Lage der vom Atlantik kommenden Witterung wesentlich stärker ausgesetzt als viele andere Regionen Deutschlands. Insbesondere Rheinländer werden sich über die langen, schneereichen Winter und kühlen Sommer dort wundern. Tief ziehende Wolken regnen sich gerne an den Kuppen der Eifel ab. Dabei ist aufgrund der vorherrschenden Windrichtung die Westeifel niederschlagsreicher als die weiter im Osten liegenden Teile der Region.

Wie die Landschaft entlang des Eifelsteigs, so ist auch das Wetter, mit dem Sie es beim Wandern zu tun bekommen, guten Gewissens als „abwechslungsreich" zu beschreiben. Wer Fernwanderungen sonst auf den britischen Inseln macht, wird an manchen Tagen nichts vermissen. Es ist eigentlich immer mit Regen zu rechnen, aber auch mit Sonne. Selbst von meiner Recherchewanderung im rauen März 2008 hatte ich nicht nur mit Schnee, Graupel, Hagel, Sturmböen und Pladderregen zu kämpfen, sondern kam mit so stark gebräuntem Teint zurück, dass ich gefragt wurde, ob ich wieder in Tunesien recherchiert habe. Ganzjährig kann es in den beiden Moorgebieten auf den ersten Tagesetappen sehr nebelig werden.

Im Sommer ist es angenehm kühl und niemals schwül. Das Kreislaufsystem wird also nicht unnötig belastet, Wanderungen sind selbst im Juli möglich. In den Hochlagen geht das Thermometer im Monatsdurchschnitt mitunter nicht höher als 15 °C. Ideales Wanderwetter also!

Körperliche Voraussetzungen

Der Eifelsteig sollte wegen seines Höhenprofils nicht ohne eine gewisse Grundfitness oder einige Trainingswanderungen gelaufen werden. Sie sollten fit genug sein, eine Tagesetappe von 20 km mit Steigungen und Gefälle von 400 m bis 700 m auch bei widrigen Wetterbedingungen und mit Gepäck zu bewältigen. Besonders die Knie- und Fußgelenke werden durch eine Langstreckenwanderung belastet. Wer sich Gedanken macht, die Steigungen nicht hinaufzukommen, sollte noch gründlicher überlegen, ob er diese Höhenmeter seinen Knien bergab zumuten möchte. Außerdem ist der gesamte Haltungsapparat betroffen.

Übernehmen Sie sich nicht unnötig, die Wanderung soll ja Ihrer Erholung dienen. Fast jede Etappe lässt sich teilen oder mit öffentlichen

Verkehrsmitteln zu Ende bringen. Auch der Gepäck- und Abholservice kann Marscherleichterung verschaffen.

Medizinische Versorgung

Entlang des Weges erhalten Sie medizinische Versorgung mit kurzen Hilfsfristen. Mit dem zentralen Notruf ☏ 112 erreichen Sie aus allen Mobilfunknetzen und dem Festnetz den Rettungsdienst. Niedergelassene Ärzte, Tierärzte und Apotheken sind in den größeren Orten am Weg zu finden.

Notruf

Die Polizei ist über ☏ 110, Feuerwehr und Rettungsdienst über ☏ 112 erreichbar. In Waldgebieten verkürzt sich die Hilfsfrist deutlich, wenn Sie den Rettern eine – und sei es nur grobe – Koordinate nennen können. Vielleicht befindet sich auch ein Rettungspunkt in Ihrer Nähe, dann lesen Sie dessen Nummer vor und die Rettungskräfte wissen ganz genau, wo sie Sie finden. Ist kein Telefon erreichbar, versuchen Sie durch Lichtsignale, Trillerpfeife oder lautes Rufen auf sich aufmerksam zu machen.

Pilgern

Jakobspilger, die von Köln über Aachen nach Santiago de Compostela laufen wollen, können den Eifelsteig gut als Verbindungsetappe zwischen Aachen und Trier nutzen. Er ist mit seinem geringen Asphaltanteil herrlich fußschonend, bietet eine Reihe faszinierender kirchlicher Bauwerke und folgt zum Teil sogar alten Pilgerwegen.

Pilger, die von Köln kommen, werden im ersten Impuls schon in Kornelimünster auf den Eifelsteig abbiegen wollen. Sie sollten sich aber durch diese schönere Route keinesfalls die Heiligtümer im Aachener Zentrum entgehen lassen.

Um den Pilgerweg zwischen Kornelimünster und Aachen nicht doppelt laufen zu müssen, sollten Sie in Kornelimünster den Bus nach Aachen nehmen und erst nach diesem Abstecher in Kornelimüster mit dem Eifelsteig starten. Oder Sie pilgern auf dem Jakobsweg von Kornelimünster noch bis Aachen hinein und nehmen dort den Bus zurück nach Kornelimünster.

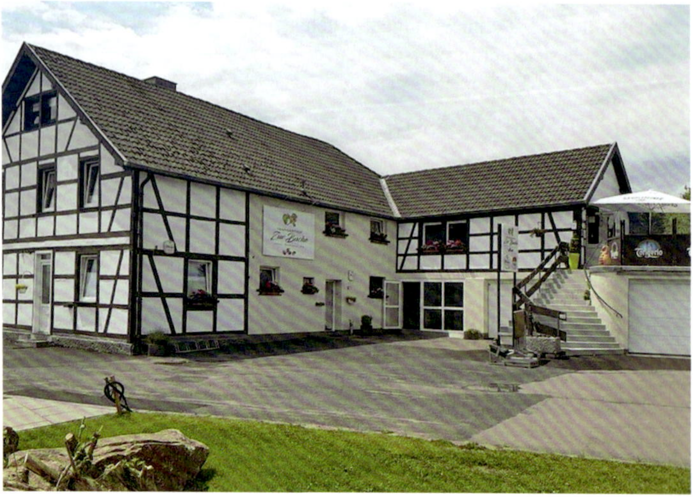

Schöne Unterkunft auf der 2. Etappe, 📷 Venngasthof zur Buche

Post und Telefon

Echte Postämter sind in der Eifel vom Aussterben bedroht. Unterwegs finden Sie die Schalter der Postagenturen meist in Lottoannahmestellen, Schreibwarenläden und Kiosken.

Daher sind allgemeingültige Angaben zu Öffnungszeiten nicht möglich. Postdienste werden leider häufig nicht während der gesamten Öffnungszeit des Hauptladens angeboten.

Entlang dem Eifelsteig haben Mobiltelefone nicht überall Empfang. Im ländlichen Bereich gibt es immer wieder Lücken, z. B. wirkt die Netzsuche in Manderscheid auf Außenstehende wie der Auftritt eines Wünschelrutengängers, wenn Sie ein D2, E-plus oder o2-Telefon haben. Mit dem T-mobile-Telefon (D1) haben Sie hingegen im Liesertal kaum eine Chance auf Telefonate. Bewährt hat sich ein Mix aus Mobiltelefonen von zwei oder mehr Netzbetreibern innerhalb der Wandergruppe.

In allen Städten und Dörfern an der Strecke gibt es öffentliche Telefone, leider inzwischen meist ohne eine schützende Zelle, die Regen und ungewollte Mithörer abhalten könnte.

Radfahren

Der Eifelsteig ist als reiner Wanderweg konzipiert. Sie sollten daher aus Rücksichtnahme vom Befahren des Weges absehen und sich für einen der vielen schönen Radwanderwege entscheiden, die speziell für sie geschaffen und markiert wurden.

Bei der Eifel Tourismus GmbH, 💻 www.eifel.info ist ein gutes Radmagazin zu haben.

Unterkunft

Für Übernachtungsmöglichkeiten ist am Eifelsteig bestens gesorgt. Die Unterkünfte liegen auch für Untrainierte in guter Laufweite voneinander entfernt. Nur in einigen wenigen einsameren Regionen im Nationalpark Eifel und in der Südeifel müssen Sie genauer planen.

✋ Während Veranstaltungen/Feiertagen wie Karneval (die Woche vor Aschermittwoch), Ostern, Christi Himmelfahrt, Pfingsten, Fronleichnam, Rursee in Flammen (Ende Juli), Monschau Open Air Klassik (Ende Juli/Anfang August), Historisches Burgenfest in Manderscheid (letztes Augustwochenende), Korneli-Oktav in Kornelimünster (Mitte September), ADAC Rallye Deutschland bei Trier (Mitte Oktober), Happy Halloween in Monschau (letztes Oktoberwochenende), Rurseemarathon (Anfang November), Monschau Halali (2. Novemberwochenende), Monschauer Weihnachtsmarkt (alle Wochenenden im Advent) und Weihnachten/Silvester sollten Sie Ihre Unterkunft rechtzeitig im Voraus buchen. Ansonsten reicht es, am Vorabend oder morgens vor dem Start zu telefonieren. Natürlich können Sie auch auf gut Glück so weit gehen, wie Sie schaffen, und dann Quartier suchen.

🛏 In den größeren Orten finden Sie Hotels mit einfachem Standard für € 35 bis 45. In Luxushotels müssen € 60 bis 100 einkalkuliert werden. Preiswerter kommen Sie in Privatpensionen unter, hier reichen mitunter weniger als € 30 pro Person und Nacht im Doppelzimmer. Einzelzimmer sind oft deutlich teurer.

Einige Hotels entlang des Weges werben auch mit Wellnessbereichen. Hier ist ein Wort der Warnung angezeigt: Sauna ist nicht gleich Sauna.

Während meiner Recherchewanderung sind mir nach dem Heizöl der benachbarten Hausfeuerungsanlage riechende Baumarktsaunas ebenso begegnet wie exquisite Wellnessoasen, die ich niemals wieder verlassen wollte. Fordert das Hotel Geld für die Saunabenutzung, sollten Sie also vorher einen Blick darauf werfen.

Erstaunlich viele, die Ferienwohnungen entlang des Eifelsteigs anbieten, sind bereit, auch für eine Nacht zu vermieten. Vielfach reduzieren sie für Wanderer sogar die übliche Pauschale für Endreinigung oder verzichten ganz darauf. Dann ist es natürlich erste Wandererpflicht, die Ferienwohnung sauber zu verlassen, damit noch möglichst viele nachfolgende Wanderer von dieser Geste der Gastfreundschaft profitieren können.

Am Eifelsteig finden Sie einige günstigere Unterkünfte, deren Preise denen der Pensionen entsprechen. Für die Übernachtung in einer **Jugendherberge** brauchen Sie einen gültigen Herbergsausweis, den Sie in den größeren Jugendherbergen oder unter www.jugendherberge.de erhalten. Für die vier rheinland-pfälzischen Jugendherbergen können Sie unter www.diejugendherbergen.de über ein Online-Reservierungssystem direkt Buchungen vornehmen. Gäste über 27 Jahren werden als Senior angesehen und zahlen je Übernachtung € 3 Aufpreis.

Hostels und **Klöster** sind mancherorts eine Alternative. Sie sind ebenfalls auf individuell reisende Wanderer mit kleinem Geldbeutel eingestellt und reichen von einfachen Schlafsälen mit Gemeinschaftsdusche bis hin zu Unterkünften mit Hotelniveau.

Am Wanderweg liegen einige **Campingplätze**, die auch Wanderer für eine Nacht aufnehmen, aber leider nicht im Tagesabstand.

Wildcampen ist in Nordrhein-Westfalen und Rheinland-Pfalz verboten, die zuständigen Ordnungsämter verhängen zum Teil empfindliche Bußgelder. Keiner hat aber Einwände, wenn Sie es an einem stürmischen Gewitterabend vollkommen erschöpft nicht mehr aus einem riesigen Waldgebiet herausschaffen und in einer Schutzhütte biwakieren. Keinesfalls darf ein Zelt im Hohen Venn oder im Nationalpark Eifel aufgestellt werden.

☺ Zwischen Mützenich und Blankenheim können Sie neuerdings auf einem Naturlagerplatz ihr Zelt aufschlagen. Der Naturpark Nordeifel hat bereits gut ein Dutzend solcher **Trekkingplätze** im Naturpark Hohes

Venn-Eifel angelegt, weitere sollen folgen. Sechs liegen in der Nähe des Eifelsteigs: „Ruf des Venns“, „Nordstern“, „Land in Sicht“, „Walden“, „Schlüsselstelle“ und „Ich bin mal kurz weg“. Weitere sind in Planung. Sie sind nur zu Fuß erreichbar und bieten eine Zeltplattform für bis zu zwei Zelte, einen Picknicktisch und eine Komposttoilette. Gebucht wird online, Sie erhalten die genauen GPS-Koordinaten mit der Buchungsbestätigung.

Ansonsten sei eher dazu geraten, bei Bauernhöfen, Förstereien oder Privatleuten um ein kleines Eckchen Rasen zu bitten, um dort das Zelt aufzubauen. Also: Stets vorher fragen, fast immer bekommt man die Erlaubnis und noch dazu einen guten Tipp, wo das Zelt windgeschützt und schlammfrei steht.

Einige Vermieter bieten gegen wenig Geld eine **Gepäckbeförderung** an. Die Anbieter sind mit ■ gekennzeichnet. Gerade für Camper ist es wichtig, tagsüber nicht das gesamte Zeltzubehör schleppen zu müssen. Sie machen morgens telefonisch den nächsten Schlafplatz fest (gleich wieder nach Gepäckservice fragen!) und lassen sich ihr großes Gepäck vom aktuellen Vermieter zum nächsten Quartier bringen. Mit einem kleinen Tagesrucksack kommen Sie dann viel lockerer durch Ihre Tagesetappe.

Häuser, die nicht unmittelbar am Weg liegen, bieten zum Teil einen **Fahrdienst** an. Wanderer können sich an einem vorher abgesprochenen Ort zu einer konkreten Zeit abholen und am nächsten Tag wieder an diesem Punkt absetzen lassen. Vermieter, die diesen Service bieten, können Sie an einem 🚗 erkennen.

Im Wanderteil sind die Übernachtungsmöglichkeiten mit Entfernungsangaben ➲ zum Weg jeweils bei den Einzeletappen genannt. Bei kleineren Orten sind alle mir bekannten Unterkünfte aufgezählt, bei denen Wanderer (auch nur für eine Nacht) willkommen sind. So sind Sie frei in Ihrer Etappenplanung.

In größeren Orten habe ich mich mit Rücksicht auf das Gewicht des Buchs auf eine Auswahl beschränkt, bei der die Nähe zum Weg, die Geldbeutel von Low-Budget-Wanderern und die Einstellung der Inhaber zu Wanderern berücksichtigt wurden. Ob Sie die Unterkunft am nächsten Morgen mit gewaschener Bekleidung, mit dampfend heißem Tee in der Thermoskanne und mit einem üppigen Fresspaket verlassen, ist ebenfalls jeweils bei der Unterkunft vermerkt.

Die Vermieter erwarten üblicherweise, dass Sie Ihren Wunsch nach bereits bei der Buchung, spätestens bei der Anreise anmelden. Nahezu alle Vermieter bieten die Möglichkeit, nasse Wanderbekleidung zu trocknen. Dieser Service ist daher nicht ausdrücklich vermerkt.

Updates

Der Conrad Stein Verlag veröffentlicht Updates zu diesem Buch, die direkt von der Autorin oder von den Leserinnen und Lesern dieses Buches stammen. Sie finden diese auf der Verlagshomepage www.conrad-stein-verlag.de. Der abgebildete QR-Code führt Sie direkt dorthin.

Vorübergehende Streckensperrungen und Umleitungen finden Sie oft auch im Internet.

www.eifelsteig.de/aktuelles/umleitungen

Verkehrsmittel unterwegs

Bus

Der **Eifelsteig-Wanderbus**, Linie 770, verkehrt in der Sommersaison jeden Samstag, Sonntag, Feiertag und Brückentag viermal am Tag auf den Etappen 5 bis 7. Haltepunkte: Kall Bf – Urft Bf – Kloster Steinfeld – Nettersheim Bf – Marmagen – Blankenheim (Wald) Bf – Blankenheim BusBf – Blankenheim Rathaus – Ripsdorf – Alendorf – Mirbach.

Weitere Buslinien, die Punkte auf dem Weg miteinander und mit Bahnhöfen verbinden (grob sortiert in Wanderrichtung):

35, 55, 65, N1: Aachen - Brand - Kornelimünster
SB63: Schnellbuslinie von Aachen nach Roetgen
68: Aachen – Brand – Kornelimünster – Walheim – Hahn – Mulartshütte – Rott – Dreilägerbachtalsperre – Roetgen – Simmerath – Rurberg – Einruhr
66: Aachen – Brand – Walheim – Friesenrath – Roetgen – Konzen – Imgenbroich – Monschau
61: Stolberg – Rott – Roetgen

67: Walheim – Rott – Dreilägerbachtalsperre – Roetgen
82: Simmerath – Konzen – Imgenbroich – Hargard – Monschau
85: Monschau – Mützenich – Reichenstein – Perlenau – Kalterherberg
385: Eupen – Mützenich – Monschau – Perlenau – Kalterherberg
83: Simmerath – Eicherscheid – Hammer – Dedenborn – Einruhr
84: Monschau – Perlenau – Heidgen – Höfen – Rohren – Widdau – Imgenbroich
815: „Wald-Linie": Kall – Gemünd – Dreiborn – Höfen – Perlenau – Monschau
63: „Wildnis-Linie": Simmerath – Einruhr – Vogelsang – Gemünd – Schleiden
231: „Wasser-Linie": Heimbach – Urftseestaumauer – Gemünd – Olef – Schleiden
829: Kall – Gemünd – Olef – Schleiden – Hellenthal
Trail-Express (Rufbus für den Wildnis-Trail, ☏ 02473/93770) verbindet täglich um 16:45 Heimbach – Schmidt – Strauch – Kesternich – Einruhr – Imgenbroich – Monschau – Höfen (17:45)
SB82: „Nationalpark-Shuttle": Kall – Gemünd – Morsbach – Vogelsang
835: Blankenheim – Sistig – Schleiden
833: Blankenheim – Ripsdorf – Dollendorf – Nonnenbach – Alendorf – Waldorf
502: Jünkerath – Hillesheim – Oberbettingen – Oberehe – Neunkirchen – Daun
522: Gerolstein – Roth – Oberbettingen – Dohm – Lommersdorf – Bolsdorf – Hillesheim – Wiesbaum – Mirbach – Niederehe – Kerpen – Nollenbach – Leudersdorf – Nohn
504: Gerolstein – Neroth – Neunkirchen – Daun
RegioLinie 500: Cochem – Ulmen – Schalkenmehren – Weinfelder Maar – Daun – Gerolstein
RegioLinie 300: Wittlich – Großlittgen – Karl – Manderscheid – Üdersdorf – Trittscheid – Gemünden – Daun
511: Daun – Gemünden – Manderscheid – Trittscheid – Tettscheid – Großlittgen
503: Wittlich – Brockscheid – Tettscheid – Trittscheid – Schalkenmehren – Gemünden – Daun
523: Manderscheid – Meisburg – Niederstadtfeld – Gerolstein
303: Bitburg – Himmerod – Großlittgen – Karl – Wittlich
325: Zemmer – Gladbach – Bruch – Dreis – Wittlich
7, 8, 87: Biewer – Pallien – Trier

Infos zu den Linien in und zwischen Aachen, Roetgen, Monschau und Simmerath finden Sie auf der Homepage des AVV (Aachener Verkehrsverbund),

💻 www.avv.de

Detaillierte Infos zu allen Linien zwischen Schleiden und der Landesgrenze nach Rheinland-Pfalz auf der Homepage des VRS (Verkehsverbund Rhein-Sieg), 💻 www.vrsinfo.de.

Eine Fahrplanauskunft für den rheinland-pfälzischen Teil des Eifelsteigs finden Sie beim VRT (Verkehrsverbund Region Trier).

💻 www.vrt-info.de

AST – Anruf-Sammel-Taxi und TaxiBus

Im ländlichen Bereich lohnt sich ein regelmäßig verkehrender Linienbus wirtschaftlich nicht. Die Kommunen sind dort zum System der Anruf-Sammel-Taxis übergegangen, bei denen zu festen Zeiten die Bushaltestellen von Taxis bedient werden.

Wichtig dabei ist, dass der Reisewunsch mindestens 60 Minuten vor der fahrplanmäßigen Abfahrt telefonisch in der AST-Zentrale angemeldet wird.

Bei Fahrten vor 8:00 muss am Vortag angerufen werden. Kinder im Kindersitz-Alter bitte ausdrücklich erwähnen. Gruppen ab 5 Personen sollten sich mindestens 3 Tage vor Fahrtantritt anmelden, weil dann kein normales Taxi mehr reicht, sondern ein Kleinbus oder Bus fahren muss. Die Preise liegen etwas über dem Buspreis für eine vergleichbare Strecke, Tiere werden leider nicht immer befördert.

Taxi und Funkmietwagen

Taxifahrten sind die teuerste öffentliche Fortbewegung. Je nachdem, wo man gestrandet ist, ist es aber die einzige Chance, weiterzukommen. Gezahlt werden im städtischen Bereich nur die Grundgebühr und die mit dem Passagier gefahrenen Kilometer. Im ländlichen Bereich berechnen die Taxiunternehmer zum Teil auch die Anfahrt zu der Stelle, an der der Passagier aufgesammelt wird.

☺ Funkmietwagen sind meist etwas preisgünstiger als Taxis.

Trampen

Ein Formtief, eine Verletzung, falsche Etappenplanung oder heftige Unwetter können Sie dazu zwingen, die geplante Tagesetappe abzubrechen und die restliche Strecke zur Unterkunft alternativ zurückzulegen. Wen Sie von Wanderreisen im Ausland gute Erfahrungen mit Trampen in Erinnerung haben, werden Sie vielleicht enttäuscht feststellen, dass Sie in der Eifel sehr lange stehen müssen, bis sich ein Kraftfahrer erbarmt. Besonders regennass warten Sie oft stundenlang vergeblich. Die größten Chancen haben Einzelpersonen bei Traktorfahrern.

Alle anderen haben in abgelegenen Regionen mehr Aussicht auf Erfolg als im städtischen Bereich oder auf Bundesstraßen.

Mitunter geht es leichter, sich hilfesuchend an einen Anwohner zu wenden. Ich weiß von Wanderern, dic kurzentschlossen vom Inhaber eines Kiosks, von einer ihren Vorgarten jätenden Rentnerin und von einem Förster zur nächsten Station gefahren wurden.

Wanderpass

Mit einem **Wanderpass** können Sie Ihren Wandererfolg Tag für Tag dokumentieren und haben am Ende eine Erinnerung und einen Nachweis Ihrer Leistung. Vor der Wanderung können Sie den Pass in der Monschau Touristik bestellen. Die Ausgabestelle im Café Münsterländchen in Kornelimünster gibt es leider seit Ende 2020 nicht mehr. Unterwegs erhalten Sie ihn – mit etwas Glück – in den Touristeninformationen der ersten Orte am Eifelsteig, also in Roetgen, Monschau, Höfen, und Einruhr. Die Touristeninformationen sind es auch, die spezielle Eifelsteig-Stempel für alle Etappen haben. Sie können den Pass natürlich auch in allen Unterkünften stempeln lassen.

Mit einem GPS-fähigen Smartphone lässt sich die **digitale Wandernadel Eifelsteig** erwandern. Dazu laden Sie die App „Gipfelbuch und Wanderkarten" von SummitLynx auf Ihr Smartphone, legen ein Konto an und schalten die GPS-Funktion ein. Auf der Karte erscheinen pro Etappe 3 bis 5 Sternchen. Das sind Kontrollpunkte, an denen Sie sich einloggen.

Sobald Sie auf dieses Weise die Kontrollpunkte für fünf Tagesetappen nachgewiesen haben, erhalten Sie eine digitale Wanderurkunde und eine ebenso digitale Wandernadel. Diese wird auch für die Wandernadel der Top Trails of Germany anerkannt.

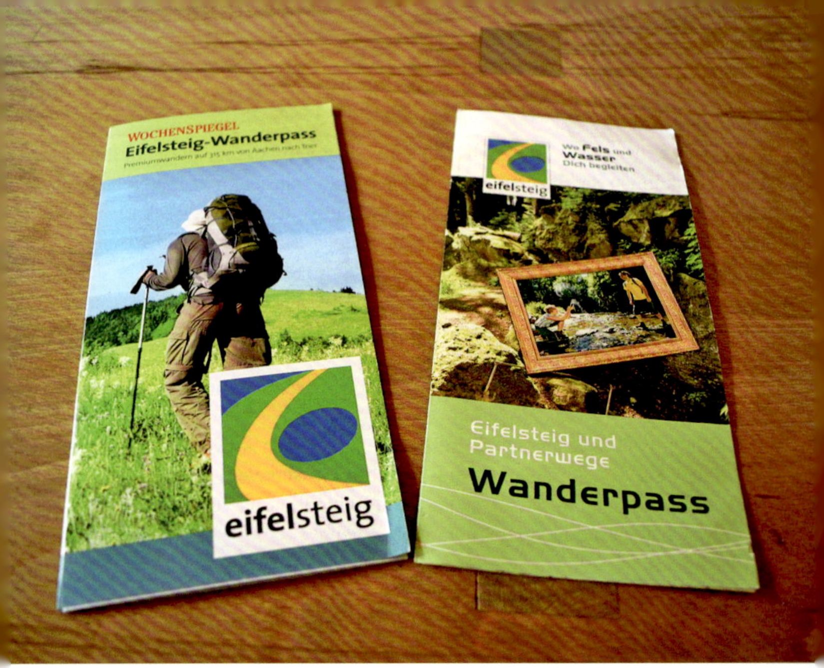

Wanderpässe sind schöne Erinnerungen an den Eifelsteig

Wanderpauschalen

Sie wollen ohne Gepäck wandern und sich nicht die Mühe machen, in etlichen Unterkünften anzurufen? Kein Problem, es gibt Anbieter, die Ihnen Pauschalpakete anbieten:

- Eifel Tourismus GmbH, Kalvarienbergstr. 1, 54595 Prüm, ☎ 065 51/96 56-0, www.eifelsteig.de, info@eifel.info, alle 15 Etappen € 1.129 im DZ, EZ-Zuschlag ab € 280, Transportzuschlag bei 1 Teilnehmer, inklusive sind ÜF, Wanderführer, auf Wunsch: Teilnahme an einer öff. Stadtführung in Aachen oder Trier, auch kürzere Teilstrecken möglich
- Kleins Wanderreisen GmbH, Ruderstal 3, 35686 Dillenburg, ☎ 027 71/268 00, www.kleins-wanderreisen.de, info@kleins-wanderreisen.de, drei Abschnitte à 5 Etappen/7 Tage € 584-614 im EZ, € 449-479 im DZ, Transportzuschlag bei 1 oder 2 Teilnehmern, inklusive sind ÜF Wanderkarte, Kurtaxe, Tourenbeschreibung, Wanderurkunde, Anstecknadel Eifelsteig

- Via Soluna, Derkere Str. 2a, 59929 Brilon, ☏ 029 61/966 13-3, www.erlebniswelt-wandern.de, info@erlebniswelt-wandern.de, 2 Abschnitte: 8 Tage/6 Etappen/7 Übernachtungen bis Blankenheim € 675-745 im EZ, € 410-535 im DZ und 11 Tage/9 Etappen/10 Übernachtungen ab Blankenheim € 940-1040 im EZ, € 765 im DZ, inklusive sind ÜF Wanderunterlagen,

Warnhinweis zu Wegänderungen wegen Hochwasser

Infolge der Hochwasserkatastrophe im Juli 2021 kann es zu kurzfristigen Beeinträchtigungen am Weg, aber auch langfristigen Wegumleitungen durch Schäden an Straßen, Brücken etc. kommen. In den ☞ Updates finden Sie ausführlichere Hinweise zu den betroffenen Wegabschnitten.

Bitte suchen Sie vor Ihrer Wanderung außerdem auf der Homepage www.eifelsteig.de für weitere Informationen auf.

Zeit

Noch ein ernst gemeintes Wort zum Thema Zeit: Manche Wanderer verkalkulieren sich mit den Wanderzeiten und rechnen mit 5 bis 6 km/h. Eine solch hohe Geschwindigkeit ist aber nur für voll durchtrainierte Sportskanonen zu halten, die weder Fotos machen, noch Aussichten genießen. Wer mit Gepäck unterwegs ist, sich auch an der Landschaft und netten Gesprächen mit Zufallsbegegnungen erfreuen will, sollte eher mit 3 bis 4 km/h rechnen.

Eine weitere Zeitfalle sind Angaben von Einheimischen. Sie können zwar ganz exakt sein, aber auch vollkommen danebengegriffen sein. Mir wurde für ein Teilstück des Lieserpfades von 9,5 km auch schon „höchstens 'n Stündchen“ genannt. Das war (ohne Trödeln, aber bei Regen und Wind) mit 2 Std. und 45 Min. das längste „Stündchen“ meines Lebens. Den Brotpfad beschrieb mir ein forsch ausschreitendes Ehepaar als Tageswanderung, am Ende benötigte ich aber keine zwei Stunden (ebenfalls bei Regen und Wind).

Der Eifelsteig

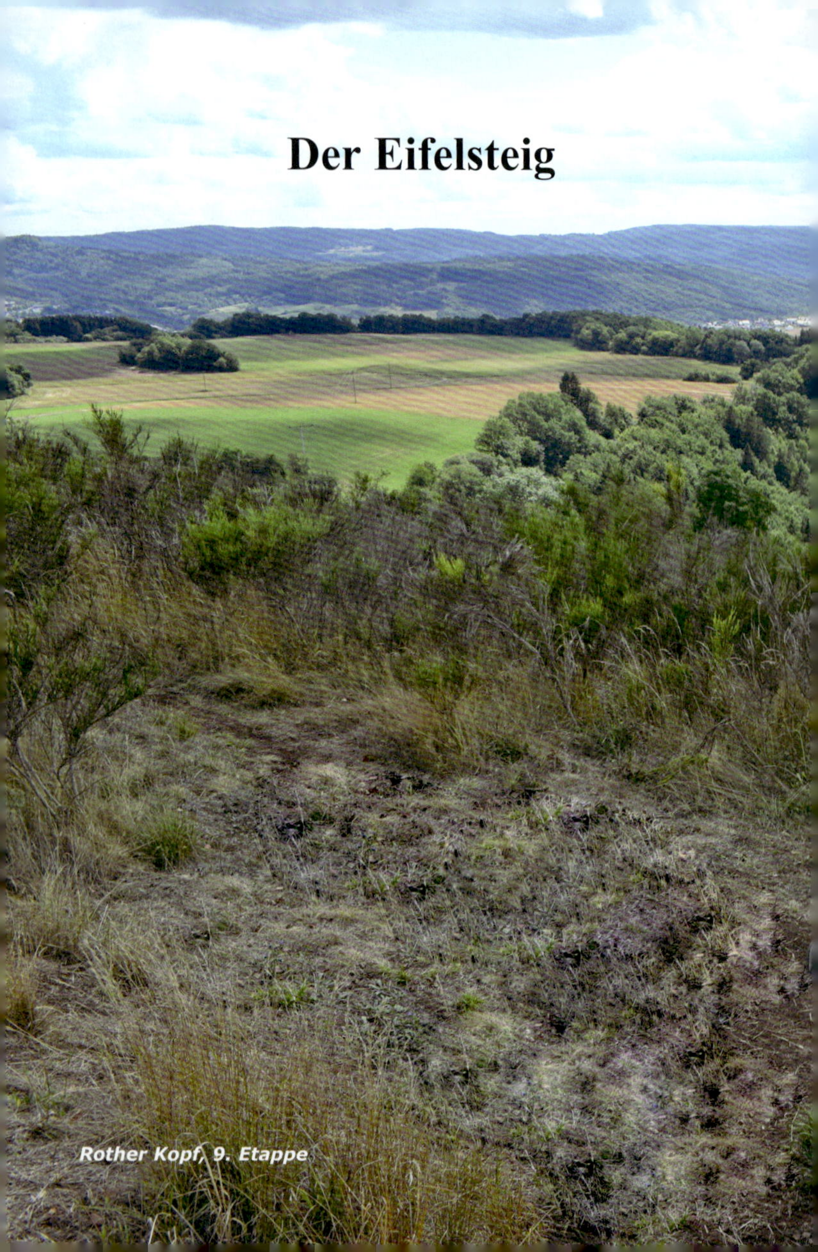

Rother Kopf, 9. Etappe

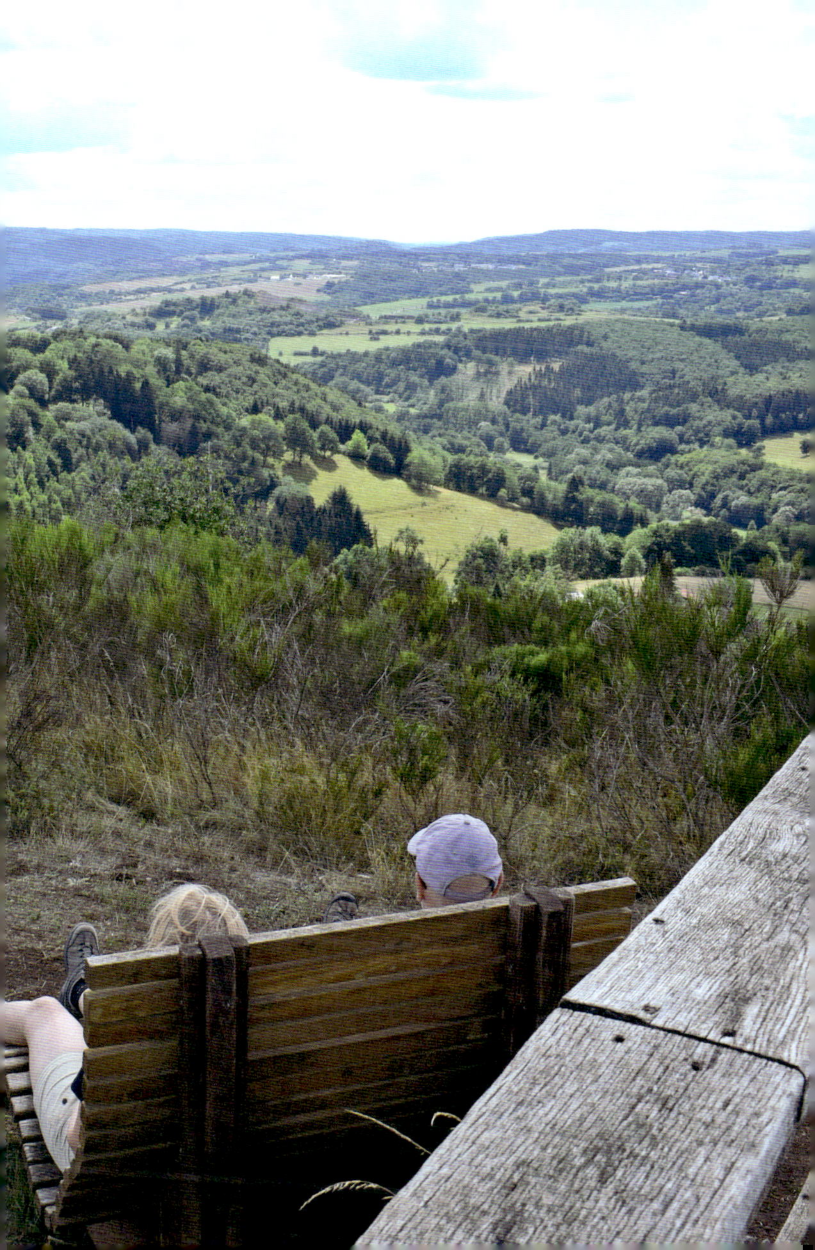

Von Aachen zum Startpunkt in Kornelimünster

Manche Eifelsteigler starten in der Aachener Innenstadt, weil sie dort mit der Bahn ankommen und sich auf einer „Voretappe" einlaufen wollen, zudem ist der Aachener Dom einen Besuch wert.

In der Ortsinfo zu Aachen fehlen Hotels und Futterkrippen. Wollte ich den zahlreichen guten Hotels, Restaurants, Cafés, Bistros und Printenbäckereien auch nur annähernd gerecht werden, würde das Buch schon an einer Stelle zu dick, an der der offizielle Eifelsteig noch gar nicht begonnen hat.

Aachen

52062-52080, 249.000 Einw.

Verkehrsverein Bad Aachen e.V., Informationsbüro Elisenbrunnen, Friedrich-Wilhelm-Platz, ☏ 02 41/180 29 50, www.aachen-tourismus.de, info@aachen-tourismus.de, Mo-Fr 10:00-18:00, Sa 9:00-14:00, April-Dez Sa 10:00-15:00, So 10:00-14:00

Jugendherberge Aachen – Euregionales Jugendgästehaus, Maria-Theresia-Allee 260, 52074 Aachen, ☏ 02 41/711 01-0, www.aachen.jugendherberge.de, jh-aachen@jugendherberge.de, 10 km über schöne Zugangswege oder mit dem Bus, 180 Betten, ÜF EZ ab € 52,40, im DZ ab € 40,40, im MBZ € 32,40, € 7,50, Wegstreckenberatung, @

Platz für Camping Aachen, Branderhofer Weg 11, ☏ 02 41/99 00 09 91, www.aachen-camping.de, mail@aachen-camping.de, am Weg, 2,3 km ab Dom, Zelt inklusive 1 Person € 15, weitere Personen € 7,50, Campingplatz im Gillesbachtal mit Zeltwiese für 20 bis 30 Zelte, keine Dauercamper, An- und Abreise jederzeit möglich, Brötchenservice, @

Carolus Thermen Bad Aachen, Stadtgarten, Passstraße 79, www.carolus-thermen.de. Gönnen Sie Ihrem Körper vor der anstrengenden Wanderung noch einmal Entspannung pur: im Badebereich mit warmem Thermal-Mineralwasser und in der Saunawelt mit Blockhaussauna, Strandkörben, Dampfbad und Saunagarten.

Busverbindungen nach Roetgen, Kornelimünster und Monschau

Aachen: Aachener Autodroschken-Vereinigung ☏ 02 41/666 66, www.taxiruf-aav.de

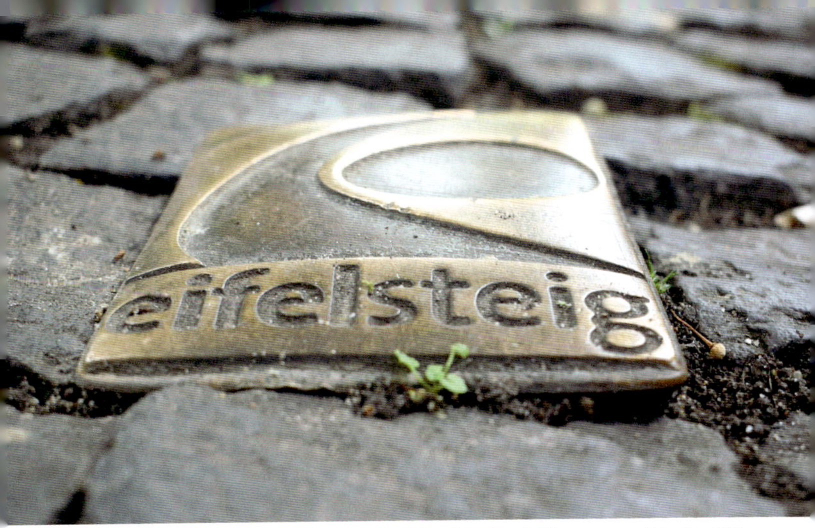

Bodennägel führen zum Startpunkt

✝ Aachener Dom, Münsterplatz: Der Aachener Dom ist eines der bedeutendsten Bauwerke Europas und wurde schon 1978 als erstes deutsches Bauwerk in die Liste des Unesco-Welterbes aufgenommen. Er ist sowohl aus architektonischer als auch aus historischer Sicht einen Besuch wert, immerhin liegt hier Kaiser Karl der Große begraben und über 30 deutsche Könige wurden hier gekrönt.

💻 www.aachendom.de

⦿ Pilger bekommen ihren Stempel in dem kleinen Gebäude links im Hof.

Klenkes

In und um Aachen werden Sie immer wieder Einheimische sehen, die sich den erhobenen kleinen Finger der rechten Hand entgegenhalten. Das ist kein misslungener „Stinkefinger“, sondern Klenkes, der Gruß der Aachener, gleichzeitig also deren Erkennungszeichen.

Bei der Beschreibung des Eifelsteiges heißt es immer, er führe „von Aachen nach Trier“. Wer nun im Aachener Zentrum gelandet ist und den Startpunkt sucht, wird nach Kornelimünster geschickt. Der offizielle Eifelsteig beginnt nämlich weit draußen im Aachener Stadtteil Kornelimünster, südöstlich des Stadtzentrums. Dorthin können Sie auf verschiedene Weise kommen:

▷ Besonders bequem ist es mit dem Bus (Linie 35, 55 und 65).

▷ Zu Fuß können Sie ab dem Dom dem Jakobsweg mit seinen blau-gelben Muschelmarkierungen entgegen gehen (ab Dom etwa 10 km).

▷ Oder sie orientieren sich ab dem Hauptbahnhof an den Wegweisern der Grenzroute V4, dem so genannten Münsterweg. Er führt durch das Gillesbachtal zum Jakobsweg (ab Hbf etwa 9,4 km).

1. Etappe: Kornelimünster – Roetgen

14,5 km, 4 Std. 30 Min., ↑ 321 m, ↓ 140 m, ⇧ 221-451 m

0,0 km	⇧ 235 m	Kornelimünster, Napoleonsberg BANK
0,3 km	⇧ 222 m	Kornelimünster, Markt
1,7 km	⇧ 231 m	Vennbahn Viadukt
2,9 km	⇧ 246 m	Hahn
3,4 km	⇧ 248 m	Abzweig nach Walheim (BANK 500 m)
4,4 km	⇧ 262 m	Trichteröfen Blausteinbruch ⌘
5,2 km	⇧ 264 m	Friesenrath B&B
6,8 km	⇧ 326 m	Kitzenhaus
9,1 km	⇧ 373 m	Abzweig nach Rott (1 km)
10,2 km	⇧ 449 m	Naturschutzgebiet Struffelt
11,4 km	⇧ 403 m	Dreilägerbachtalsperre
14,5 km	⇧ 415 m	Roetgen BANK

Kurz und kurzweilig ist diese erste Etappe des Eifelsteigs. Sie beginnt am Marktplatz des sehenswerten Aachener Stadtteils Kornelimünster. Am Ufer der Inde entlang schlängelt sich der Weg nach Walheim, wo die zurückkehrende Natur die ehemaligen Kalksteinbrüche und Kalköfen geradezu in eine Idylle verwandelt. Es geht hinauf zum Struffelt mit seinen Holzbohlenwegen durch das Hochmoor. Vorbei an der Dreilägerbachtalsperre geht es durch dichten Wald und offene Weidenlandschaft hinauf nach Roetgen. Immer wieder treffen Sie heute auf die alte Vennbahntrasse.

Ein freundliches Willkommensschild empfängt sie an der **Bushaltestelle „Napoleonsberg“**. Von hier folgen Sie den im Boden eingelassenen Bronzenägeln mit dem Eifelsteigsymbol ins Zentrum zum Startpunkt auf dem alten Marktplatz.

Aachen-Kornelimünster

52076, 3.300 Einw.

Zur Abtei, Napoleonsberg 132, ☏ 024 08/92 55 00, www.zur-abtei.de, hotel@zur-abtei.de, ➲ 60 m, 13 Zimmer, ÜF EZ € 75-115, DZ € 105-155, klein € 5, groß € 7,50, Designhotel in einem Gebäude von 1903, @

Die Inda-Apotheke (z. B. für die letzten Blasenpflaster-Vorsorgeeinkäufe vor dem Start) liegt etwas versteckt in der Schleckheimer Straße 38, ➲ etwa 500 m, Mo bis Fr 8:00 bis 18:30, Sa 8:30 bis 13:00.

Busverbindungen nach Aachen und Roetgen

✝ Propsteikirche, Markt: Von der L233 kommend kann die Kirche über ihr Südportal betreten werden. Das Eingangstor wird von Sandsteinfiguren des Heiligen Papstes Cornelius und des Heiligen Cyrianus flankiert. Der Haupteingang liegt zum Markt hin. Wegen der Vielzahl der Pilger wurde die Propsteikirche fünfschiffig gebaut, die Bauzeit liegt insgesamt bei über 1.000 Jahren. Die biblischen Heiligtümer (Grabtuch, Schürztuch und Schweißtuch Christi) im äußeren Nordschiff werden der Öffentlichkeit nur alle sieben Jahre gezeigt (wegen der Coronapandemie das nächste Mal im Juni/September 2023), um sie vor Verfall zu schützen. 1706 wurde ein achteckiger Anbau errichtet, der nun als Korneliuskapelle bekannt ist.

Die Propsteikirche mit Korneliuskapelle

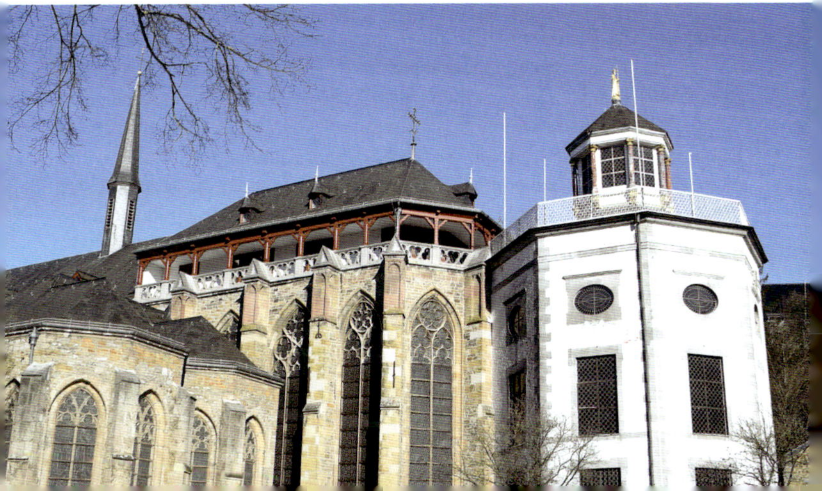

☺ Korneli-Oktav: Das Fest zur Verehrung des Heiligen Kornelius, jährlich Mitte September, lockt viele Pilger und Wallfahrer von nah und fern an. Es umfasst eine Kreuzerhöhung, eine Reliquienprozession sowie viele Messen und Pilgerandachten.

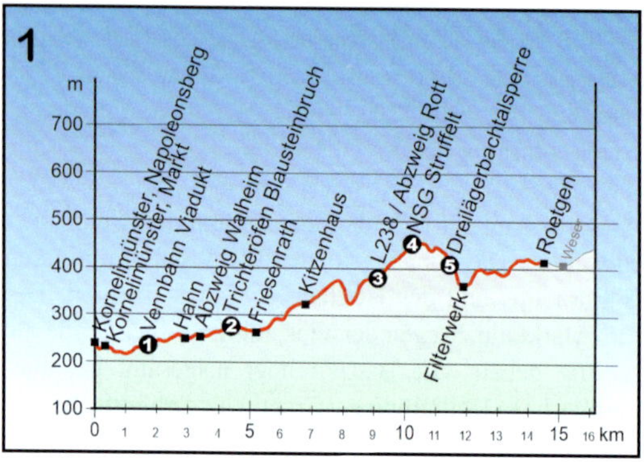

Der Aachener Stadtteil **Kornelimünster** liegt an der Inde und geht auf die etwa 2.000 Jahre alte gallo-römische Kultstätte Varnenum zurück. Hier siedelten Menschen an der Römerstraße von Jülich nach Dinant in der heutigen belgischen Provinz Namur. 814-817 entstand das Benediktinerkloster **Monasterium ad Indam**, das schnell zur Wallfahrtsstätte wurde, nachdem Kaiser Ludwig der Fromme zur Einweihung einige kostbare Reliquien aus der Pfalzkapelle zu Aachen mitbrachte. Dazu gehörten drei Tücher, die von Jesus Christus stammen sollen: das Lenden- oder Schürztuch, das Schweißtuch und das Grabtuch. 875 wurde das Grabtuch geteilt, Karl der Kahle benötigte eine Reliquie für seine Klostergründung in Compiège und ertauschte sich das halbe Grabtuch mit den Schädeln des Heiligen Papstes Cornelius und des Heiligen Cyrianus. Die darauffolgende Umbenennung des Klosters in **Monasterium Sancti Cornelii ad Indam** führte schließlich auch zum aktuellen Ortsnamen Kornelimünster.

Der offizielle Weg beginnt auf dem **Marktplatz**. Am Wanderwegeplan folgen Sie dem Wanderwegweiser („Hahn 2,7 km"). Dazu gehen Sie zwischen den Hausnummern 50 und 30 in den Korneliusmarkt hinein. An dessen Ende laufen Sie halb rechts auf der Brücke über die Inde und biegen an der Fußgängerampel links auf die L233 (Napoleonsberg) ab.

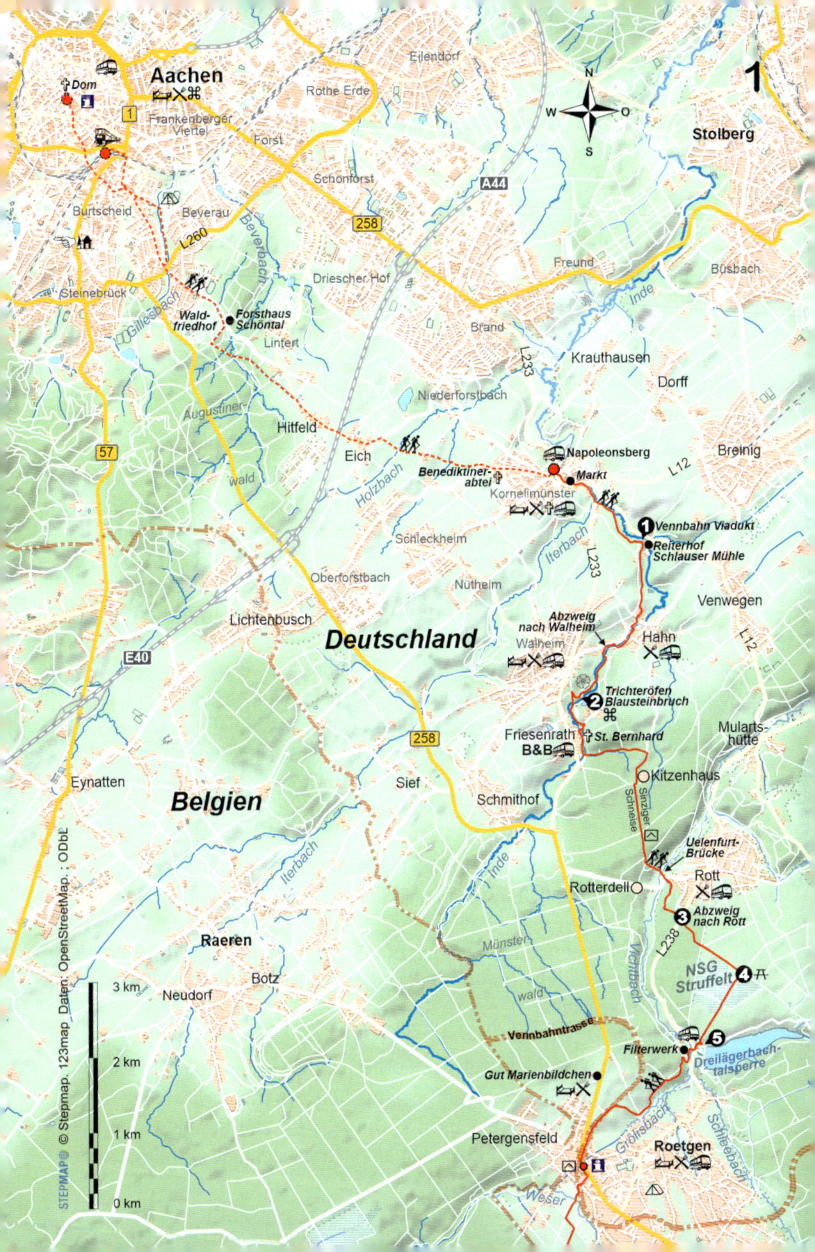

1
Aachen
Dom
Frankenberger Viertel
Rothe Erde
Eilendorf
Forst
Schönforst
Stolberg
Burtscheid
Beverau
Beverbach
Steinebrück
Gillesbach
Wald-friedhof
Forsthaus Schöntal
Linfert
Driescher Hof
Brand
Freund
Büsbach
Inde
Krauthausen
Dorff
Niederforstbach
Augustiner-wald
Hitfeld
Eich
Holzbach
Benediktiner-abtei
Napoleonsberg
Markt
Kornelimünster
Breinig
Vennbahn Viadukt
Reiterhof Schlauser Mühle
Schleckheim
Iterbach
Oberforstbach
Nütheim
Venwegen
Lichtenbusch
Deutschland
Abzweig nach Walheim
Walheim
Hahn
Trichteröfen Blausteinbruch
Friesenrath
B&B
St. Bernhard
Mulartshütte
Kitzenhaus
Sinziger Schneise
Eynatten
Belgien
Sief
Schmithof
Uelenfurt-Brücke
Rott
Rotterdell
Abzweig nach Rott
Raeren
Botz
Neudorf
Münsterwald
Vichtbach
NSG Struffelt
Vennbahntrasse
Filterwerk
Dreilägerbachtalsperre
Gut Marienbildchen
Petergensfeld
Roetgen
Grölisbach
Schleebach
Weser
3 km
2 km
1 km
0 km
STEPMAP © Stepmap, 123map Daten: OpenStreetMap ; ODbL

Wenn die Bundesstraße eine Kurve macht, laufen Sie geradeaus in die Sackgasse (Unter den Weiden). Der Weg führt an der **Inde** entlang, dann links auf einer Holzbrücke über den Iterbach und weiter am Ufer der Inde. Die Inde verdankt ihren Namen dem keltischen Ausdruck für anschwellendes Wasser. Nach starken Regenfällen und zur Zeit der Schneeschmelze verlässt der Fluss sein Bett, um seinen Namen immer wieder unter Beweis zu stellen.

Neben einer Steinbrücke queren Sie die Straße Iternberg und laufen weiter parallel zum Indeufer auf einem oft sehr matschigen Pfad am Waldrand, später am Feldrand zu zwei engen Durchgängen unmittelbar vor dem **Viadukt der Vennbahn ❶**, bei denen breite Rucksäcke vielleicht kurz angehoben werden müssen.

Die alte Vennbahn

Durch Kornelimünster führte bis 2001 die Strecke der Vennbahn. Die eingleisige Strecke von Aachen Rothe Erde über Brand, Kornelimünster, Raeren, Roetgen, Lammersdorf, Konzen, Monschau, Kalterherberg bis nach St. Vith in Belgien wurde 1889 von der Preußischen Staatsbahn für den Transport von Kohle und Eisenerz gebaut. Im strukturschwachen deutsch-belgischen Grenzland der Westeifel wurde sie schnell auch zu einem wichtigen Transportmittel für die Menschen, die in Aachen Arbeit gefunden hatten. Im Zweiten Weltkrieg wurden viele Brücken und Tunnel zerstört. Nach dem Wiederaufbau fuhr die Alte Vennbahn als Museumsbahn die Touristen durch das Hohe Venn. Inzwischen verläuft auf der Trasse der Vennbahn ein rund 130 km langer Radweg von Aachen durch das Hohe Venn bis zum luxemburgischen Troisvierges.

Hinter dem **Reiterhof Schlauser Mühle** geht es eine Treppe hinauf. Rechter Hand sind noch die Schienen der ehemaligen Vennbahn zu sehen.

Vorsicht beim nun folgenden Pfad: Hier ist es oft sehr glitschig. Wer haltsuchend nach links greifen will, erkennt vielleicht zu spät, dass hier Stacheldraht gespannt ist.

Hinter einem Bächlein folgen Sie der steilen Treppe nach oben, dort können Sie auf zwei Rastbänken verschnaufen. Sie wandern wieder zurück zur Vennbahntrasse und links nach **Hahn** ✕ 🚌. Die Straße Knipp führt links bergab, dann rechts und an den alten Bruchsteinhäusern links in den Ort hinein.

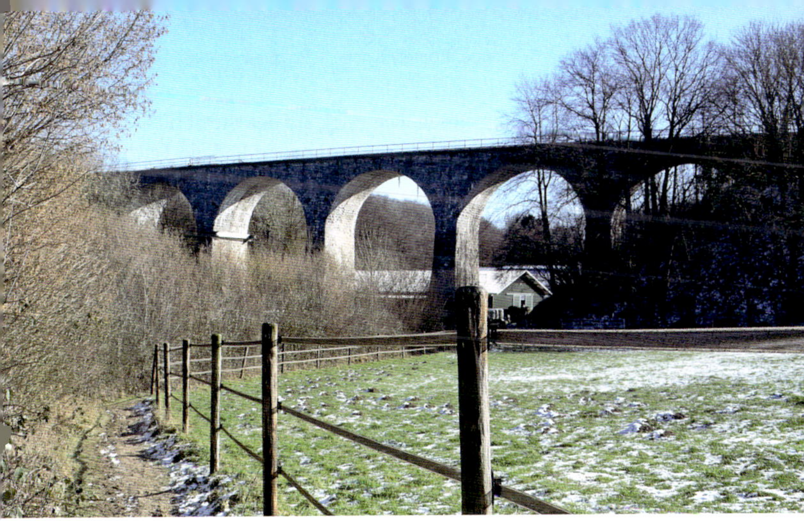

Das Vennbahnviadukt im Winter

Sie gehen weiter auf der Straße Knipp, dann rechts in die Hahner Straße. Etwa auf der Hälfte des Feldes führt der Weg links über die Straße auf einer Fußbrücke über die Inde, dahinter geht es rechts weiter am Bach entlang. An einem Kruzifix gehen Sie über die Brücke B036 rechts wieder zurück zur Hauptstraße und dort weiter nach links. (Wenn Sie in Walheim übernachten wollen, folgen Sie der Hahner Straße etwa 600 m bergauf zur Vennbahntrasse und zur L233.)

Aachen-Walheim

BANK 500 m
52076, 7.100 Einw.

Brunnenhof, Schleidener Straße 132, 024 08/588 50, www.brunnenhof-aachen.de, info@brunnenhof-aachen.de, 500 m (direkt an der L233 von Kornelimünster nach Monschau), 15 Betten, ÜF EZ € 55-79, DZ € 80-110, App mit 3 Betten € 135, € 5, (Roetgen/Kornelimünster € 20), nach Absprache, @

Busverbindungen nach Aachen, Kornelimünster, Rott und Roetgen

Hinter der Bushaltestelle nehmen Sie den nicht asphaltierten Weg direkt am Bach, er führt durch den Wald über die Brücke B034 zum **Blausteinbruch**. Dazu müssen Sie hinter einem Bruchsteinbau und einer Infotafel in einem Waldstück rechts über die Brücke B033 und dahinter weiter bergauf.

Rechts haben Sie hier einen schönen Blick auf den Steinbruch. Über die Brücke C005 erreichen Sie das Ende des Steinbruchs und die **Trichteröfen** ❷ der Walheimer Kalkwerke.

Riesige Trichteröfen

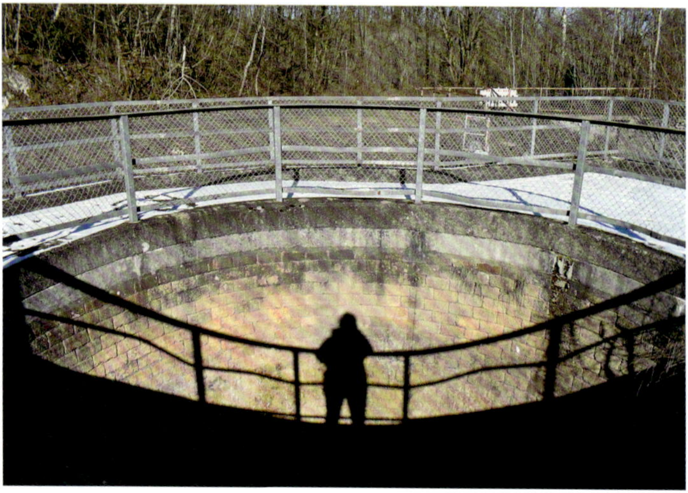

⌘ Der Blausteinbruch ist ein stillgelegter Kalksteinbruch, in dem zwischen 1900 und 1979 etwa 1,5 Millionen Tonnen Kalk abgebaut wurden. Inzwischen erobert die Natur den Steinbruch wieder zurück. Der hier ebenfalls markierte Kalkofenweg zwischen Hahn und Walheim mit seinen alten Kalköfen und Erläuterungstafeln bringt Ihnen die Technologie des Kalkbrennens quasi im Vorbeigehen nahe.

Es folgen zwei weitere Tafeln an einem Wanderparkplatz, hinter der zweiten biegen Sie scharf links ab und gehen hinab zum **Freizeitgelände** des Freizeitvereins Walheim mit ⩜ Grillplatz, Spielplatz und Kiosk (◨ nur im Sommer nach Bedarf).

Am Ende des Weges gehen Sie auf dem Pannekogweg rechts über die Brücke B031. An der Kapelle gehen Sie nach links (Friesenrather Weg) und am alten Schulhaus über einen Spielplatz zur Kirche St. Bernhard.

Friesenrath

B&B 🚌 ✉ 52076, 1.000 Einw.

B&B Bed and Breakfast Aachen, Friesenrather Weg 6, ☏ 024 08/587 74, 💻 www.bb-aachen.de, ➲ 100 m, 4 Betten, Ü 1 Person € 45, 2 Personen € 50, jede weitere Personen € 15, F ab € 4, 🚭

Aachener Kaffeefront

Bevor Sie nun das Aachener Stadtgebiet verlassen, sollten Sie wissen, dass Sie dies an einer der Hauptschmuggellinien für Kaffee in den Jahren 1945 bis 1953 tun. Die Aachener Kaffeefront verlief von Aachen durch das Hohe Venn nach Mützenich. Das Schmuggeln von Kaffee war in der gesamten Westeifel wegen der hohen Kaffeesteuern während der britischen Besatzungszeit und in den ersten Jahren der Bundesrepublik sehr lukrativ. Selbst die Dorfpfarrer hatten nichts gegen diese Straftat, riefen nur regelmäßig von der Kanzel zu großherzigen Spenden aus den Schmuggelerlösen auf. Das war so erfolgreich, dass viele Kirchen in der Region ein sogenanntes Kaffeedach haben und die aus Spenden wieder aufgebaute Kirche St. Hubertus in Schmidt sogar liebevoll St. Mokka genannt wird.

Folgen Sie der Straße parallel zum Bach. Hinter der Brücke B029 gehen Sie über einen **Wanderparkplatz** links in den Wald hinein und an einem weiteren Parkplatz (Rettungspunkt 35) vorbei.

An der T-Kreuzung folgen Sie dem Kitzenhausweg nach rechts und gehen an einem pilzförmigen Unterstand entlang auf den Weiler **Kitzenhaus** zu. Dahinter biegen Sie rechts ab und laufen gleich am Rettungspunkt 34 links auf einem breiten Waldweg, der Sinziger Schneise, leicht bergauf. An einer ⌂ Schutzhütte (Rettungspunkt 33) geht es geradeaus und bald bergab. An der Gabelung gehen Sie geradeaus weiter, nehmen also den linken der beiden Wege. Sobald der breite Weg halb rechts auf ein Haus zuführt, nehmen Sie links einen Pfad durch die Bäume, der steiler wird.

Der **Wegstein** („Roetgen 3 km", „Rott 1 km", „Walheim 3,5 km", „Mulartshütte 3 km") gibt Ihnen keinen Anhalt für die noch verbleibende Strecke bis Roetgen. Dort ist ein wesentlich kürzerer Weg gemeint, tatsächlich sind es noch knapp 7 km. An dem Wegweiser gehen Sie geradeaus auf den **Vichtbach** zu, bis Sie rechts eine Brücke sehen. Nach der Bachquerung auf der Uelenfurt-Brücke gehen Sie geradeaus zur Straße zwischen Rott ➲ 1 km ✕ 🛏 🚌 und Rotterdell/B258.

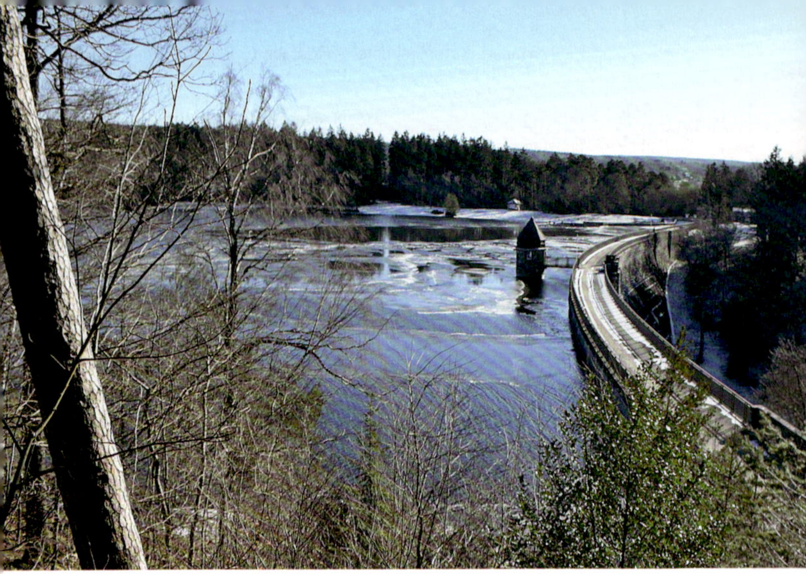

Dreilägerbachtalsperre

Kreuzen Sie die Straße und nehmen Sie den schmalen Pfad bergauf. An der T-Kreuzung gehen Sie nach links zur L238, dort führt der Weg geradeaus durch eine Lücke in einem Zaun. (Links hinter der 🚌 Bushaltestelle finden Sie eine ⌂ Schutzhütte, ➲ 100 m).

Sie überqueren die L238 ❸, folgen dem Forstweg bergauf und gehen an der Waldwegkreuzung geradeaus weiter bergauf. Am höchsten Punkt warten ein ⊼ Picknicktisch und zwei gemütliche Sonnenliegen auf pausenwillige Wanderer.

An der Infotafel zur Vogelwelt im **Naturschutzgebiet Struffelt** ❹ (darin befinden Sie sich nämlich inzwischen) gehen Sie nach rechts. Sie kommen in eine offene Landschaft mit verstreuten Birken. Ein Stück des Weges ist als Steg angelegt, um den Sumpf vor Ihren Wanderstiefeln und andersherum zu schützen.

Am Ende des Steges folgen Sie dem breiten Weg rechts bergab. Wo dieser nach rechts abknickt, bleiben Sie auf Geradeauskurs, wählen also den schmaleren Weg. Sie erreichen nun die **Dreilägerbachtalsperre** ❺. Sie dient der Trinkwasserversorgung der Stadt Aachen. Am Talsperrengebäude gehen Sie scharf rechts das Sträßchen hinab und direkt an der Zufahrt zur Talsperre links steil bergab, zunächst über Stufen, später in Serpentinen.

Kreuzen Sie die Straße (🚌) und den **Vichtbach** und gehen Sie am Filterwerk links auf der „Anlieger frei"-Straße um das Filterwerk herum (Besichtigungen möglich, Anfragen bei WAG Nordeifel, ☏ 024 71/120 30). Auf der Rückseite wählen Sie den breiten Forstweg links. An einem Wegweiser („Westwall 100 m") verlassen Sie den breiten Weg nach links, nicht dem Schild Richtung Roetgen/Monschau folgen!

Nach Regen oder Schneefall teilen Sie sich den folgenden Wegabschnitt mit einem Bach. Er führt Sie aus dem Wald heraus zu Weideland, links sind die ersten Häuser von Roetgen zu sehen.

Links von Ihnen rauscht der **Grölisbach**. Der Weg kreuzt einen Fahrweg, bleibt schmal und führt eine Weile parallel zur Vennbahntrasse. Hinter dem **ehemaligen Bahnhof** heißt der bisherige Wanderweg dann Bahnhofstraße und führt auf die Bundesstraße (ja, die B258 heißt in Roetgen einfach nur Bundesstraße). Hier an der schönen neuen **Wanderraststation** ist das Ende der heutigen Etappe erreicht.

Roetgen

BANK

✉ 52159, 8.600 Einw.

Nationalpark-Infopunkt Roetgen, Bundesstraße 22, ☏ 024 71/20 18, www.roetgen.de, info@roetgen-touristik.de, 100 m, Fr 12:00-18:00, Sa 10:00-18:00, So 10:00-15:00

Wanderraststation: Uriges Holzhaus neben der mit Picknicktischen, WC, @, offenem Kamin speziell für uns Wanderer, April-Okt 10:00-20:00, Nov-März 10:00-17:00

Landgasthof Gut Marienbildchen, Münsterbildchen 3, ☏ 024 71/25 23, www.gut-marienbildchen.de, gut-marienbildchen@t-online.de und info@gut-marienbildchen.de, 500 m (vor Roetgen vom Grölisbach über den Stockläger laufen!), ab dem Endpunkt am ehemaligen Bahnhof 1,2 km, 15 Betten, ÜF EZ € 65-90, DZ € 95-140, DBZ ab € 135, Frühstück mit selbst gemachten Konfitüren und anderen Leckereien aus der eigenen Landwirtschaft, (Betriebsführung möglich), und auf Anfrage,

♦ Hotel Eifelsteig Roetgentherme, Postweg 8, ☏ 024 71/120 30, www.roetgen-therme.de, info@roetgen-therme.de, am Weg, 44 Betten, ÜF EZ € 56, DZ € 98, DBZ € 128, ab € 7, Sauna für Hotelgäste € 15 (normalerweise € 24), @

Campingplatz Roetgen, Faulenbruchstraße 55, ☏ 024 71/31 76, www.camping-faulenbruch.de, info@camping-roetgen.de, 1,5 km, Ü € 4, Stellplatz € 4,50, Abfall € 2,50, Strom € 3, Mietcaravan € 30 (plus € 30 Endreinigung)

Saunadorf Roetgentherme, im Roetgentherme, am Weg. 7 Themensaunas, 5 Pools und die erfrischende Eifelluft sind erstklassige Entspannung nach der vollbrachten Tagesetappe. Klassische (Lesertipp!) und Thai-Massage bitte vorher reservieren. Viele Gastgeber in Roetgen ermöglichen ihren Gästen einen ermäßigten Saunabesuch.

Busverbindungen nach Aachen, Kornelimünster, Monschau und Einruhr

Taxi Lux (Roetgen), ☏ 024 71/47 55

Roetgen war aufgrund seiner außergewöhnlichen Lage in der Geschichte ein sehr ertragreiches Schmugglernest. Auf Höhe des Bahnhofs ist besonders deutlich zu sehen, dass hier im Ort zwei Staatsgebiete aneinanderstoßen. Von Aachen gesehen liegt die linke Seite des Ortes auf deutschem, die rechte Seite auf belgischem Hoheitsgebiet. Da war das Schmuggeln von Kaffee, Zigaretten und Benzin kinderleicht.

Die belgische Seite gehört zum Ort **Raeren**, wird hier aber wegen des baulichen Zusammenhangs unter der Ortsinfo zu Roetgen geführt. Ausgesprochen wird der Ortsname „Röötschen“ mit weichem „sch“. Den belgischen Nachbarort spricht man „Raaren“ aus.

Am Tagesziel in Roetgen

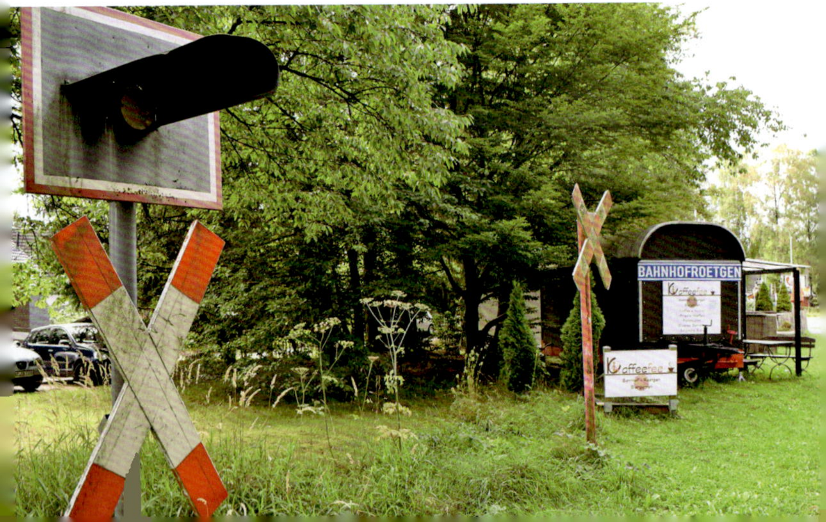

2. Etappe: Roetgen – Monschau

17,2 km, 5 Std. 30 Min., 337 m, 352 m, 400-658 m

0,0 km	415 m	Roetgen
4,0 km	436 m	Steinbachbrücke
4,9 km	473 m	Neickenkreuz
5,3 km	499 m	Kapelle Reinartzhöfe
6,5 km	538 m	Rennerthött
7,3 km	562 m	Abzweig Vennpfad
8,9 km	600 m	Stelinghütte
10,5 km	658 m	Steling
11,3 km	642 m	Kaiser Karls Bettstatt
11,9 km	623 m	Aussichtsturm Palsen
13,2 km	593 m	Mützenich BANK ⌘
14,6 km	510 m	Vennbahn
16,2 km	436 m	Ehemalige Felsenkeller-Brauerei
16,6 km	430 m	Burg Monschau
17,2 km	400 m	Monschau, Rurbrücke BANK ⌘

Sie wandern am Ortsrand von Roetgen hinüber nach Belgien. Dort können Sie die Faszination des Hohen Venns erleben. Dieses Hochmoor ist ein sehr beliebtes Wandergebiet, für das Tagesausflügler sogar aus Köln und dem Ruhrgebiet anreisen. Die längere Asphaltstrecke durch das Venn lässt sich zum Teil auf Bohlenpfaden umgehen. Am Stehling (658 m) erreichen Sie den höchsten Punkt der gesamten Wanderung und wandern zu Kaiser Karls Bettstatt. Mit einigen großartigen Aussichten rund um Mützenich steigen Sie in den historischen Ortskern von Monschau ab.

Gehen Sie nach links durch den Postweg an der Therme entlang. An deren Parkplatz biegen Sie rechts in die Wintergrünstraße ein. Sie heißt später Mühlenbendstraße und führt unter der alten **Vennbahn** hindurch. Dahinter gehen Sie links und weiter auf einem wohl zu jeder Jahreszeit matschigen Feldweg mit Feldhecke parallel zur Vennbahntrasse.

Biegen Sie am Ende der Hecke rechts ab und nehmen Sie weiter unten die Brücke über die **Weser**. Sie laufen nun durch Felder neben einem kleinen Bachlauf, später wandern Sie dann wieder bergauf.

An einem Fahrweg gehen Sie nach links und nach knapp 200 m an einer Sitzbank nach rechts. Es bleibt matschig, bis Sie den nächsten Fahrweg mit Bank kreuzen. Am nächsten Fahrweg (Sitzbank, Hochsitz) gehen Sie links auf die letzten Häuser von **Roetgen-Schwerzfeld** zu. Der Wald rechter Hand wächst schon in Belgien.

Vor den Häusern biegen Sie rechts in die Schwerzfelder Straße ab und am letzten Haus, da wo die Straße einen Linksbogen macht, gehen Sie geradeaus in den breiten Forstweg, wählen dann den Pfad über den **Holzsteg** nach rechts und gehen dahinter links bergauf.

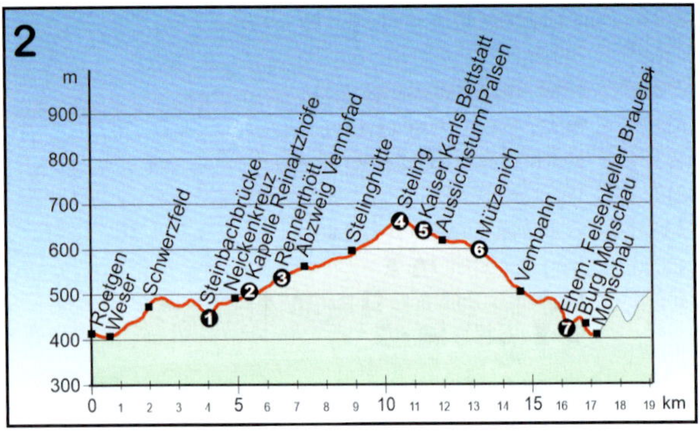

✎ Hier auf der belgisch-deutschen Grenzlinie und auf der gesamten Strecke durch das Hohe Venn ist der Eifelsteig nur provisorisch mit gelbgrünen Zeichen markiert. Auf belgischer Seite ist seit Langem ein Ardennen-Steig geplant, über den der Eifelsteig in diesem Bereich laufen wird. Bis zu dessen Fertigstellung fehlen die Markierungen und der Weg führt nicht über die eigentlich erhofften schmalen Vennwege, sondern über den breiten Pilgerweg.

Hunde sind in den Naturschutzgebieten des Hohen Venns – auch angeleint – nicht erlaubt. Auf dem noch genutzten breiten, geteerten Pilgerweg dürfen sie mitwandern, wenn sie angeleint sind. Dieser gehört zur A-Zone, die für Besucher frei zugänglich ist. Ein schöner Bohlenweg führt Sie als Alternativstrecke durch die B-Zone.

Hier herrscht striktes Hundeverbot und Wegepflicht, Sperrungen erfolgen in der Vogelbrut und bei Waldbrandgefahr. Die C-Zone darf nur mit offiziellem Venn-Führer betreten werden, die D-Zone ist gesperrt und den geschützten Tieren und Pflanzen vorbehalten.

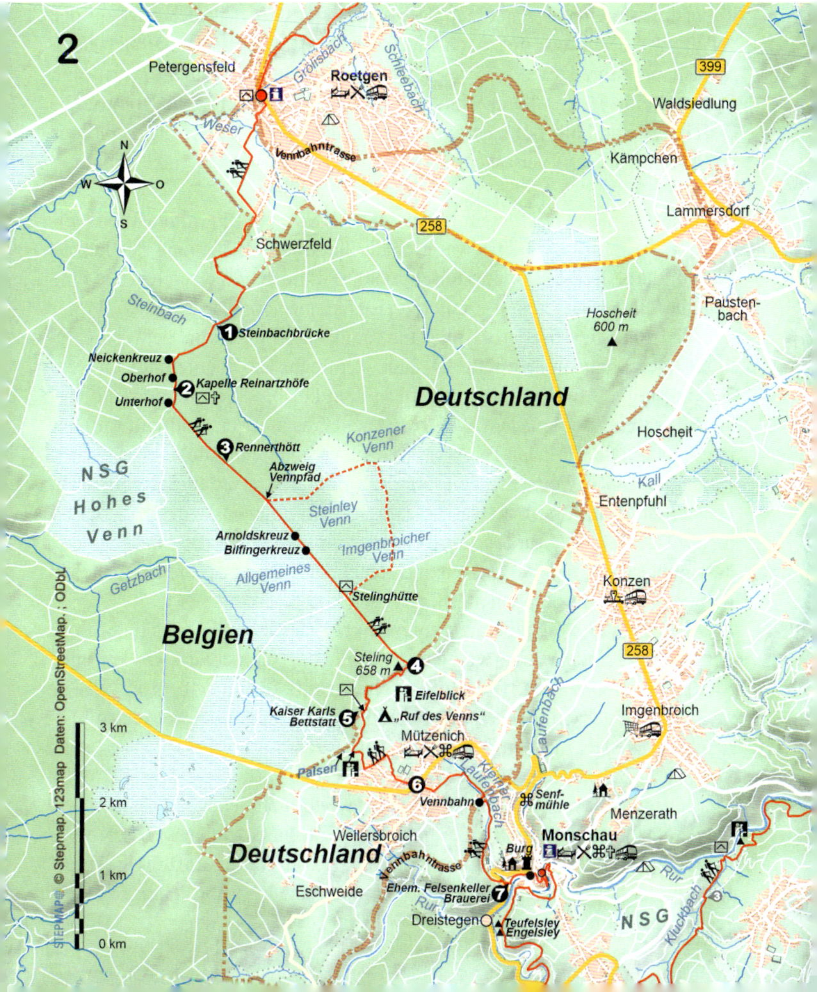

Orientieren Sie sich im Wald hinter Schwerzfeld immer an den gelbgrünen Markierungen. Sie gehen an einem Wildzaun leicht bergauf. Sobald Sie auf einen Schotterweg stoßen, folgen Sie ihm nach links. An einer T-Kreuzung mit Schranke gehen Sie rechts auf das Schild „Raeren Gemeindekredit" zu und folgen dem Teerweg 400 m geradeaus. Hinter (!) einer Rechtskurve gehen Sie an einer T-Kreuzung links, an der auch die Schilder „NW" und „Velotour 46" nach links weisen. Der Weg wendet sich nach rechts und führt stetig zum Steinbach hinab. Dort finden Sie auch eine Infotafel zum Hohen Venn. Nun gehen Sie geradeaus über die **Steinbachbrücke ❶** und halb links bergauf. An der nächsten Markierung „Velotour 46" (Picknicktisch) verlassen Sie den Teerweg und gehen links Richtung Reinartzhöfe.

Zunächst passieren Sie ein Kreuz, das 1918 von der Familie Braun Neicken aufgestellt wurde. Das war eine der Familien, die Anfang des letzten Jahrhunderts in den **Reinartzhöfen** wohnte. Bald schon erreichen Sie eine Schautafel, die die Lage des unteren Hofs kennzeichnet.

Wo früher der mittlere Hof stand, sind heute eine von den örtlichen Pfadfindern gebaute **Kapelle ❷**, eine gepflegte ⌂ Schutzhütte und ein Gedenkstein zu finden. Die Inschrift in dem Felsblock erinnert an die vielen Pilger, die hier auf dem Weg von Aachen nach Trier gastliche Aufnahme fanden. Die stärksten Pilgerströme gab es im Hochmittelalter zwischen 1100 und 1400. Wenn Sie den Oberhof erreichen, werden Sie enttäuscht feststellen, dass dort vor etwa 100 Jahren sogar eine Gastwirtschaft betrieben wurde. Leider wurden die Reinhartzhöfe Mitte des 20. Jahrhunderts enteignet, weil sie im Wassereinzugsgebiet der Wesertalsperre (in manchen Karten Stausee Eupen genannt) lagen.

An der ersten Weggabelung hinter den Höfen gehen Sie links und folgen dem schnurgeraden Pilgerweg lange geradeaus. Nach etwa 1 km kommen Sie an einen Querweg. Die Hütte **Rennerthött ❸** auf 540 m ü. NN. ist zwar abgeschlossen. Es steht aber eine Bank davor, auf der Sie rasten können. Hier gehen Sie den Pilgerweg weiter geradeaus (links geht es nach Konzen ➲ 3,5 km BANK).

Mehr als 2 km gehen Sie nun wieder weiter geradeaus auf dem Pilgerweg stetig leicht bergauf, dabei liegt links von Ihnen zunächst das Konzener Venn. Später ändert sich die Landschaft von Wald zu **offenem Moorland**, links liegen nun das Steinley Venn und das Imgenbroicher Venn und rechts das Allgemeine Venn.

↬ Wer für einen Umweg von gut 2 km fit genug ist, keinen Hund dabei hat und gerne noch etwas auf Stegen durch das Venn laufen will, geht hier links den Grasweg mit der blauen Raute. Nach gut 1,5 km folgen Sie rechts dem Weg mit der roten Raute, er führt über Stege durch das offene Hochmoor. Hier können Sie die **Vennlandschaft** so richtig genießen, überall wachsen dicke Moospolster, anfangs auch Birken. Weitere 1,5 km später ist der Bohlenweg zu Ende und führt in einem Linksbogen auf einen Teerweg. Diesem folgen Sie nach rechts und erreichen schon bald die Stelinghütte und den Hauptweg.

Kurz hintereinander passieren Sie das Arnoldskreuz und das Bilfingerkreuz. An der nächsten großen Wegkreuzung kann in der ⌂ **Stelinghütte** (600 m ü. NN) Rast gemacht werden. Auch dahinter geht es weiter geradeaus bergauf, nun aber endlich ohne Teertreten. Bis zum **Steling**, mit 658 m ü. NN der höchste Punkt der gesamten Eifelsteigwanderung, gehen Sie weiter geradeaus.

Schutzhütte an den früheren Reinartzhöfen

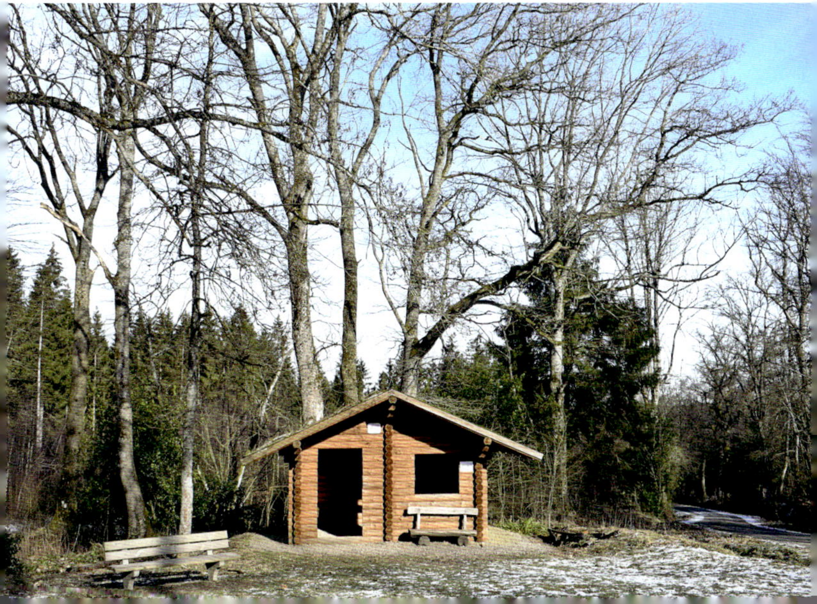

Am Steling ❹ wandern Sie rechts auf einen ⛩ Picknicktisch mit zwei Sitzbänken zu, dort gehen Sie nach rechts und sofort wieder links. An der Kreuzung, an der der Wegweiser nach links zum Dorfzentrum in 1,6 km Entfernung weist, gehen Sie geradeaus auf die ⌂ Schutzhütte zu. An der Schutzhütte gehen Sie rechts vorbei zu Kaiser Karls Bettstatt ❺, die nur wenige Meter rechts vom Weg liegt.

Die Übernachtung im Venn

Der Legende nach soll sich Karl der Große mit seinen Mannen bei einem Jagdausflug im Hohen Venn verirrt haben. Als die Nacht kam, war Kaiser Karl daher gezwungen, auf dem mächtigen Felsbrocken aus Quarzit zu nächtigen. Der Felsen heißt bis heute Kaiser Karls Bettstatt.

Ein Diener bot Karl seine Mütze als Kopfkissen an. Dieser wehrte aber ab mit den Worten „Die Mütze nich!“ Der Ausspruch soll Namensgeber für den benachbarten Ort gewesen sein. Warum Karl den dargebotenen Komfortgewinn ablehnte, ist nicht überliefert.

⛺ „Ruf des Venns“ ist einer der Trekkingplätze des Naturparks Nordeifel: ein Podest für bis zu zwei Trekkingzelte mit Picknicktisch und Komposttoilette, ➲ nicht weit vom Weg entfernt. Die genaue Koordinate wird Ihnen bei der Buchung verraten. Zu buchen über 💻 www.trekking-eifel.de.

Nun wird es etwas kniffelig, leider werden hier immer wieder die Markierungen gestohlen. Gehen Sie daher sicherheitshalber wieder zurück zu dem Weg, von dem der Trampelpfad zu Kaiser Karls Bettstatt wegführte, und laufen Sie rechts in der bisherigen Wanderrichtung weiter. Kurz hinter einem weiteren Trampelpfad, der von Kaiser Karls Bettstatt von rechts kommt, treffen Sie auf einen Grenzstein mit der Nummer 721. Gehen Sie links von einem Weidezaun auf einem (im Winter nicht auszumachenden) Pfad zu dem breiten Weg, an dem auch die Schutzhütte steht, an der Sie eben zu Kaiser Karls Bettstatt abgebogen waren.

Folgen Sie diesem nach rechts und gehen Sie an einer T-Kreuzung rechts Richtung Palsen. So werden die Seen genannt, die hier in der letzten Eiszeit entstanden. Heute sind hier nur noch trockene Mulden erkennbar. Extra für diese Eiszeitseen wurde ein Aussichtsturm angelegt.

Hinter dem Turm gehen Sie scharf links und folgen dem Weg durch eine Rechtskurve. In einem kleinen Wäldchen stoßen Sie auf die ersten Häuser von **Mützenich**. Der Ort war nach 1920 eine deutsche Exklave in belgischem Hoheitsgebiet, nachdem der Bahnkörper der Vennbahn belgisch geworden war. Dies führte dazu, dass hier eine der Hochburgen des Schmuggels entstand.

Im Ort gehen Sie die Straße links hoch Richtung Ortsmitte. Die Straße heißt Im Brand, das ist aber beim Abbiegen noch nicht zu sehen. ☺ An sehr schlammigen Tagen gehen Sie die asphaltierte erste Straße (Im Zäunchen) hinab.

Der offizielle Weg führt durch die zweite Straße (Renertzgasse). Das ist ein unbefestigter Feldweg, also bei Trockenheit schöner zu laufen. Sie treffen an deren Ende auf die Straße Im Zäunchen und folgen dieser nach links zur Eupener Straße in **Mützenich** ❻.

Monschau-Mützenich

BANK ⌘

52156, 2.000 Einw.

Venngasthof Zur Buche, Im Brand 39, ☏ 024 72/14 97, www.venngasthof-zurbuche.de, info@venngasthof-zurbuche.de, 350 m, 13 Betten, ÜF EZ € 58-68, DZ € 88-98, Preise für eine Nacht nur auf Anfrage, bis 25 kg € 10, Platz für ausreichend vorhanden. Auf Wanderer und Radler spezialisierter Landgasthof mit Wegstreckenberatung, guter Küche und Biergarten, erste Einkehrmöglichkeit nach dem Venn, täglich ab 10:30. Gruppen werden sogar im Hohen Venn mit Eintopf und Getränken versorgt. Der hausgemachte Kräuterschnaps ist ein guter Absacker nach dieser Wanderetappe. @

♦ Gästehaus Zum Stehling, Eupener Straße 64/66, ☏ 024 72/802 58 84, www.zum-stehling.de, info@zum-stehling.de, 10-200 m, 20 Betten im Gästehaus, ÜF EZ ab € 47, DZ ab € 76, VBZ ab € 130, außerdem FeWo an drei Standorten mit 2 bis 8 Betten ab 2 Nächten, @

Busverbindungen nach Monschau und Perlenau

Taxi Steffens, ☏ 024 72/80 30 80; Venn-Shuttle, ☏ 024 72/802 81 75

⌘ Dorfmuseum Uraalt Scholl: Im Alten Schulhaus sind Kochgeschirr, Fotos, Werkzeuge und alte Handwerksgeräte wie ein Webstuhl ausgestellt.

www.heimatverein-muetzenich.de

Am Konsum überqueren Sie die Eupener Straße und folgen der Straße Am Nassenhof bergab (später heißt sie In den Benden). Folgen Sie dem Schild **„Liechejass“** (= Leichengasse) zu den Hausnummern 5a-9 von In den Benden nach links. Die Straße wird hinter dem letzten Haus zum Feldweg. An dessen Ende gehen Sie rechts bergab vor der Straße am Zaun entlang, links von Ihnen plätschert ein munteres Bächlein namens Kleiner Laufenbach.

Am **Haus Hoarstatt** folgen Sie dem schmalen Weg rechts des Bachlaufs (Markierung: 66). Der Weg beginnt mit Stegen neben dem Laufenbach, später folgt ein Brückchen hinüber. Am Ende des Pfades gehen Sie rechts den Teerweg Loscherbruch hinunter.

Ein weiterer Teerweg wird gequert, der Weg führt wieder unbefestigt neben dem Bach entlang, nach etwa 100 m überqueren Sie diesen auf einem Steg. Kurz dahinter bildet der Bach einen kleinen Wasserfall. Der Weg trifft auf eine Teerstraße (Steindrisch), hier gehen Sie nach rechts und durch die Unterführung unter der **Vennbahn**.

Dahinter folgen Sie der Straße etwa 50 m nach links und gehen rechts auf dem Feldweg zum **Kleinen Laufenbach**. Unmittelbar bevor Sie den Bach überqueren, können Sie rechts hinter einer Bruchsteinmauer einen Teich entdecken. Er gehört zu einer ganzen Reihe Eisteiche, die von der Brauerei angelegt worden waren.

Vor dem ersten Gebäude wechseln Sie auf einer Holzbrücke die Bachseite, weiter geht es durch lichten Mischwald. An der Gabelung oberhalb von Schule und Schwimmbad nehmen Sie den unteren der beiden Pfade. Er führt steil bergab an einer Haarnadelkurve der B258 vorbei zum Rand dieser Bundesstraße. Queren Sie die Straße durch die Lücke in der Leitplanke und folgen Sie dem Eifelsteig-Wegweiser nach rechts.

Nach dem Genuss eines schönen Blicks auf die Monschauer Burg nehmen Sie scharf links den Pfad bergab („Zur Stadt“). Die Treppe führt hinab zur ehemaligen **Felsenkeller-Brauerei ❼**.

Direkt dahinter gehen Sie links gegen die Einbahnstraße Unterer Kalk bergauf. Hinter der Haltestelle der Touristenbahn gelangen Sie auf das Gelände der **Monschauer Burg**.

Sie erreichen die Burganlage am **Esselsturm**, nachdem Sie von der Brücke aus den herrlichen Blick über die Stadt und zum Haller hinüber genossen haben.

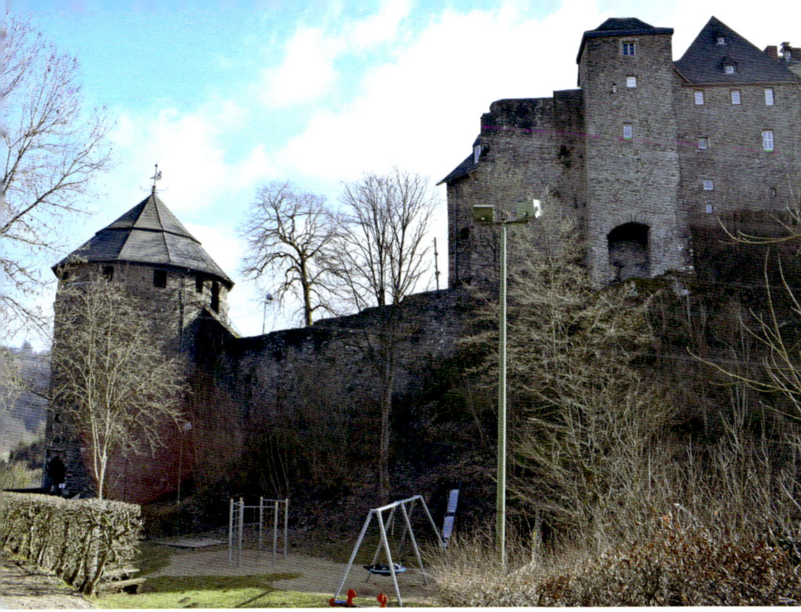

Die Monschauer Burg

Die Monschauer Burg geht auf das 13. Jahrhundert zurück. Die Grafen von Jülich bauten sie im 14. Jahrhundert zu einer mächtigen Festung mit Ringmauern und Wehrtürmen aus. Der Esselsturm erhielt seinen Namen durch den Umstand, dass über die Zugbrücke zu diesem Turm die Esel getrieben wurden. Ebenfalls zur Burganlage gehört der Haller auf der anderen Seite der Stadt. Unklar ist, ob er als Wachturm, Außenposten oder ältere Burg gebaut wurde. Fest steht aber, dass er von den Burgherren als Wachposten genutzt wurde: Wer von dort etwas ruft, kann in der Burg gut verstanden werden. Potenzielle Angreifer unten im Rurtal bekommen aber wegen des Rauschens des Flusses und der Betriebsamkeit der Bewohner davon nichts mit. So erklärt sich dann auch der Name Haller.

Sie gehen durch den Torbogen im Esselsturm und an der Gabelung links zu einer Sitzgruppe. Dort, genau am Eingangstor zum Maria-Hilf-Stift, steigen Sie links die Treppe hinab (Burgweg). An der Kirche biegen Sie scharf rechts in die Kirchstraße und folgen ihr bergab zur Stadtstraße, der Sie nach links folgen. Die i Touristeninformation liegt auf der linken Seite, das Tagesziel ist die **Rurbrücke**.

Meine Freude!

Ihnen wird auffallen, dass die Einheimischen den Ortsnamen Monschau mit ganz weichem „sch" aussprechen. Das liegt an der historischen Bedeutung des Namens, er leitet sich nach einer langen Zeit des Wandels von Mons Loci (1198) über Munioy, Monjoje, Monsyoge, Muns Yoia, Munzoyge, Muynzie, Monyou, Moynschawe, Monzwauwe und Monschauwe (1429) aus der mehrere Jahrhunderte lang verwendeten französischen Bezeichnung „montjoie" ab. Dieser Name wird z. T. auch heute noch von Monschauer Geschäftsleuten verwendet und bedeutet „meine Freude". Als in der Preußenzeit fremdsprachige Ortsnamen untersagt wurden, benannte man den Ort auf kaiserlichen Erlass 1918 augenscheinlich um, faktisch änderte sich aber nur die Schreibweise.

Monschau

52156, 1.700 Einw.

Monschau Touristik, Stadtstraße 16, ☏ 024 72/80 48-0, www.monschau.de, touristik@monschau.de, am Weg, April-Okt 9:00-13:00, 13:30-17:00, Nov-März 10:00-13:00, 13:30-16:00, gleichzeitig Nationalpark-Infopunkt für den Nationalpark Eifel

Hotel Alt Montjoie, Stadtstraße 18, ☏ 024 72/32 89, www.alt-montjoie.de, info@alt-montjoie.de, 100 m, 23 Betten, Ü DZ € 69-95, F € 9,50, € 10, ruhige Lage im Zentrum, im Nachbarhaus der i, @

Hotel Royal & Gästehaus Schloss-Café, Stadtstraße 4-6, ☏ 024 72/98 77-0, www.hotelroyal.de, info@hotelroyal.de, 200 m, 14 Zimmer, ÜF im Hotel EZ € 65, DZ € 85, im Gästehaus EZ € 45, DZ € 64, schöner Fachwerkbau im Ortszentrum,

Haller Hotel, Herbert-Isaac-Straße 20, ☏ 024 72/9 70 46 90, www.haller-hotel.de, info@haller-hotel.de, am Weg, 12 Betten, ÜF EZ ab € 63, DZ ab € 78, DBZ ab € 115 @

♦ Der kleine Globetrotter, Kirchstraße 29, 015 25/975 76 36, der-kleine-globetrotter.de, info@der-kleine-globetrotter.de, am Weg, 8 Betten, 1 App., ÜF EZ € 72, DZ € 96, App. 2 Personen € 115, 3 Personen € 135, 4 Personen € 140, € 7, Wanderberatung, @

♦ Lebensräume Schneider, Kirchstraße 2, ☏ 024 72/993 02 82, 01 73/283 19 53, www.lebensraeume-schneider.de, kontakt@lebensraeume-schneider.de, 50 m+160 m, 9 Zimmer und 2 FeWo in zwei frisch sanierten Altstadthäusern, ÜF ab € 60, @

Tant Jusschen & Ömchen Mathilde, 3 FeWo in der Ortsmitte, vermittelt durch die Senfmühle, ☏ 024 72/22 45, ➲ am Weg, bis 4 Personen € 120-140

Jugendherberge Monschau-Burg, Auf dem Schloss 4, ☏ 024 72/97 03 90, www.burg-monschau.jugendherberge.de, burg-monschau@jugendherberge.de, ➲ am Weg, 96 Betten, 5 FeWo, ÜF im MBZ ab € 25,40,

♦ Jugendherberge Monschau Hargard, Hargardsgasse 5, ☏ 024 72/97 04 70, www.monschau-hargard.jugendherberge.de, monschau-hargard@jugendherberge.de, ➲ 1,5 km, 136 Betten, ÜF im EZ ab € 28,40, im DZ ab € 30,40, im MBZ ab € 26,40, Jugendherbergsausweis erforderlich. Die zweite Monschauer Jugendherberge liegt auf einem Höhenzug oberhalb der Altstadt. Wegstreckenberatung, @ (Taxi)

Camping Rosenthal, Aachener Campingclub Dreiländereck, 01 76/39 27 01 11, acc-dreiländereck.com, ➲ 1,4 km. Nimmt wegen Corona keine Kurzzeitcamper auf, das wird sich bei Abklingen der Pandemie wieder ändern.

♦ Campingpark Zum Jone Bur, Grünenthalstraße 36 (in Imgenbroich), ☏ 024 72/39 31, www.zum-jone-bur.de, info@zum-jone-bur.de, ➲ je 2,5 km von Monschau und nach Widdau, Ü € 6, Stellplatz Zelt € 7, Strom € 3,50, Müll € 1, € 3, . Aktuell werden keine Kurzzeitcamper aufgenommen.

Schnabuleum, Laufenstraße 118, ☏ 024 72/90 98 40, Mo-So 12:00-14:30, 18:00-21:30. In dem behaglich eingerichteten Gebäude neben der Senfmühle kommen delikate Senfgerichte und andere Spezialitäten aus der Eifel auf den Tisch. Der Döppekooche gehört zu den besten in der ganzen Eifel.

Historische Caffee-Rösterei Wilhelm Maassen, www.caffeeroesterei.de. In der 5. Generation produziert die Caffee-Rösterei Maassen im 300 Jahre alten Stammhaus hochwertige Kaffees in einem alten Trommelröster. Gemahlen wird immer bei Bedarf, also mit etwas Glück auch, während Sie grade im Laden stehen und zuschauen können. Das langsame Rösten bei niedrigen Temperaturen ist schonender als die industrielle Röstung, der Kaffee enthält weniger Säuren und Bitterstoffe. Er schmeckt selbst mir als Teetrinkerin sehr gut!

@ Kostenloser Freifunk der Stadt Monschau

Monschau selbst hat keine Apotheke mehr, die nächste befindet sich in Monschau-Imgenbroich (sprich: Immschenbrooch mit ganz weichem „sch“ und einem „ch“ wie in „Loch“).

Die Burg Monschau geht vermutlich bis ins 13. Jahrhundert zurück. Im 14. Jahrhundert wurde sie ausgebaut. Die Burg ist immer noch bewohnbar, ein Teil wird heute als Jugendherberge genutzt.

♦ Haller: Es wird vermutet, dass der Haller das älteste Gebäude in Monschau ist. Er diente als Warnposten für die Burg. Was man von dort ruft, ist in der Burg gut zu vernehmen, aber unten im Ort wegen der rauschenden Rur nicht. Nahten also Feinde, konnten die Mannen in der Burg sogar noch gewarnt werden, wenn die Angreifer bereits durch die Gassen des Ortes liefen.

Monschau Open Air Klassik, www.monschau-klassik.de, 10 Tage Ende Juli bis Anfang August Unterkunft rechtzeitig buchen

Die Stadtbahn Monschau ist eine Touristenbahn, die am Markt und am Parkplatz Burgau hält und ihre Passagiere in 30-minütigen Rundfahrten durch die Stadt und hoch zur Burg fährt.

Busverbindungen nach Aachen, Kornelimünster, Roetgen, Imgenbroich, Hargard und Gemünd

City Car Monschau, ☏ 024 72/97 04 41

⌘ Allein das Probieren aller frischen Senfsorten im Laden der Senfmühle ist ein Erlebnis. Sollten Sie an einem Mittwoch in Monschau sein, können Sie (ohne Anmeldung) an einer der Führungen in die Mahlstube teilnehmen. Sie werden eine völlig neue Einstellung zu Senf bekommen, wenn Sie sich durch die 18 verschiedenen Sorten von scharf bis süß probiert haben. Außerdem: Senftrüffel, Senfpralinen und Senfwurst als Proviant für die nächsten Etappen.

♦ Historische Senfmühle, Laufenstraße 118-124, 52156 Monschau, www.senfmuehle.de, 1 km, Mi März-Nov 11:00 und 14:00

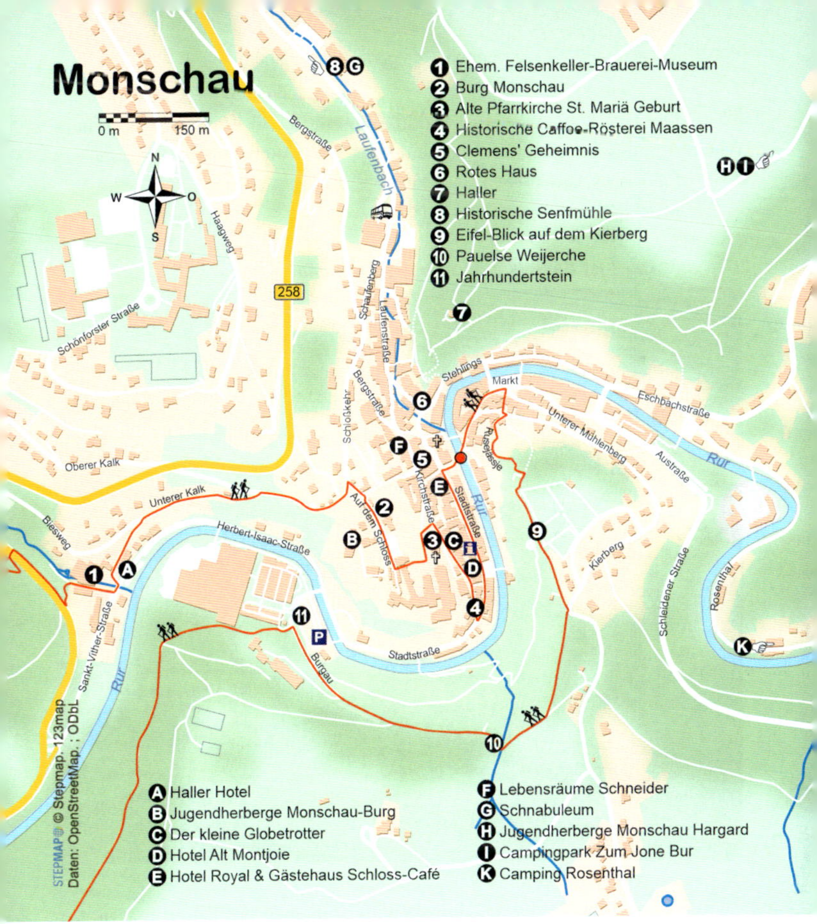

☺ Clemens' Geheimnis: Dieser Rätselraum für 2-6 Personen gehört zur Senfmühle und bietet eine Stunde Spannung im Büro von Clemens, dem Gründer der Senfmühle.

♦ Clemens' Geheimnis, Kirchstraße 1, 52156 Monschau, ☏ 024 72/22 45

✝ Alte Pfarrkirche von 1650 mit Liberatus-Schrein und Rokoko-Kanzel

⌘ Das rote Haus war einst Produktionsstätte und Wohnhaus der Tuchmacherfamilie Scheibler und ist heute das Wahrzeichen von Monschau.

♦ Rotes Haus, Laufenstraße 10, 52156 Monschau,
💻 www.rotes-haus-monschau.lvr.de

Das rote Haus ist das Wahrzeichen von Monschau

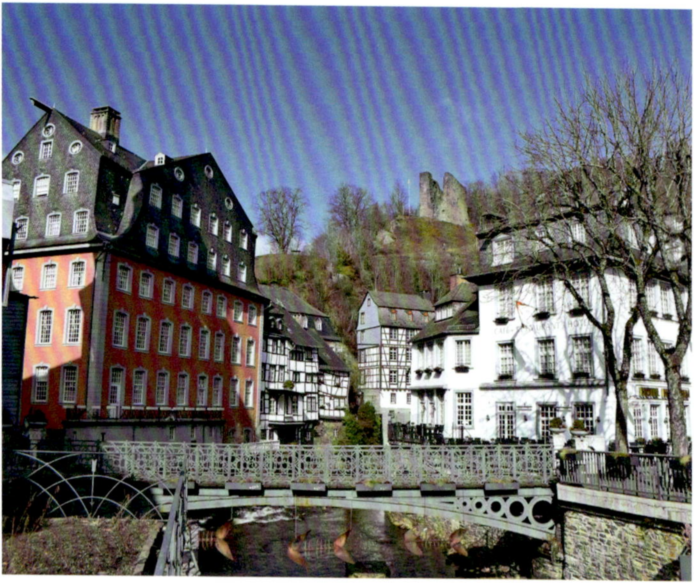

Für viele Rheinländer ist Monschau der Inbegriff der Eifelromantik. An warmen Sommertagen zieht der Luftkurort ganze Scharen von Ausflüglern an. Sie können sich also auf eine große Auswahl guter Einkehrmöglichkeiten freuen. Das historische Ortszentrum mit den engen Gassen, dem groben Kopfsteinpflaster und den alten Fachwerkhäusern versetzt die Besucher in eine mittelalterliche Idylle. Der Ort kam zu Reichtum, als sich dort nach den Aachener Religionswirren und dem Dreißigjährigen Krieg zahlreiche protestantische Flüchtlinge und Tuchmacher niederließen, um feinste Garne zu spinnen und zu weben. Die Tuchmacherfamilie Scheibler machte Monschau zu einem der reichsten Tuchmacherstädte des 18. Jahrhunderts.

3. Etappe: Monschau – Einruhr

24,4 km, 8 Std. 30 Min., ↑ 692 m, ↓ 811 m, ⇧ 282-550 m

0,0 km	⇧ 400 m	Monschau, Rurbrücke BANK
1,9 km	⇧ 492 m	Engelsley
3,1 km	⇧ 456 m	Perlenbach
3,8 km	⇧ 465 m	Perlenbachtalsperre
6,0 km	⇧ 543 m	Höfen, Nationalpark-Tor BANK
9,1 km	⇧ 442 m	Abzweig nach Rohren (1 km)
9,5 km	⇧ 417 m	Meilerplatz am Kluckbach
12,7 km	⇧ 350 m	Widdau, Rurbrücke
16,6 km	⇧ 322 m	Hammer, Rurbrücke
20,6 km	⇧ 394 m	Dedenborn, Ortseingang
23,6 km	⇧ 342 m	Wolfsblick
24,4 km	⇧ 282 m	Einruhr, B266/Rurbrücke BANK

Aus den verwinkelten Altstadtgassen Monschaus steigen Sie auf zu bezaubernden Aussichten auf die Stadt. Am Perlenbach und seinem Stausee entlang geht es hinauf zum Nationalparktor Höfen. Hier betreten Sie den 110 km² großen Nationalpark Eifel und laufen durch das Kluckbachtal zur Rur. Auf urigen Pfaden wandern Sie auf beiden Seiten des Rurtals zum Etappenort Einruhr am Obersee des Rursees.

Am Startpunkt in der Stadtstraße gehen Sie über die Rurbrücke. Hier haben Sie nach links einen schönen Blick auf den Haller und das Rote Haus. Auf dem **Markt** wenden Sie sich nach rechts, gehen die Steintreppe zwischen zwei Restaurants hinauf und die 2. Möglichkeit rechts ins Rusejässje (= Rosengasse). Ja, da geht es wirklich weiter. Es sieht nur so aus, als liefe man auf ein Haus in einer Sackgasse zu, der Eifelsteig geht direkt links vor dem Haus die Treppe hinauf. Ein steiler Pfad verläuft nun zwischen Gärten, an einer Ruhebank folgen weitere Stufen.

Der Eifel-Blick auf dem **Kierberg** beschert Ihnen eine Aussicht auf die Stadt. Wer nun hofft, schon in 1 km Entfernung in Höfen anzukommen, hat leider das falsche Schild gefunden. Sie gehen nicht nach links, wie es der Wegweiser anzeigt, sondern rechts den schmaleren Weg.

Hinter einem Wasserfall namens **Pauelse Weijerche** (auch Kellesef) und einer weiteren Sitzbank mit Blick auf Monschau gehen Sie geradeaus auf die Realschule und dahinter auf den Parkplatz am Handwerkermarkt zu. Hier liegt der **Jahrhundertstein** zur Erinnerung an das hundertjährige Bestehen des Eifelvereins Monschau 1885-1985, an dem auch der Jahrhundertweg startet, dessen Markierungen (100) Sie immer wieder an den Bäumen entdecken können.

Folgen Sie hier nun links dem Holzwegweiser „Monschauer Nationalpark-Wanderweg“, dazu müssen Sie auf einer Treppe bergauf gehen. An der **Infotafel** zur Wolltuchproduktion in Monschau haben Sie einen Blick auf die ehemalige Brauerei. Hier sind Sie am Ende der vorigen Etappe in den Ort hineingekommen.

Nehmen Sie nun den Weg im Hang (rechts). Wo in manchen Wanderkarten Dreistegen eingezeichnet ist (das liegt aber unten im Tal), kommen Sie zur **Teufelsley** und zur **Engelsley**, zwei großen Schieferfelsen über dem Tal. Unterhalb Ihres Standortes, in Dreistegen, liegt der Margarethenstollen. Der Sage nach soll hier ein Kobold hausen, deshalb wird der Stollen oft auch Tribbelemännches Loch genannt.

Wählen Sie hier den mittleren der drei weiterführenden Wege. Sie laufen im Hang und kommen an einen Abzweig, von dem der ⛺ Campingplatz nur 400 m entfernt ist.

⛺ Campingplatz Perlenau, Familie Rasch, ☎ 024 72/41 36, 💻 www.monschau-perlenau.de, ✉ familie.rasch@monschau-perlenau.de, ➲ 500 m, 🚪 10 Tage vor Ostern bis 31. Okt, Ü € 5, Zelt € 8, 🐕 € 3, Strom € 3, Müll pro Person € 0,50, herrlich schattiger Platz im Perlenbachtal, Pipo Wagen 1 Person € 20, 2 Personen € 30, ☕ 🏖 🏊 🧺

🚌 Busverbindungen nach Monschau, Höfen und Gemünd

Der Eifelsteig führt geradeaus weiter, auf dem nächsten Pfad geht es nach rechts auf einen kleinen Kamm und hinab zum **Perlenbach**. Der Perlenbach trägt seinen Namen nicht ohne Grund. Er ist einer der wenigen deutschen Bäche mit Perlmuschelvorkommen, hier können theoretisch also Süßwasserperlen gefunden werden, dies ist aber aus Naturschutzgründen verboten.

Der Eifelsteig führt nun links ein Stück am Perlenbach entlang. In seinem Tal blühen im April ganze Narzissen-Teppiche. Gehen Sie unter der **Straßenbrücke** der B258 hindurch.

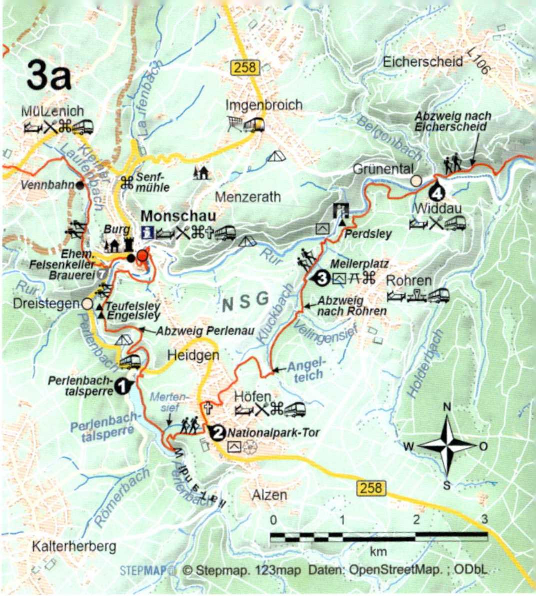

Hinter der Brücke gehen Sie links die Teerstraße hinauf, den ersten Weg nach rechts und hinter dem kleinen Wanderparkplatz an der Gabelung erneut nach rechts. (Der linke Weg ist ein Privatweg, wer ihn versehentlich doch erwischt hat, geht an seinem Ende unauffällig die Treppe hinab zum eigentlichen Weg.) Sie gelangen an die **Perlenbachtalsperre** ❶, deren Mauer begrünt ist – nicht einfach nur der übliche hässliche Beton, den man von anderen Talsperren kennt.

Der Weg verläuft fast bis zum anderen Ende des Stausees immer am Ufer entlang. An einem Bach namens **Mertensief** laufen Sie einen Rechtsbogen, bleiben also weiter am Ufer. Kurz darauf folgt ein netter ⩫ Picknickplatz.

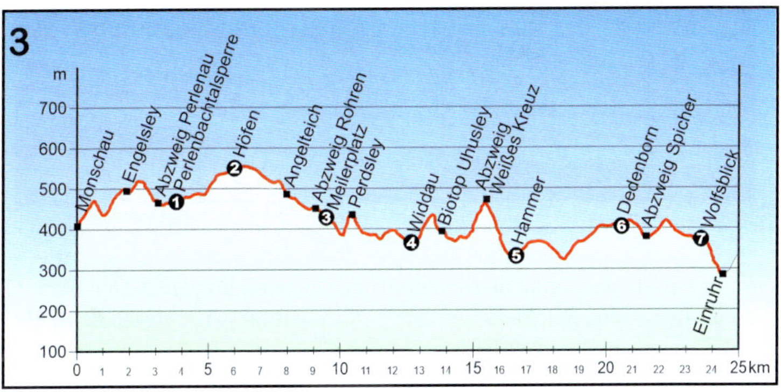

Erst kurz vor Ende des Stausees führt der Eifelsteig scharf links bergauf Richtung Nationalpark-Tor. Am Wegekreuz an einem Weidezaun laufen Sie quasi geradeaus den steilsten der Wege hinauf. Am Schotterweg geht es nun links zwischen Wiesen und Weiden hindurch auf die ersten Häuser von Höfen zu. Ein **Torbogen** markiert den Ortseingang von Höfen. Hier befindet sich ein meist gut besuchter Wanderparkplatz. Besonders zur Narzissenblüte im April/Mai starten hier Scharen von Wanderern, die die Narzissenwiesen im Perlenbachtal besuchen wollen. Diesem Umstand ist wohl auch zu verdanken, dass hier gleich drei Picknicktische auf Gäste warten.

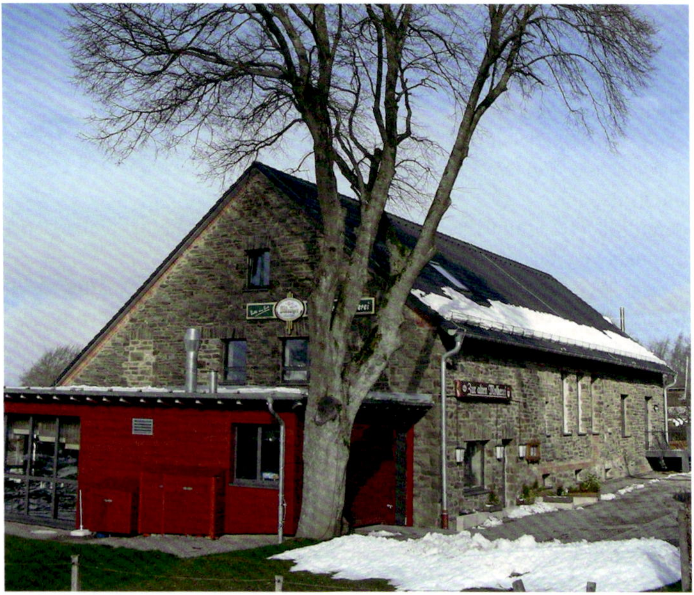

Höfener Molkerei

Am Ende des Parkplatzes verläuft ein Fußweg links und kurz darauf rechts über einen Spielplatz auf das ❀ **Nationalpark-Tor Höfen ❷** zu. Es befindet sich in der alten Höfener Molkerei.

Monschau-Höfen

52156, 1.700 Einw.

Nationalpark-Tor Höfen, Hauptstraße 72, 024 72/802 57 79, www.nationalpark-eifel.de, nationalparktor@touristik.monschau.de am Weg, Nov-März 10:00-13:00, 13:30-16:00, April-Okt 9:00-13:00, 13:30-17:00. Die Ausstellung „Narzissenrausch und Waldwandel" ist komplett auch für Blinde konzipiert: Nicht nur Braille-Text, sondern sogar ein gut zu begreifender Reliefplan helfen bei der Orientierung. Dazu gibt es akustische, ertastbare und duftende Stationen.

Wanderraststation: Uriges Holzhaus mit Sitzgelegenheiten, WC, Wasserstelle, offenem Kamin speziell für uns Wanderer, wie bzw. Einbruch der Dunkelheit

Haus Vennblick, Hauptstraße 24, 024 72/22 95, 01 72/262 37 97, www.haus-vennblick.de, haus-vennblick@onlinehome.de, 500 m, 16 Betten, ÜF EZ € 45, DZ € 84, an der Bundesstraße, Lesertipp: „gutes Essen im Restaurant",

Altes Eifelhaus 1650, Hauptstraße 96, 700 m, Mo-Sa 5:30-18:00, So 8:00-18:00. Unter dem wohl einzigen Reetdach entlang des Eifelsteigs können Sie in einem 360 Jahre alten Bruchsteinhaus herrlich schlemmen. Vom Frühstück über deftige Eifeler Brotzeiten, Eintöpfe und Schnitzelgerichte bis hin zu aromatischem Kuchen ist alles zu haben. Allein die urige Verkaufsstube ist einen Besuch wert.

♦ Bistro Alte Molkerei, Hauptstraße 72-74, im Gebäude des Nationalpark-Tors.

Busverbindungen nach Monschau, Rohren, Imgenbroich, Perlenau und Gemünd

⌘ Naturhaus Seebend: Am Sitz des Eifelvereins Höfen ist die Ausstellung Buchenhecken und Narzissentäler zu sehen.

♦ Naturhaus Seebend, Eifelverein Höfen, Hauptstraße 123, 52156 Monschau-Höfen, www.eifelverein-hoefen.de/haus-seebend

⌘ Webereimuseum

♦ Hauptstraße 123, 52156 Monschau-Höfen, www.webereimuseum-hoefen.de

Die hohen Buchenhecken in Höfen wurden traditionell gepflanzt, um Haus und Hof vor dem unnachgiebig heftigen Wetter mit viel Wind und Regen zu schützen, die hier oben auf der Höhe herrschten und herrschen. Dabei entstanden in all den Jahren zum Teil hinreißende Fotomotive, denn die Bewohner schnitten für ihre Einfahrten und vor ihren Fenstern kunstvoll Löcher in die Hecken. Schon zweimal gewann das Dorf mit seinen Buchenhecken im Bundeswettbewerb „Unser Dorf soll schöner werden" eine Goldmedaille.

Am Nationalpark-Tor biegen Sie links ab und laufen auf dem Gehweg der Hauptstraße bis zur **Kirche St. Michael**, dort geht es rechts in die Schmiedegasse hinein, an deren Ende links in die Triftstraße.

Hinter der Infotafel zur Heckenpflege laufen Sie rechts in die Pferdebahn, hinter der nächsten Infotafel wieder rechts (Wegweiser „Heckenweg"), und kreuzen den Wiesengrund, das ist die letzte Straße im Ort. Am Ortsende finden Sie ein Naturschutzgebiet-Schild, hier führt der Weg links ins **Kluckbachtal**. An der nächsten Weggabelung wählen Sie rechts den höher gelegenen Weg.

Durch Felder und Weiden laufen Sie in einem weiten Rechtsbogen auf einen Mischwald zu, dann links in den Wald, hier folgen Sie dem Wanderwegweiser geradeaus. Ein kleiner Pfad führt über angenehm mitschwingenden Waldboden, dabei queren Sie an einem weiteren Wanderwegweiser („Einruhr 16,6 km", „Widdau 5,3 km", „Kluckbachtal 0,2 km") einen Forstweg und gehen weiter hinab zum **Kluckbach**. Auf einem Forstweg umrunden Sie einen eingezäunten Teich mit der dazugehörigen Anglerhütte. Der Forstweg führt danach rechts des Kluckbachs leicht bergab. Den Weg von links ignorieren Sie. Kurz bevor der breite Waldweg eine Rechtskurve macht, folgen Sie dem Pfad am Wegweiser „Sägemühle/Rohren" links bergab.

Hinter dem Steg über den **Verlingensief** gehen Sie rechts bergauf weiter Richtung Sägemühle. Hinter einer Linksbiegung folgen Sie dem Weg geradeaus und stoßen nach wenigen Metern auf einen breiteren Forstweg, den Kluckweg, der rechts Richtung Rohren und zur Lourdes-Grotte geht.

Monschau-Rohren 🛏 🏨 🚌 ➲ 1 km ✉ 52156, 660 Einw.

🛏 Vakantiehotel De lange Man, Dröft 3, ☏ 024 72/91 26 10, 💻 www.langeman.nl, ✉ info@langeman.nl, ➲ 1,1 km, 23 Zimmer, 3 App., ÜF € 69, Urlaubshotel unter niederländischer Leitung, @ 🍎

🚌 Busverbindungen nach Monschau und Höfen

Diesem Weg folgen Sie nach links zu einem **Meilerplatz ❸** mit vielen Sitzgelegenheiten und einer großen Schutzhütte. Bis 1925 wurde hier das Köhlerhandwerk praktiziert, jetzt werden von Zeit zu Zeit eine Sägemühle, eine Werkstatt und ein ⌘ Waldmuseum dem interessierten Publikum präsentiert.

Überqueren Sie den Kluckbach, biegen Sie dahinter rechts ab und wandern Sie auf dessen linker Seite weiter talwärts, auch am Ende einer kleinen Lichtung, wo der Eifelsteig rechts in einem Bogen geführt wird. Schon bald erreichen Sie die Stelle, wo der Kluckbach in die **Rur** mündet.

Wenn Sie auf der Brücke über die Rur gehen, gelangen Sie an eine Schutzhütte und auf einen gleich langen Alternativweg nach Einruhr.

Der Eifelsteig verläuft auf der rechten Rurseite, Sie müssen also den Steg über den **Kluckbach** nehmen und dann rechts zwischen Rur und Kluckbach steil bergauf kraxeln. Dabei umlaufen Sie einen beeindruckenden Felsbrocken. An der Gabelung an der Ecke eines Weidezauns gehen Sie links weiter.

An einer großen Wegkreuzung nehmen Sie den Forstweg geradeaus, er führt bergab. Vorher lohnt sich aber auch ein Abstecher nach links zu dem Aussichtspunkt **Perdsley**, der 70 m über der Rur liegt.

Vor einer Lichtung verlassen Sie den Forstweg scharf links. Sie laufen auf der linken Seite des Feldes in dichten Wald hinein und kurz darauf rechts auf eine Lichtung mit Hochsitz zu. Der Pfad führt hinab zur Rur, an dieser Stelle teilt sich der Flusslauf für ein paar hundert Meter. Nach und nach gewinnt der Weg wieder an Höhe. Am Waldrand halten Sie auf einen Hochsitz zu und gehen an Hubis Bank links. Vorbei an den wenigen Häusern von Grünental auf der anderen Rurseite gelangen Sie an die **Rurbrücke** ❹ bei Widdau.

Monschau-Widdau ➲ 400 m 52156, 80 Einw.

Pension Talblick, Annemie Steffen, Veilchenstraße 29, ☏ 024 72/28 61, ➲ 200 m, 6 Betten, ÜF EZ € 35, DZ € 60, der Name ist Programm: Herrlicher Blick ins Rurtal

Busverbindungen nach Monschau, Höfen, Rohren und Imgenbroich

Überqueren Sie die Rurbrücke und gehen Sie rechts über den **Belgenbach** und weiter die Rur entlang. Gegenüber sehen Sie den Jugendzeltplatz Widdau, der leider keine Einzelpersonen aufnimmt. Nach 150 m folgen Sie dem Weg an einer Gabelung bergauf, am Ende des Steigungsstücks erreichen Sie einen Abzweig nach Eicherscheid. Der Weg führt bald durch eine satt mit Moosen und Flechten bewachsene Felsenlandschaft, das **Biotop Uhusley**.

Nach einem guten Talblick geht es wieder talwärts. An der nächsten Wegkreuzung wandern Sie geradeaus, der Weg verläuft mit weiteren schönen Aussichten oberhalb der Rur.

Folgen Sie der **L106** nach links, nun haben Sie auch rechter Hand herrliche Fernblicke. Übersehen Sie darüber aber nicht, schon nach 30 m die Straße wieder zu verlassen und links einem Pfad parallel zur Straße zu folgen.

Links steht ein Kruzifix mit **Gedenkstein** für Ludwig Sieberts, der hier nach Kriegsende 1945 durch eine Mine getötet wurde. Der Weg wird nun immer steiler, wer deshalb nur noch mit gesenktem Blick den Berg hinauf schnauft, wird sich zumindest an den vereinzelt durch das Gras schimmernden Quarzitbrocken erfreuen können, die gar nicht so recht in die ansonsten von Schiefer geprägte Umgebung zu passen scheinen. Knapp unterhalb der L106 haben Sie es geschafft! Wenn Sie auch geschafft sind, setzen Sie Ihren Weg sofort rechts bergab fort.

Wer aber noch etwas Puste hat, geht nach links für etwa 100 m weiter bergauf zum **weißen Kreuz**. Von hier haben Sie bei klarem Wetter eine fantastische Aussicht über das Rurtal, bei schlechtem Wetter bietet eine Schutzhütte die nötige Geborgenheit für einen Schluck aus der Thermosflasche.

Der Weg bleibt zunächst unterhalb der L106 und kreuzt diese nach knapp 300 m. Sie gehen weiter bergab auf einem Grasweg. An der nächsten Gabelung (Sie können Hammer schon sehen) laufen Sie nach links bergab auf den Ort zu. Am **Haus Vreneli** biegen Sie rechts ab und erreichen die L106 in Hammer.

Simmerath-Hammer

52152, 140 Einw.

Camp Hammer, An der Streng 6-7, 024 73/92 90 41, 01 71/907 77 55, www.camp-hammer.de, info@camp-hammer.de, am Weg, 30-40 Touristenstellplätze, Ü € 7,70-8,70 pro Person, kl. Zelt € 4,90-5,90, € 3,90, € 1, Camping Pod 2 Personen € 64-74, 4 Personen € 74-84, idyllisch im Rurtal gelegener Platz mit Shop, @, Check-in bis 18:00, Fr, Sa bis 20:00

Busverbindungen nach Simmerath, Eicherscheid, Dedenborn, Einruhr und Erkensruhr

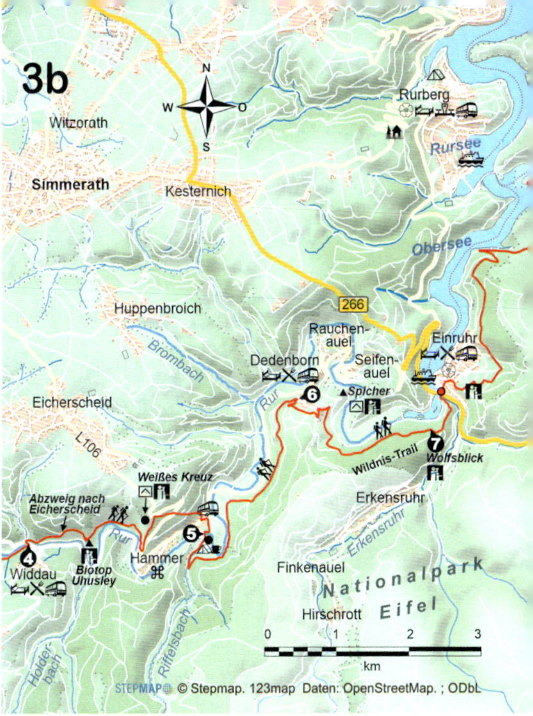

⌘ Der Ort hat seinen Namen vom alten Hammerwerk aus dem 18. Jahrhundert in der Hammerstraße 23. Es kann nur von außen besichtigt werden.

Am Friedhof gehen Sie links Richtung Bushaltestelle und hinter dem ehemaligen Hotel Waldblick rechts den Feldweg hinab an zwei kleinen Campingplätzen für Dauercamper entlang. Vor der Rur macht der Weg einen Rechtsbogen. Nehmen Sie links die Brücke über die Rur ❺, passieren Sie das ⛺ Camp **Hammer** und laufen Sie an der Dreier-Gabelung links den Hohlweg hinauf.

Den Riffelsbach überqueren Sie per Steg oder durch die Furt. Nur wenige Schritte dahinter, an der Sitzbank am Rettungspunkt 2044, biegen Sie scharf links ab. Der Weg verläuft zunächst oberhalb der Rur, im Frühjahr müssen Sie dabei einige kleine Bächlein überspringen. Später fällt der Weg sanft ab und führt durch eine Auenlandschaft. Kurz laufen Sie zwischen hohen Buchen auf einem Betonweg, diesen können Sie aber an der nächsten Gabelung schon wieder verlassen. Sie wandern nach rechts bergauf, zunächst am Waldrand, anschließend im Wald.

In einer Rechtskurve gehen Sie links bergauf durch den Wald, an einer Einmündung geradeaus und zwischen Viehweiden bis zu den ersten Häusern von Dedenborn ❻. Der Weg führt gleich am Ortseingang nach rechts und damit oberhalb des Ortes entlang.

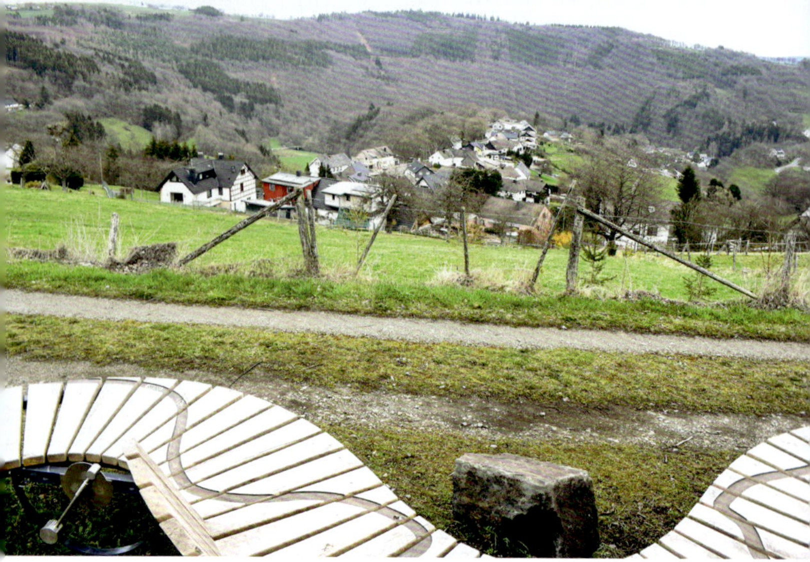

Eine besondere Rastbank bei Simmerath-Dedenborn

Simmerath-Dedenborn 52152, 370 Einw.

FeWo Rur-Idylle, Rauchenauel 10 (unten im Rurtal), 01 63/294 43 62, www.ferienwohnung-ruridylle.de, info@ferienwohnung-ruridylle.de, 1 km, 2 FeWo mit insg. 10 Betten, Ü € 59/69 (1-2 Personen), jede weitere Person € 15, Endreinigung € 18, Stellplatz für WoMo auf Anfrage, Einkaufsservice, Wegstreckenberatung, Grillkohle, Feuerholz, @

Busverbindungen nach Simmerath, Eicherscheid, Hammer, Einruhr und Erkensruhr

Auf der Anhöhe halten Sie sich am Wasserbehälter links und gehen durch die Felder zum anderen Ortsende. Dabei kommen Sie zu einer herrlich breiten **Bank mit Aussicht** auf Dedenborn, auf deren Sitzfläche der Flusslauf der Rur nachgebildet ist. An Hausnummer 34 nehmen Sie den kleinen Pfad bergab und gehen scharf links die Straße hinunter. Gegenüber einer Trafostation biegen Sie scharf rechts ab. Ebenso scharf rechts biegen Sie am Kruzifix für Gerhard Joerres ab.

In nur 200 m Entfernung befindet sich der Felssporn **Spicher** mit einem weißen Kreuz, einer Aussicht ins Rurtal und großer Schutz- und Grillhütte.

Folgen Sie am Kruzifix dem Grasweg bergab. Linker Hand ist nun schon der Obersee zu sehen. Ein schmaler Pfad führt über abgeholzte Hänge und durch den Wald auf einen breiten Forstweg zu. Dort gehen Sie links auf einer Höhe weiter zum Aussichtspunkt **Wolfsblick ❼** und erreichen danach eine Kreuzung, an der von rechts der Wildnis-Trail (Symbol: Wildkatzenkopf) hinzukommt.

Der Wildnis-Trail

Ein besonderer Tipp für Wiederholungswanderer in der Eifel: In vier Tagen durch den Nationalpark. Start für die erste Etappe ist das Nationalpark-Tor Höfen, von dort geht es am Fuhrtsbach und am Wüstebach über Erkensruhr nach Einruhr (25 km). Die zweite Etappe läuft parallel zum Eifelsteig am Obersee und an der Urfttalsperre entlang nach Gemünd (20,5 km). Am dritten Tag geht es über den Kermeter zum Kloster Mariawald und nach Heimbach (22,5 km). Die Wanderung endet nach weiteren 17,5 km in Zerkall bei Nideggen.

Am Spicher

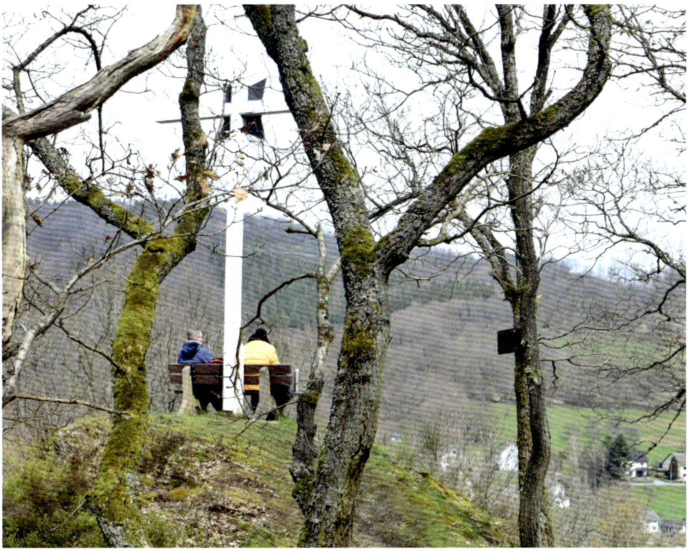

An dieser Kreuzung gehen Sie links ins Tal. Kurz vor dem Obersee kommen Sie an einen Picknicktisch und mehrere Bänke mit Aussicht auf Einruhr und den Obersee, bevor Sie am Fuß des Weges das Seeufer erreichen. Gehen Sie nach rechts auf der Brücke über die Erkensruhr und queren Sie die B266, um nach Einruhr hineinzugehen.

Simmerath-Einruhr

52152, 550 Einw.

Fremdenverkehrsabgabe € 1,20

Nationalpark-Infopunkt Einruhr, Heilsteinhaus, Franz-Becker-Straße 2, 024 85/317, www.rursee.de, info@rursee.de, 100 m, Mo-Do 10:00-13:00, Fr-So 10:00-17:00. Mit Wanderraststation für 30 Personen, Kaminfeuer. Aus dem Brunnen der Heilsteinquelle im Innenhof darf kostenlos Wasser gezapft werden.

Hotel & Restaurant Haus am See, Pleushütte 1, 024 85/950 50, www.hausamseeeifel.de, hotel@haus-am-see-eifel.de, 200 m (vor dem Ort auf der B266 nach links), 45 Betten, am WE mind. 2 Nächte (aber fragen Sie nach Buchungslücken), HP mit 4-Gang-Abendessen EZ € 82, DZ € 76-90, € 9, Benutzung von Schwimmbad, Sauna und Hotel-Tablet inklusive, nachhaltiges und umweltfreundliches Regionalhotel, @

Das Haus am See bietet ein Arrangement für die ersten drei oder vier Etappen auf dem Eifelsteig an: Shuttle zu Start/Ziel, VP mit drei Übernachtungen € 287-364, mit vier Übernachtungen € 356-442

Gästehaus Hüpgen, Rurstraße 37, 024 85/14 78, 250 m, 4 Betten, ÜF EZ € 32, DZ € 60, direkt am See gelegen, @

♦ Hotel Am Obersee, Am Obersee 4, 024 85/402, www.amoberseehotel.com, 80 m, ÜF EZ ab € 70, DZ ab € 85, DBZ € 125, € 5,95, @

♦ Hotel Im Fachwerkhof, Rurstraße 29, 024 85/15 15, www.eifelhotel-imfachwerkhof.com, info@imfachwerkhof.de, 150 m, 26 Betten, ÜF DZ € 90, DBZ € 127,50, VBZ € 170, Zuschlag für eine Nacht € 5, @

♦ Hotel Seemöwe, Am Obersee 10, 024 85/271, www.hotel-seemoewe.de, info@hotel-seemoewe.de, 200 m, 101 Betten, ÜF EZ € 68, DZ € 118, Rabatt ab 2 Nächten

Rursee-Schifffahrt, Anleger Einruhr, 024 46/479, www.rursee-schifffahrt.de, auf dem Obersee zu den Anlegern Urfttalsperre und Rurberg, Mai-Aug 4-8-mal tägl., April, Sep, Okt 3-6-mal tägl.

Rursee in Flammen am 3. Wochenende im Juli Unterkünfte sind dann extrem knapp.

Naturerlebnisbad Einruhr, Rurstraße, ☏ 024 85/91 29 29, www.naturerlebnisbad-einruhr.de, 10:00-19:00, Naturschwimmbad mit Trinkwasserqualität, Verleih von Tret- und Ruderbooten

Busverbindungen nach Aachen, Kornelimünster, Rott, Roetgen, Rurberg, Dedenborn, Hammer, Erkensruhr, Simmerath, Vogelsang, Gemünd, Rurberg, Olef und Schleiden

Taxi Simons (Simmerath), ☏ 024 73/92 92 72

Einruhr ist wegen seiner Lage am Obersee ein beliebter Ferien- und Ausflugsort. Obwohl der Obersee ein Trinkwasserspeicher ist, wurde in Einruhr ein Uferabschnitt als Naturerlebnisbad eingerichtet und ist nun die einzige Badestelle am gesamten Obersee. Nachdem der angrenzende Truppenübungsplatz Vogelsang zu einem Teil des Nationalparks Eifel gemacht worden war, blühte der Ort regelrecht auf.

Simmerath-Rurberg

BANK ➲ 4 km
52152, 910 Einw.

Nationalpark-Tor Rurberg, Seeufer 3, ☏ 024 73/93 77-0, www.nationalpark-eifel.de, info@rursee.de, ➲ 4 km, Nov-März 10:00-13:00, 13:30-16:00, April-Okt 9:00-13:00, 13:30-17:00, Ausstellung „Lebensadern der Natur“

Jugendherberge Rurberg, ☏ 024 73/938 71 10, www.rurberg.jugendherberge.de, rurberg@jugendherberge.de, ➲ 6 km, 188 Betten, ÜF EZ ab € 34,40, im DZ ab € 28,40, im MBZ ab € 25,90, € 6. Diese Jugendherberge hat sich auf Natur- und Abenteuersport spezialisiert, hier fühlt man sich als Wanderer sehr willkommen. Reservierung ist wichtig, gerne auch per ☏ oder @, Grillplatz, TT, Gesellschaftsspiele, erreichbar mit Linie 68, Haltestelle „Simmerath-Rurberg, Jugendherberge“, Jugendherbergsausweis erforderlich!

Camping Rursee, Seerandweg 26, ☏ 024 73/23 65, www.camping-rursee.de, info@camping-rursee.de, April-Okt, Ü € 6 -6,50, Zelt € 4- 4,50, € 3,50-4, € 1, Campingfass € 45 inkl. 2 Personen, 3.+4. Person € 5,50, Bettwäsche € 12,50, € 8

Rursee-Schifffahrt, Anleger Rurberg, ☏ 024 46/479, www.rursee-schifffahrt.de, auf dem Obersee zu den Anlegern Urftseemauer und Einruhr, Mai-Aug 4-8-mal tägl., April, Sep, Okt 3-6-mal tägl., auf dem Rursee nach Woffelsbach, Eschauel, Kermeterufer und Schwammenauel, Mai-Aug 4-8-mal tägl., April, Sep, Okt 3-6-mal tägl.

Busverbindungen nach Aachen, Kornelimünster, Walheim, Hahn, Rott, Dreilägerbachtalsperre, Roetgen und Einruhr

4. Etappe: Einruhr – Gemünd

21,5 km, 7 Std., ↑ 590 m, ↓ 556 m, ⇧ 280-522 m

0,0 km	⇧ 282 m	Einruhr, B266/Rurbrücke
3,6 km	⇧ 284 m	Jägersweiler
7,6 km	⇧ 316 m	Urftseestaumauer
10,5 km	⇧ 521 m	Wüstung Wollseifen, Kirche ⌘
11,5 km	⇧ 463 m	Wüstung Vogelsang
12,8 km	⇧ 426 m	Vogelsang, unterer Zugang ⌘
14,0 km	⇧ 489 m	Vogelsang, Adlerhof
15,2 km	⇧ 445 m	Kickley
15,7 km	⇧ 500 m	Modenhübel
16,2 km	⇧ 480 m	Morsbach
19,6 km	⇧ 323 m	Malsbenden, Urftbrücke
21,5 km	⇧ 332 m	Gemünd, Fußgängerzone

Diese Etappe beginnt mit einem steilen Anstieg, der Sie zügig aus Einruhr herausführt. Zwischen Wald und Wiesen umrunden Sie den Ort im Osten und beginnen am nördlichen Ortsrand eine Waldwanderung oberhalb des Obersees. Über den ehemaligen Truppenübungsplatz wandern Sie zur Staumauer zwischen dem Obersee und dem Urftsee. Von dort geht es hinauf zur Wüstung Wollseifen und zur ehemaligen NS-Ordensburg Vogelsang. Mit einigen schönen Aussichten geht es oberhalb der Urft nach Gemünd.

☺ Die Etappe bis Gemünd lässt sich mit einer kleinen Schiffstour abkürzen, Sie können die Strecke von Einruhr zur Urftseemauer auf dem Obersee beschaulich mit einem Fahrgastschiff zurücklegen. Dazu besteigen Sie um 11:00 das erste Schiff von Einruhr nach Rurberg, es fährt von dort um 11:30 zur Urftseemauer. Ankunft ist 12:00.

Aber Achtung: In der Hauptsaison (Mai-Aug) fährt das erste Schiff schon eine Stunde früher. Fahrpreis von Einruhr zur Urftseemauer: € 8, € 2,50

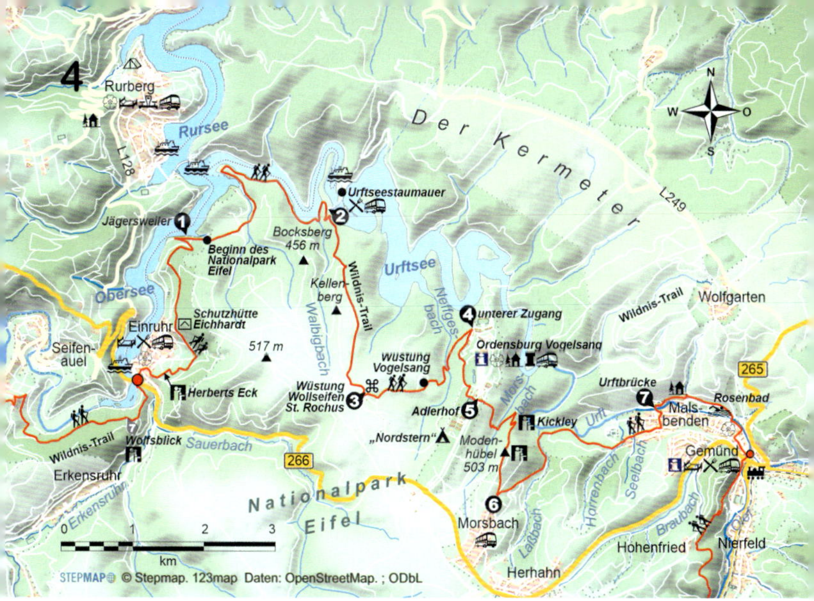

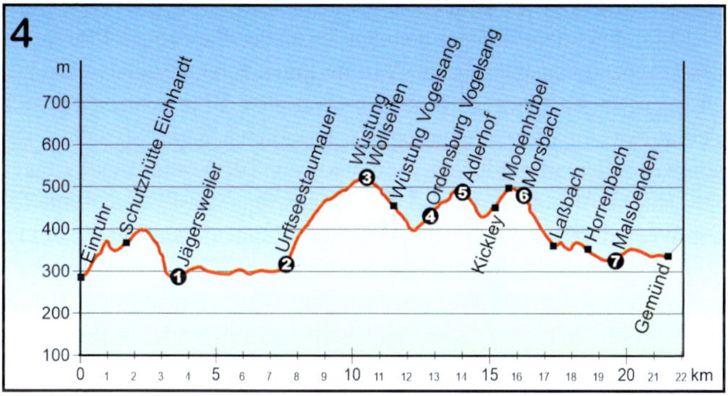

In der Rurstraße gehen Sie geradeaus bis zu dem Platz mit der BANK Sparkasse. Gehen Sie den schmalen Weg **Konsumspättche** hinauf, oben rechts durch die Straße Wilhelmsgarten und geradeaus die Sackgasse weiter bergauf. Wenn Sie die Hausnummer 26 erreichen, suchen Sie sich links den Fußweg an den Büschen, ihm folgen Sie bis zur nächsten Wegkreuzung. Hier geht es links bergab am Aussichtspunkt Herberts Eck vorbei und an der Gabelung rechts hinauf zum Waldrand, dort gehen Sie links.

Sie bleiben nun bis zum nördlichen Ortsrand am Waldrand, dazu gehen Sie anfangs bergab, hinter einem Kreuz mit Sitzbank wieder bergauf. Auf einem breiten Weg gehen Sie halb links hinab in ein Tal und über einen geteerten Weg wieder bergauf. Der Weg führt nach einer Einmündung von links zunächst geradeaus, dann rechts in einen Waldweg. Hinter der ⌂ **Schutzhütte Eichhardt** gehen Sie bergauf, dann rechts auf die Straße und nach 20 m links auf den Weg Richtung Wollseifen („Wollseifen 4,5 km" stimmt nicht für den Eifelsteig, der ausgeschilderte Weg verläuft auf der Dreiborner Höhe. Sie gehen einen längeren, aber sehr schönen Weg am Ufer des Obersees).

Sie folgen der gut ausgeschilderten Strecke zunächst über einen Forstweg bergauf, dann an einer Gabelung links bergab. Links im Tal ist immer der Obersee zu sehen. Hinter einer kleinen ⌂ Schutzhütte in einer Haarnadelkurve verlockt ein Trampelpfad zu einer Abkürzung rechts über die Wiese. Bitte tun Sie aber dem Landwirt, nachfolgenden Wanderern und deren Verhältnis zueinander den Gefallen, weiter dem Weg am Waldrand zu folgen und erst auf dem Uferweg scharf rechts zum ehemaligen Schiffsanleger **Jägersweiler** ❶ abzubiegen.

Kurz hinter dem Anleger betreten Sie an der ehemaligen **Pförtnerhütte** des Truppenübungsplatzes den **Nationalpark Eifel**, den ersten und bislang einzigen Nationalpark in Nordrhein-Westfalen. Bitte nehmen Sie sich die Zeit, die Informationstafel gründlich zu studieren, damit Sie sich so verhalten, wie es der empfindlichen Flora und Fauna des Nationalparks angemessen ist. Das Wichtigste ganz kurz: Finger weg von Pflanzen und Tieren! Die Wege dürfen nicht verlassen werden. Hunde müssen an die Leine.

Lange waren die Seeuferwege nur an Wochenenden offen und die übrigen Wanderwege rund um Vogelsang und Wollseifen durften ausschließlich von Soldaten und Katastrophenschützern betreten werden. Herrlich, dass nun der Eifelsteig mitten durch die nahezu unberührte Natur des ehemaligen Truppenübungsplatzes geführt wird. Besonders eindrucksvoll empfand ich den ersten Teil der Nationalparkstrecke, als ich ihn am Morgen allein lief. Die Vielfalt der zahlreichen verschiedenen Vögel, die alle durcheinander singen, ist überwältigend. Dieser Zauber entfällt natürlich beim Wandern in der Gruppe oder mit einem ständig weitererzählenden Wanderpartner. Sie werden die vielfältige Flora und Fauna allerdings nicht vollkommen unbeschwert genießen können, dafür sorgt die Ordensburg Vogelsang und ihre NS-Vergangenheit.

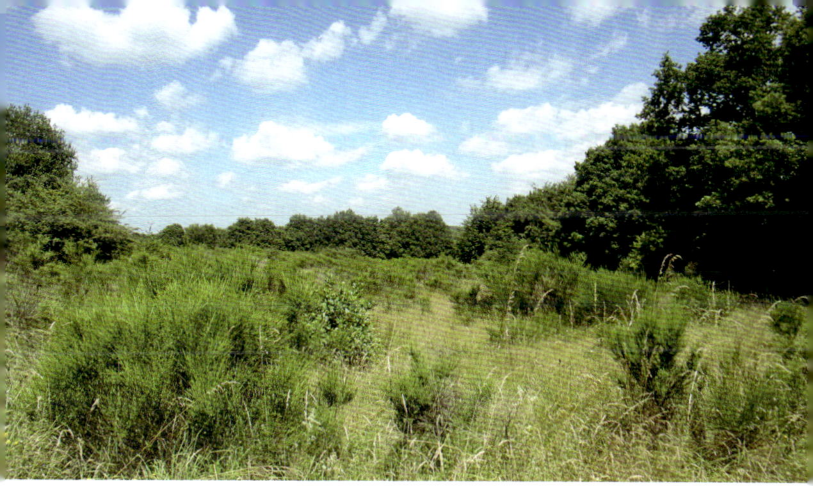

Nationalpark Eifel

Im Nationalpark werden Sie vielerorts vergeblich nach Eifelsteig-Markierungen Ausschau halten. Hier helfen die Holzpfosten mit rotem Kopf gut bei der Orientierung. Anfangs laufen Sie über offene Wiesen, links stehen zwei Hausruinen. Sie queren den **Friedenbach** mit Gedenkstein (4. Field Squadron Royal Engeneers August 1983), danach laufen Sie rechts vom Friedenbach bis zu dessen Mündung in den Obersee. Links haben Sie einen Blick auf den Ort Rurberg.

Auf dem Uferweg bleiben Sie nun bis zur Urftseemauer. Dazu gehen Sie am Ende einer Landzunge im spitzen Winkel nach rechts, überqueren den **Walbigbach** und wandern später steil den Kellerberg hinauf bis zu einer Gabelung oberhalb der Sperrmauer ❷.

↳ Der Weg links zurück führt nach 80 m zur **Staumauer** zwischen Urftsee und Obersee. Von der Staumauer haben Sie einen guten Ausblick auf die beiden Stauseen und die Burg Vogelsang.

✕ Ausflugslokal Urfttalsperre, 💻 www.urftseemauer.de, ➲ 400 m, exakte Angaben auf Tafeln auf den Zugangswegen, hausgemachte Eifeler Gerichte, Gastraum mit Kamin und großer Biergarten

Rursee-Schifffahrt, Anleger Urftseemauer, ☏ 024 46/479, 💻 www.rursee-schifffahrt.de, ➲ 600 m, auf dem Obersee zum Anleger Rurberg

Busverbindungen nach Heimbach, Olef, Schleiden und Gemünd

In Serpentinen windet sich der Weg hinter dem Abzweig bergauf, er ist auch ohne ausdrückliche Markierungen nicht zu verfehlen. Die Absperrungen erlauben keine andere Strecke, Sie müssen einfach nur den Pfählen mit dem roten Kopf folgen. Der Wald lichtet sich, um offener Landschaft mit Ginster und Burgblick Platz zu machen. Sie gelangen schließlich zur **Wüstung Wollseifen ❸**.

Wüstung Wollseifen

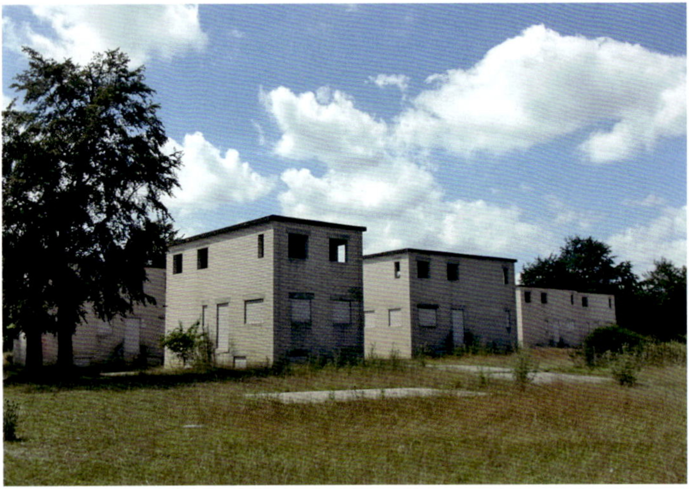

Schon die Bezeichnung Wüstung lässt Böses ahnen. Der Ort Wollseifen geht bis ins 12. Jahrhundert zurück. Nach Ende des 2. Weltkriegs entschied die britische Besatzungsmacht, dass die Region südlich der Urfttalsperre militärisches Übungsgebiet werden sollte. Die Bewohner von Wollseifen hatten glücklich den Krieg überstanden und wurden nun aufgefordert, binnen drei Wochen ihre Häuser zu räumen. 120 Familien mit etwa 500 Personen waren plötzlich obdachlos, ihre Häuser und Stallungen wurden als Übungsziele in Brand geschossen. Nur die Kirche und einige wenige Hausruinen stehen noch. 1950 übernahmen die belgischen Streitkräfte den Übungsplatz und bauten die weißen Kulissenhäuser, um den Häuserkampf zu üben. Hier wurde noch 2001 für den Kosovo-Einsatz trainiert. Nach dem Weggang der Belgier zum Jahreswechsel 2005/2006 wachsen nun Pläne, die Wüstung zur Gedenk- und Besinnungsstätte umzugestalten. Hoffentlich nicht zu sehr, denn gerade der jetzige Zustand ist selbst an warmen Sommertagen bedrückend und bewegend. Ein Lichtblick: Die **Kirche St. Rochus** wird seit einigen Jahren aus Mitteln einer Bürgerstiftung vor dem weiteren Verfall gerettet.

☺ Wie wär's zur Aufheiterung mit einer Planwagenfahrt nach Vogelsang?

April-Okt 1. und 3. So im Monat, 12:15 und 14:45, 7 €

Nachdem Sie die Wüstung ausgiebig durchstreift haben, gehen Sie zum Weg an der Kirche zurück und in bisheriger Wanderrichtung leicht bergab. Nun folgen Sie dem Wegweiser nach links Richtung Vogelsang. Auf der linken Seite können Sie noch die Ruinen des **Dorfes Vogelsang** sehen, die Ausschilderung Vogelsang bezieht sich aber immer auf die militärische Anlage, nicht auf die ehemalige Siedlung.

Weite Fernblicke in Vogelsang

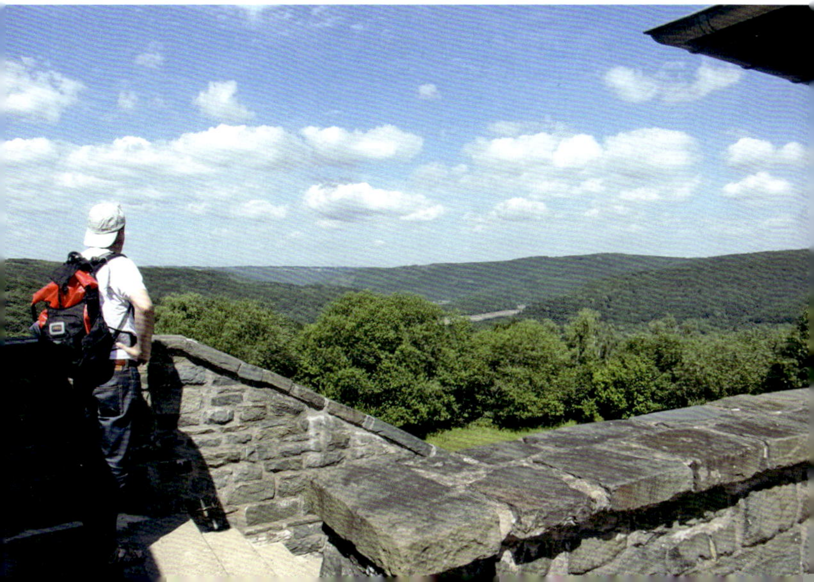

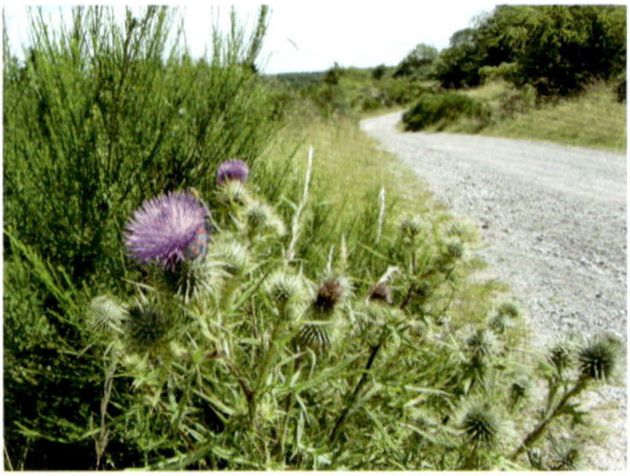

Am Wegesrand

Im Tal überqueren Sie den **Neffgesbach** (er wird oft auch einfach nur Bach von Walberhof genannt) und gehen geradeaus weiter Richtung Vogelsang. Vor dem ersten Gebäude am Zugang Vogelsang ❹ führt der Weg weiter nach rechts, zum Informationszentrum gehen Sie links herum (➲ 300 m).

Die gewaltige Anlage der **Ordensburg Vogelsang** war eines von drei Schulungslagern, die 1933 von Hitler zur Ausbildung des Führungsnachwuchses geplant und gebaut wurden. Die anderen beiden entstanden in Sonthofen (Allgäu) und Crössinsee (Pommern). Vogelsang diente der NSDAP von 1936 bis 1939 als Schulungszentrum für die Junker. Bei Kriegsausbruch wurde die Burg an die Wehrmacht übergeben und als Wehrertüchtigungslager für Jugendliche und Truppenquartier für Westfeldzug und Ardennenoffensive genutzt. Je nach Thema der Führung können Sie auch Gebäude besichtigen, die von den Belgiern gebaut wurden und inzwischen auch schon wieder historisch wertvoll sind, wie das alte Kino.

ℹ Serviceagentur Vogelsang, Forum Vogelsang IP, Vogelsang 70, 53937 Schleiden, ☏ 024 44/915 79-0, 💻 www.vogelsang-ip.de, ✉ service@vogelsang-ip.de, ➲ am Weg, 🚪 täglich 10:00-17:00, Heiligabend und Silvester 10:00-14:00 mit ✕ Panorama-Restaurant

🏠 Gästehaus K13, Vogelsang 92, 53937 Schleiden, ☏ 024 44/914 87 46, 📱 01 57/80 39 44 43, 💻 www.gaestehaus-k13.de, ✉ info@gaestehaus-k13.de, ➲ am Weg, 35 Betten, Ü EZ € 40, im DZ/MBZ € 30, 🐕 € 10, Ermäßigung ab 2 Nächten, F € 8, HP € 20, ✋ Handtuch mitbringen!

⛺ „Nordstern" ist einer der Trekkingplätze des Naturparks Nordeifel: ein Podest für bis zu zwei Trekkingzelte mit Picknicktisch und Komposttoilette, ➲ nicht weit von hier entfernt, zu buchen über 💻 www.trekking-eifel.de

♜ Offene Führung für Einzelbesucher täglich 14:00, So/Fei auch 11:00, Treffpunkt: Forum am Adlerhof, Dauer 90 Min, € 9,50

☺ Begleitete Turmaufstiege, nur für Schwindelfreie über 6 Jahre, Mo-Fr 13:00, Sa, So, Fei 12:00, 13:00, 14:00, 15:00, 16:00, Dauer 45 Min, € 6 in der ℹ

Das ursprünglich für die Soldaten der Wehrmacht gebaute Schwimmbad wurde auch von den belgischen Soldaten genutzt und ist nun auch wieder als öffentliches Bad zugänglich, www.schwimmbadvogelsang.de, Mo-Fr ab 16:00, Sa 11:00-17:00 So 9:00-17:00.

Busverbindungen nach Simmerath, Einruhr, Gemünd, Olef und Schleiden

⌘ Nationalparkzentrum mit Erlebnisausstellung „Wildnis(t)räume“

⌘ Ausstellung „Bestimmung: Herrenmensch. NS-Ordensburgen zwischen Faszination und Verbrechen“

⌘ Rotkreuz-Museum: Das Humanitarium zeigt die Geschichte der Internationalen Rotkreuz- und Rothalbmondbewegung. Das Haus Nordrhein beheimatet eine Dauerausstellung über 150 Jahre Rotes Kreuz im Rheinland.

☺ Angeschlossen ist die Rotkreuz-Akademie, die das Rotkreuz-Fluchthaus betreibt. Ähnlich wie bei Escape-Rooms gilt es, in knapp bemessener Zeit zwei Fluchtszenarien zu durchleben, bei Distropia ist es die Flucht vor Rebellen, bei Ikhan die Flucht vor Hunger und Dürre. (Anmeldung: akademie@drk-eu.de)

Sie sind also vor dem ersten Gebäude auf einen Panzerweg rechts abgebogen oder zu dieser Stelle zurückgekehrt und kommen zu einer Linkskurve. Verlassen Sie den Panzerweg geradeaus bergauf und gehen Sie kurz vor dem höchsten Punkt rechts herum. Hinter einem Picknicktisch führt der Eifelsteig zusammen mit dem Wildnis-Trail links weiter bergauf.

Vor weiteren Gebäuden gehen Sie rechts über eine Wiese. Sie mündet in einen Schotterplatz am Wohnmobilpark, dort folgen Sie dem Schotterweg links hoch zu einem Gebäude mit einem Relief, das seine nationalsozialistische Entstehungsgeschichte nicht verbergen kann. Sie queren nun die Zufahrt zum Adlerhof ❺, hier haben Sie noch einmal die Möglichkeit, vom Eifelsteig abzuweichen, um sich die Ordensburg anzuschauen.

Kurz hinter der Zufahrt haben Sie die erste Gelegenheit, einen Blick auf Gemünd zu werfen. Rechts der Infotafel geht der Weg leicht bergab, später schlängelt er sich in Serpentinen hinab ins **Morsbachtal**. Den Morsbach überqueren Sie und gehen wieder bergauf, also am Forstweg rechts hinauf zum **Aussichtspunkt Kickley**.

Eine nächste Möglichkeit für einen Fernblick ergibt sich am **Eifel-Blick Modenhübel**, von hier sind es noch 100 m bis zum Ende des Nationalparks und etwa 1 km auf einem Feldweg bis kurz vor den Ortseingang von **Morsbach** ❻. Kurz vor den ersten Häusern von Morsbach biegen Sie scharf links in einen unbefestigten Feldweg ab.

Gehen Sie bergab durch den Wald immer geradeaus bis zum **Laßbach** und bleiben Sie auf dessen linker Seite, während Sie weiter bergab wandern. Kurz hinter einer Nationalpark-Infotafel überqueren Sie den Laßbach. Auf einem Pfad wandern Sie steil bergauf, an der T-Kreuzung gehen Sie nach links auf dem Waldweg bergab zum Urfttal. Der Weg führt an den nächsten Wegkreuzungen geradeaus auf den Ort zu, bei Zweifeln folgen Sie der Ausschilderung des Wildnis-Trails. An der Weggabelung gehen Sie nach links und sofort rechts bergab über den Horrenbach und auf einen **Reiterhof** zu, den Sie nun durchwandern.

Sie überqueren den Seelbach an einem Picknicktisch, der Eifelsteig führt hinter den Neubauten von **Malsbenden** (tolles Baumhaus, nicht?) weiter auf einem Schotterweg. An der ersten Straße – sie stellt sich später als Dreiborner Weg heraus – gehen Sie links. Anschließend halb rechts in die Bruchstraße, links auf der Urftseestraße über die Urftbrücke ❼ und dahinter rechts in die Straße In der Streng, sie heißt später Im Wingertchen.

An der **Jugendherberge** führt der Weg links bergauf und trifft auf zwei Wege nach rechts. Wählen Sie den ersten der beiden Wege („Gemünd 0.9 km"), Sie laufen dann oberhalb des Wohnmobilhafens und des Freibades durch den Wald.

Gehen Sie hinter dem Bad rechts über die **Urftbrücke**. Der Eifelsteig knickt noch vor dem Nationalpark-Tor links ans Urftufer ab. Sie bleiben bis zum Hotelparkplatz auf dem Uferweg, dort gehen Sie rechts. Am Alten Rathaus geht es links, ab hier verläuft der Weg durch die Fußgängerzone (= Dreiborner Straße).

Schleiden-Gemünd

BANK

53937, 3.800 Einw.

Kurtaxe € 1

Nationalpark-Tor Gemünd, Kurhausstraße 6, ☎ 024 44/20 11, www.nationalpark-eifel.de, am Weg, Nov-März 10:00-13:00, 13:30-16:00, April-Okt 9:00-13:00, 13:30-17:00, mit Ausstellung „Knorrige Eichen, bunte Spechte und spannende Waldgeschichten"

Hotel & Restaurant Friedrichs, Alte Bahnhofsstraße 16, 024 44/95 09-50, www.hotel-friedrichs.de, mail@hotel-friedrichs.de, am Weg, 41 Betten, ÜF saisonabhängig. Das Gebäude direkt am Zusammenfluss von Urft und Olef war vom 15. bis 18. Jahrhundert Zollstation. Mit zwei Restaurants, Biergarten, mediterraner Saunaanlage (inkl.), Bücherregal, Liegewiese und Fitnessbereich. Ein Tipp insbesondere für Teetrinker! @

Hotel Haus Salzberg, Am Lieberg 31, 024 44/494, www.hotel-haus-salzberg.de, info@hotel-haus-salzberg.de, 300 m, 25 Betten, ÜF EZ € 55, DZ € 95, DBZ € 124, vom Frühstücksbuffet, Wegstreckenberatung, Sauna inkl., schläft gratis, @

♦ Pension Zum alten Rathaus, Marienplatz 17, www.altes-rathaus-gemuend.de, info@altes-rathaus-gemuend.de, am Weg, 10 Betten, 2 FeWo, ÜF (inkl.) EZ € 68, DZ € 110, FeWo 2 Personen € 120, 3.+4. Personen € 50, nach Steinfeld und Einruhr € 15, @

♦ Kurparkhotel Gemünd, Parkallee 1, 024 44/95 11-0, www.kurparkhotel-gemuend.de, info@kurparkhotel-gemuend.de, am Weg, 37 Betten, ÜF EZ € 63-79, DZ € 99-118, DBZ € 149, Wohlfühlhotel mit üppigem Frühstücksbuffet, Garten, Sauna (kostenlos), Leseraum, Fußbad nach jeder Wanderung, ideal für mehrere Übernachtungen mit hauseigenem Shuttleservice,

Jugendherberge Gemünd Vogelsang, Im Wingertchen 9, 024 44/33 86, www.gemuend.jugendherberge.de, gemuend@jugendherberge.de, am Weg, 188 Betten, ÜF EZ ab € 43,40, im DZ ab € 36,40, im MBZ ab € 30,40, Jugendherbergsausweis erforderlich, Herberge am Waldrand mit Grillhütte, Kaminzimmer, Bistro, Abendessen und bitte anmelden, @

Rosenbad Gemünd, Im Kurpark, www.rosenbad-gemuend.de, Mai-Anfang Sep tägl. 10:00-19:00, Freibad mit Liegewiese und Beachvolleyball-Feld

Busverbindungen nach Monschau, Perlenau, Höfen, Simmerath, Einruhr, Vogelsang, Urftsee-Staumauer, Olef und Schleiden

Oleftalbahn, 4-mal täglich am So (Aug-Okt), Kall – Gemünd – Olef – Schleiden – Hellenthal

Taxi Götz, 024 44/914 48 00

Gemünd ist der einwohnerstärkste und bekannteste Stadtteil von Schleiden. Der Kneipp-Kurort verfügt über eine gesunde Struktur von Cafés, Geschäften, Ärzten und Dienstleistern. Einige Geschäfte sind sogar am Sonntag geöffnet.

5. Etappe: Gemünd – Steinfeld

17,6 km, 5 Std. 30 Min., ↑ 490 m, ↓ 315 m, ⇧ 332-528 m

0,0 km	⇧ 332 m	Gemünd, Fußgängerzone
2,6 km	⇧ 417 m	Kuckucksley
4,0 km	⇧ 389 m	Paffenbach
5,1 km	⇧ 350 m	Olef, Dorfplatz
8,9 km	⇧ 520 m	Kindshardt
11,1 km	⇧ 415 m	Golbach
15,5 km	⇧ 528 m	Steinfeldheistert
16,3 km	⇧ 476 m	Kuttenbach
17,6 km	⇧ 512 m	Kloster Steinfeld

Auf schattigen Pfaden wandern Sie zu Beginn dieser Etappe auf der Westseite des Oleftals in das Fachwerkörtchen Olef. Westlich von Kall treffen Sie auf den Pingenwanderweg, der Sie – quasi im Vorbeiwandern – über die bergbaugeschichtliche Vergangenheit dieser Region informiert. Bachtäler und Waldstücke rund um Golbach, weite Aussichten auf den Anhöhen bei Steinfeldheistert und ein letzter Aufstieg vom Kuttenbach zum Kloster Steinfeld runden diesen Wandertag ab.

Am Ende der Fußgängerzone, also noch vor der Brücke über die Olef, gehen Sie rechts in die Neustraße, überqueren die B266 und folgen weiter der Neustraße um die **Kirche St. Nikolaus** herum nach links.

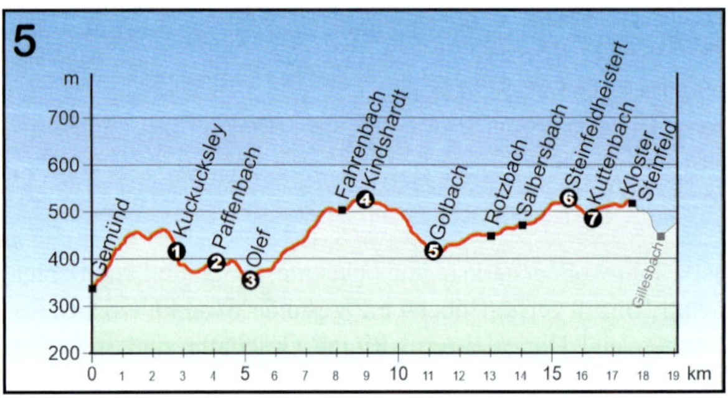

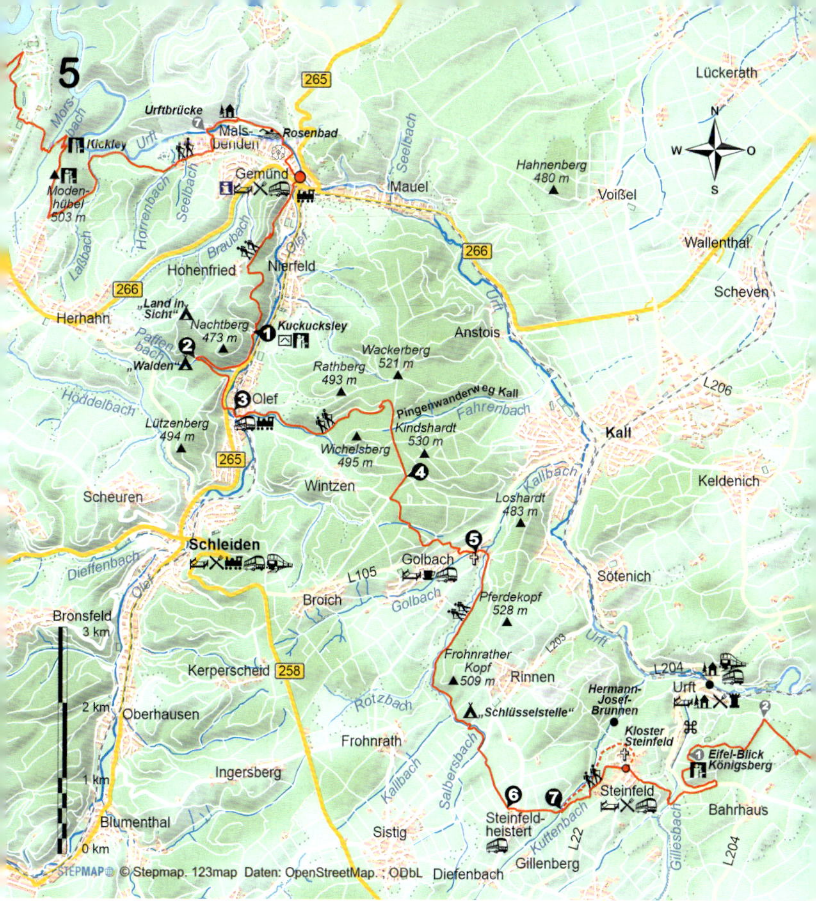

An einer Kreuzwegstation verlassen Sie die Straße und folgen einem Pfad rechts den Berg hinauf. Er wird auch **Kanzelweg** genannt und führt stetig bergauf zu einer ⌂ Schutzhütte, dahinter in Serpentinen zu einem Forstweg. Diesem folgen Sie nach links (Richtung Kuckucksley), Sie haben dabei nur eine ganz leichte Steigung zu bewältigen.

Unterhalb der Häuser von **Hohenfried** geht der Weg links bergab und schon bald wieder bergauf. Er macht an einer großen Wiese (rechts) oberhalb von Nierfeld (links) eine Linkskurve. An deren Ende gehen Sie geradeaus und können in der Ferne bald schon das Oberdorf von Olef sehen. Verlassen Sie in einer Rechtskurve den Waldweg und nehmen Sie den Pfad scharf links. Er führt in Serpentinen zur ⌂ Schutzhütte an der **Kuckucksley ❶** (Blick auf Olef und Schleiden) und in weiteren Serpentinen hinab auf einen Forstweg, dort geht es nach rechts.

Wenn Sie nun beim Anblick eines Autohauses denken, Sie hätten Olef schon erreicht, darf ich Ihnen verraten, dass die Eifelsteig-Planer Sie nicht durch den Ort schicken, sondern eine schöne Waldstrecke unterhalb des Nachtbergs gefunden haben, die den Teeranteil angenehm reduziert. Gehen Sie daher wieder rechts in den Wald hinauf. An einer Gabelung überqueren Sie (2 x links halten) den **Paffenbach ❷**.

„Land in Sicht" und „Walden" sind zwei der Trekkingplätze des Naturparks Nordeifel: je ein Podest für bis zu zwei Trekkingzelte mit Picknicktisch und Komposttoilette, ➲ nicht weit von hier entfernt, zu buchen über www.trekking-eifel.de

Olef und der verrückte Stuhl – die optische Täuschung

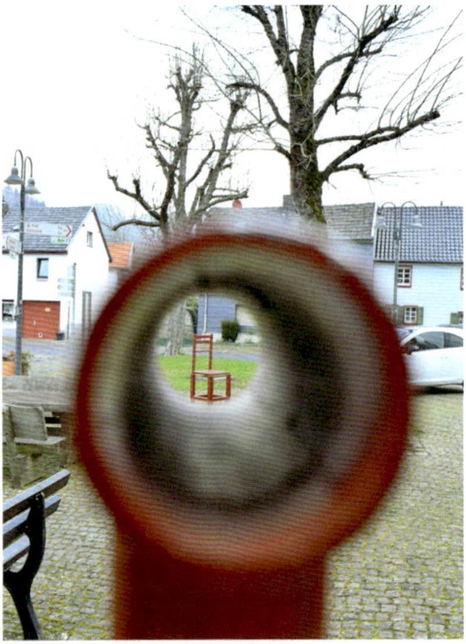

Wandern Sie auf der anderen Bach- und Talseite zurück ins Oleftal. Am **Pauluskopp** finden Sie ein altes Wegkreuz und eine Sitzbank. Hier nehmen Sie den geradeaus führenden schmalen Weg ins Tal. Auf dem Gehweg neben der B265 gehen Sie auf den Ort zu, gleich am ersten Haus bringt Sie eine Fußbrücke links über die **Olef**.

Hier laufen Sie an der Kirche St. Johann Baptist vorbei, dahinter rechts über den Dorfplatz von **Olef** ❸ mit einigen idyllischen Fachwerkbauten und dem verrückten Stuhl, einer optischen Täuschung, für die Sie zu dritt unterwegs sein müssen.

Schleiden

2 km
53937, 2.200 Einw.

Hotel Eifelkern, Monschauer Straße 5-9, ☏ 024 45/85 74, www.hotel-eifelkern.de, reservierung@hotel-eifelkern.de, 2,3 km, 133 Betten, Ü EZ € 60-80, DZ € 110-115, F € 8, 9,50, Wegstreckenberatung, Sauna, Kosmetik, Massage, @

Busverbindungen Einruhr, Erkensruhr, Simmerath, Vogelsang, Gemünd, Olef und Nettersheim

Funk-Taxi Faber, ☏ 024 45/78 11

Vor der Nationalpark-Infotafel führt der Weg links die Straße Büchel hinauf. Gegenüber von Sittard 20-25 folgen Sie dem Fahrweg rechts an drei Häusern entlang in den Wald. An der Wegkreuzung hinter den **Fischteichen** gehen Sie links, an einer Gabelung 20 m weiter rechts, also auf dem unteren Weg. An den nächsten Einmündungen bleiben Sie auf Geradeauskurs bergauf. Erst am steilen Ende eines großen Linksbogens leitet Sie der Weg nach rechts den Berg hinauf. Auf der Anhöhe führt der Weg an einer T-Kreuzung in einem weiteren Rechtsbogen talwärts über den Fahrenbach. Kurz darauf kommt von links der Pingenwanderweg hinzu, Sie gehen geradeaus weiter.

☺ Bei der Eifelspur **Pingenwanderweg Kall** wird Ihnen auf 12 km Länge an 21 Stationen die Geschichte des Eisen- und Bleibergbaus erläutert. Bei der Rundwanderung besuchen Sie Erzlagerstätten, Werkzeuge und Pingen. Unter Pingen versteht man verlassene Schürfstellen oder Erzgruben. Davon gab es im Kaller Stadtgebiet etwa 2.000.

An der Kreuzung mit der Pingentafel 7 gehen Sie geradeaus, die Tafel 8 steht auf dem **Kindshardt ❹**, das ist ein Heidemoor-Naturschutzgebiet. Hier an der Ruheliege verlassen Sie kurz den Pingenwanderweg und biegen rechts ab. In einer 90-Grad-Kurve der Straße nach Wintzen brauchen Sie den Asphalt nicht betreten, Sie gehen hier links herum. An der nächsten Gabelung nehmen Sie den rechten Weg und sind wieder auf dem Pingenwanderweg. An der Tafel 12 folgen Sie dem Forstweg durch die Linkskurve.

An der Pingentafel 13 folgen Sie einem Trampelpfad über Wurzeln nach rechts, überqueren das namenlose **Bächlein** auf einem Steg und gehen dahinter auf einem Forstweg links. Weiter geht es mit der Pingen-Markierung rechts zur Pingentafel 14. Bis zu den Tafeln 15 und 16 passieren Sie mehrere alten Gruben.

Hinter Tafel 16 gehen Sie links auf einen leicht abfallenden Forstweg, Sie verlassen den Wald nach rechts. Dem Weg am Waldrand folgen Sie nach links. Sie entfernen sich nach rechts vom Wald und durchqueren Weidelandschaft, gehen dann links auf einem Teerweg auf ein Wäldchen zu. Rechts ist schon **Golbach** zu sehen. Noch vor dem Wäldchen nehmen Sie den Feldweg rechts ins Tal. An der Leitplanke gehen Sie in der Straße rechts und an deren Ende auf der L105 scharf links zurück. Oder Sie entdecken den Trampelpfad, der Sie am Wegkreuz hinab an dieselbe Stelle bringt.

Kall-Golbach 🛏 ☕ ⚖ 🚌 ✉ 53925, 600 Einw.

🛏 FeWo am Eifelsteig, Familie Hilger, Broicher Straße 6a, ☏ 024 41/68 42, 💻 www.ferienwohnungameifelsteig.de, ✉ fewoameifelsteig@gmail.com, ➲ am Weg, FeWo bis 4 Personen, Ü € 50 (1-2 Personen), jede weitere Person € 10, Endreinigung € 15, Kinder bis 8 Jahre frei, Frühstücksservice mit Voranmeldung möglich € 7

☕ Golbacher Oase, Kapellenstraße 4, ☏ 024 41/99 47 83, 🚪 Di-Fr 7:00-19:00, Sa 8:00-19:00, So, Fei 9:00-17:00, Kaffee, Kuchen, kleine Gerichte und Getränke

🚌 Busverbindungen nach Nettersheim, Schleiden und Olef

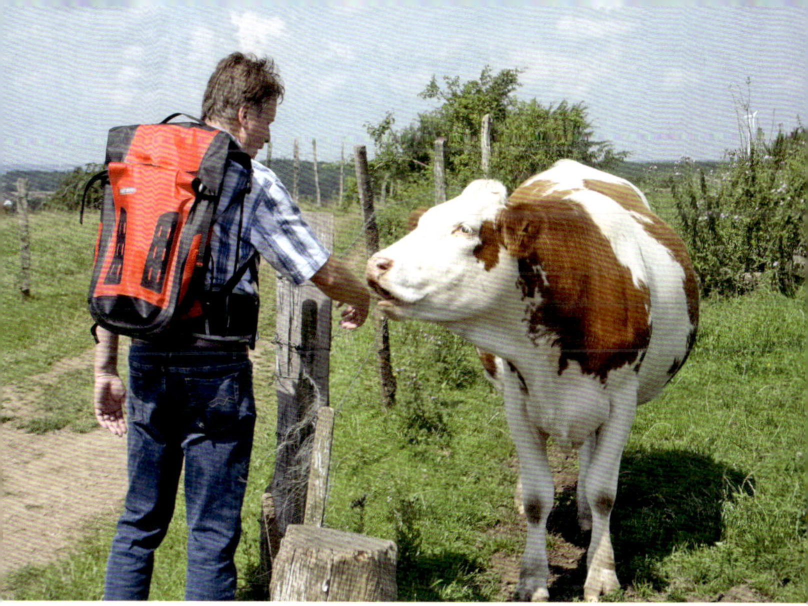

Begegnungen am Wegesrand

Auf der Golbacher Kapellenstraße ganz in der Nähe des Wegkreuzes gehen Sie bergab. An der **Kapelle ❺** überqueren Sie den Golbach, wandern links über einen Kinderspielplatz und weiter geradeaus die Kapellenstraße hinab.

Nun queren Sie den **Kallbach** und nehmen dahinter den Feldweg durch die Bachaue nach rechts. Der Kallbach bleibt nun für die nächsten 2,7 km Ihr Wanderbegleiter. An einem Teich gehen Sie geradeaus weiter, ebenso an der Mündung des Rotzbachs in den Kallbach am Abzweig nach Oberhausen. Auch an der nächsten Wegkreuzung laufen Sie geradeaus weiter.

„Schlüsselstelle" ist einer der Trekkingplätze des Naturparks Nordeifel: ein Podest für bis zu zwei Trekkingzelte mit Picknicktisch und Komposttoilette, ➲ nicht weit von hier entfernt, zu buchen über www.trekking-eifel.de

An der nächsten Wegkreuzung (Sitzbank) gehen Sie rechts, überqueren den **Salbersbach** auf einem Schotterweg und laufen vor einer Rechtskurve links an einer Baumreihe entlang. An deren Ende führt der Weg nach links und kreuzt die Sötenicher Straße.

Dahinter führt der Weg durch ein Feld bergauf, passiert ein Wäldchen auf der linken Seite und verläuft mitten durch ein Feld nach **Steinfeldheistert** 🚌 ❻ herein. In Steinfeldheistert gehen Sie an der sechseckigen Bank links den Pappelweg hinab. Queren Sie die Florastraße nach rechts versetzt und folgen Sie dem Veilchenweg weiter bergab. Er wird am Ortsausgang zu einem unbefestigten Feldweg, links voraus sind schon die Turmspitzen von Kloster Steinfeld zu sehen.

An einer Gabelung mit drei Wegen wählen Sie den mittleren und wandern in den Wald hinein. Im Tal überqueren Sie den **Kuttenbach** ❼.

✋ Die Strecke vom Kuttenbach nach Steinfeld ist seit längerer Zeit gesperrt. Sollte sie bei Ihrer Wanderung noch nicht wieder freigegeben sein, folgen Sie direkt hinter dem Kuttenbach dem Weg nach links und genießen Sie den Blick auf den frei mäandernden Bach. Nach etwa 400 m führt rechts ein Pfad steil bergauf nach Steinfeld oder Sie nehmen nach weiteren 250 m den sanfter ansteigenden Waldweg nach rechts, der Sie am Friedhof entlang ebenfalls zum Etappenziel bringt.

Kloster Steinfeld

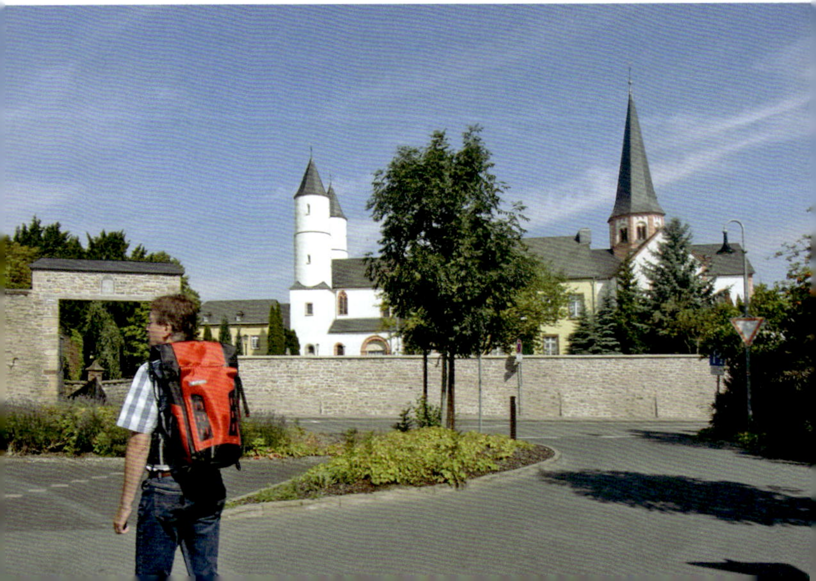

Noch etwa 700 m weiter auf dem Talweg liegt der Hermann-Josef-Brunnen. Hermann-Josef von Steinfeld lebte von etwa 1150 bis etwa 1240 und wird häufig als Eifelheiliger oder Apfelheiliger bezeichnet. Er trat als 12-Jähriger ins Kloster ein und verehrte Maria so sehr, dass er ihr jeden Tag Äpfel brachte und den Beinamen Josef erhielt. Wegen seiner Nähe zu Maria ist er Patron für Mütter und Kinder, wegen seines handwerklichen Geschicks Schutzheiliger der Uhrmacher.

Sollte die Wegsperrung wieder aufgehoben sein, folgen Sie am Kuttenbach dem kleinen Pfad halb links den Hang hinauf. Er führt unterhalb des Klosterguts zu einer Gabelung an der Klostermauer. Hier biegen Sie rechts ab und laufen auf dem Weg zur Hermann-Josef-Straße. Rechts befindet sich die Kapelle der Benediktinerinnenabtei Maria Heimsuchung, links das berühmte Kloster Steinfeld.

Kall-Steinfeld

53925, 160 Einw.

Kloster Steinfeld, Hermann-Josef-Straße 4, 024 41/88 91 31, www.kloster-steinfeld.de, gaeste@kloster-steinfeld.de, am Weg, 70 Zimmer im 4-Sterne-Gästehaus, 50 Zimmer im klösterlichen Stil, ÜF EZ € 43-97, DZ € 68-168, Abendessen € 10,50, Ermäßigung für Kinder und Jugendliche. Das Gästehaus im Kloster Steinfeld liegt sehr ruhig am Waldrand, Gästen stehen die Gartenanlage, eine große Wiese, eine Bibliothek und mehrere Aufenthaltsräume mit Kaffeemaschinen, Teekochern und Kühlschrank zur Verfügung. @

Klosterladen mit Café, tägl. 12:00-18:00, Sa So schon ab 11:00, Bücher, Mitbringsel und Leckereien wie das Steinfelder Klosterbier, ein dunkles, ungefiltertes, untergäriges Bier mit kräftigem Geschmack

Busverbindungen nach Steinfeldheistert, Urft und Nettersheim

Kloster Steinfeld wurde Anfang des 10. Jahrhunderts gegründet. Die romanische Basilika aus dem Jahr 1142 beherbergt ein gotisches Chorgestühl, aus der Zeit des Barocks stammen die König-Orgel und die Altäre. Das Salvatorianerkloster lockt Jahr für Jahr zahlreiche Besucher in seine Schatzkammer, seine feierlichen Konzerte und seine Malakademie.

Zu Ehren des Eifelheiligen, des Heiligen Hermann Josef (1150-1241), dessen Grab sich in der Basilika befindet, findet in jedem Jahr am Sonntag vor Pfingsten eine Schreinerhebung mit Prozession durch Kloster und Ort statt.

www.kloster-steinfeld.de

6. Etappe: Steinfeld – Blankenheim

23,5 km, 7 Std., 288 m, 331 m, 426-567 m

0,0 km	512 m	Kloster Steinfeld
0,9 km	439 m	Gillesbach
2,7 km	497 m	Eifel-Blick Königsberg
4,1 km	493 m	Abzweig nach Urft (1,4 km)
6,4 km	426 m	Grüner Pütz
10,7 km	447 m	Nettersheim
12,4 km	457 m	Römerweiher
13,0 km	460 m	Römisches Kleinkastell
16,6 km	488 m	Abzweig Blankenheimerdorf (), Blankenheim (Wald) ()
21,1 km	558 m	Brücke über die B51, Gewerbegebiet
22,9 km	521 m	Tiergartentunnel
23,5 km	469 m	Blankenheim, Ahrstraße

Ein Wandertag durch die Geschichte: Vom Kloster Steinfeld steigen Sie hinab ins Gillesbachtal, genießen bei Urft die Aussicht vom Eifel-Blick Königsberg und wandern auf abwechslungsreichen Wegen und Pfaden hinab zum Quellgebiet der Römischen Wasserleitung, die Köln mit Trinkwasser versorgte. Das Naturschutzdorf Nettersheim mit weiteren sehens-

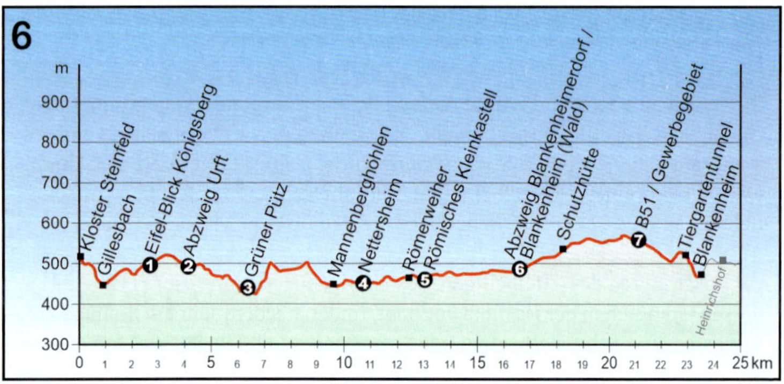

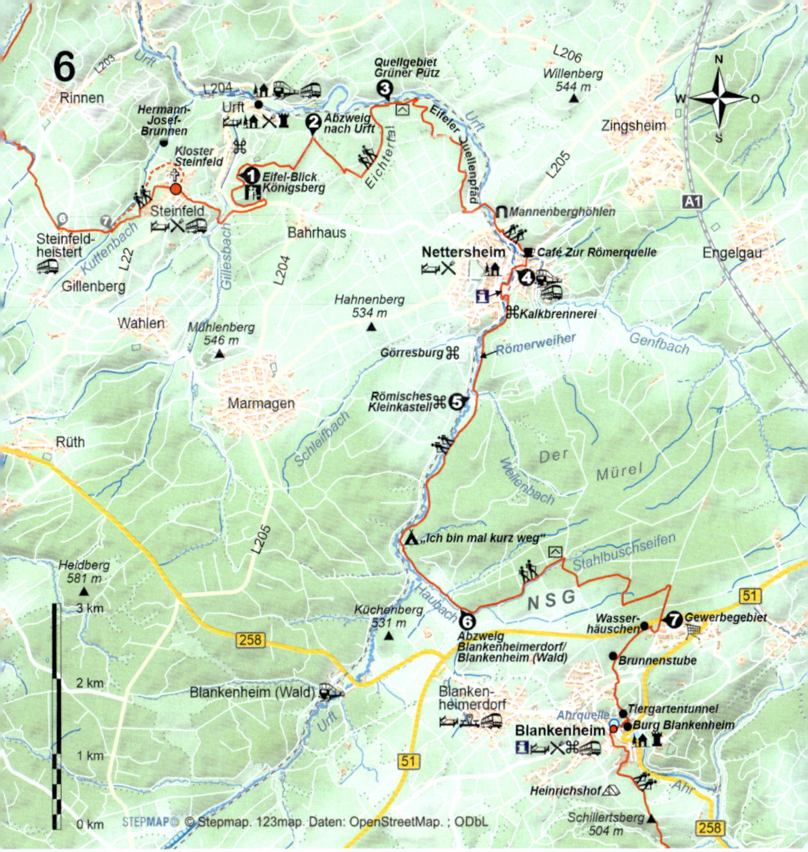

werten Relikten aus der Römerzeit ist ein schönes (Zwischen-)Ziel für einen Wandertag. Die Urft und der Haubach begleiten Sie nach Blankenheim mit seinem historischen Stadtzentrum und der Ahrquelle.

Gegenüber vom Klostertor gehen Sie in die Hallenthaler Straße, passieren ein aufgegebenes Hotel und gehen an einer Schranke links in den Wald. Nach 20 m folgen Sie dem Pfad nach rechts. Sie queren den Weg zur Hallenthaler Mühle und kurz darauf den **Gillesbach**. Hinter dem ⩚ Picknickplatz am Bach gehen Sie links, ebenso auf dem breiteren Weg. Nun kreuzen Sie einen Teerweg und gehen eine ganze Weile parallel zur Urfttalstraße, bevor Sie diese überqueren.

Auf der anderen Straßenseite gehen Sie an der linken Seite des **Wanderparkplatzes** einen Pfad quasi zurück. Hier verläuft auch der 🚶🚶 Eifeler Quellenpfad, ein 68 km langer Rundweg von Kronenburg über Blankenheim, Nettersheim, Marmagen und Schmidtheim zurück nach Kronenburg, eine nette Dreitageswanderung zu den Quellen von Ahr und Urft und zur Römerquelle (💻 www.eifler-quellenpfad.de).

An einem Forstweg mit Schranke setzen Sie Ihre Wanderung nach rechts fort. Der Weg beschreibt einen weiten Bogen nach rechts, dann einen Bogen nach links. An dessen Scheitelpunkt queren Sie einen Wanderweg und folgen dem Bogen weiterhin. Vor einer Rechtskurve gehen Sie fünf Stufen und einen schmalen Pfad bergauf zum **Eifel-Blick Königsberg ➊** (500 m ü. NN.) mit schönem Blick nach Steinfeld. Der Pfad führt von dort wieder zurück auf den Forstweg, den Sie kurz zuvor über die Stufen verlassen haben.

Alter Steinbruch vor Nettersheim

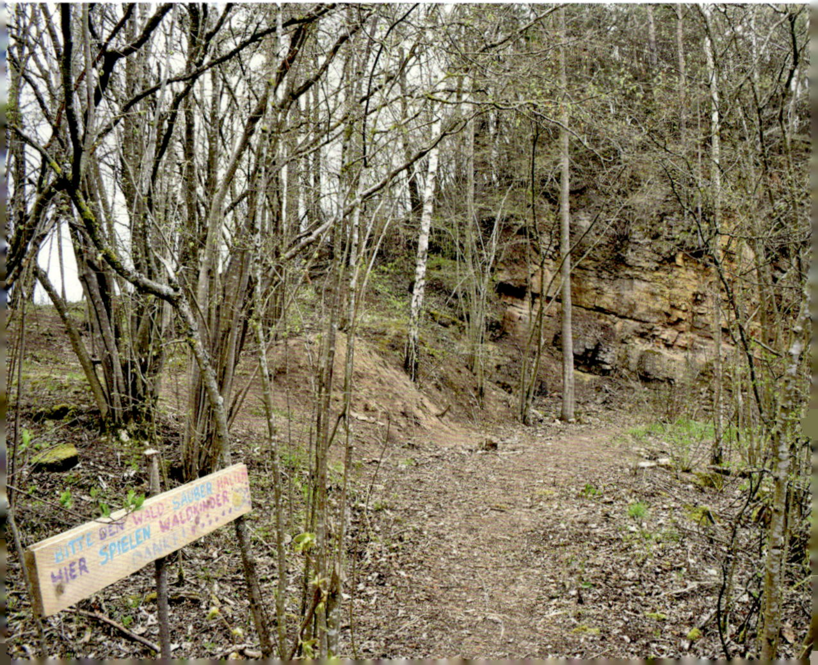

An einem Sportplatz gehen Sie nach rechts bergauf und halten sich am höchsten Punkt leicht rechts. Mit Blick auf eine Wiese laufen Sie links und 15 m später rechts aus dem Wald heraus und am Waldrand wieder links bis zum Abzweig nach **Urft ❷**. Wenn Sie dort nach links gehen, erreichen Sie nach ca. 1 km Kall-Urft.

Kall-Urft

➲ 1,4 km
53825, 340 Einw.

Hotel garni Urfter Hof, Urfttalstraße 30, ☏ 024 41/779 12 06, www.urfterhofhotel.de, dina@urfterhofhotel.de, ➲ 1,2 km, 25 Betten, ÜF EZ € 55-69, DZ € 85, Zustellbett € 20, 8, ab € 10, € 7, @

Jugendgästehaus Haus Dalbenden, Urfttalstraße 2a, ☏ 024 41/52 20, www.schullandheim-haus-dalbenden.de, HausDalbenden@t-online.de, ➲ 1,4 km, 8 Betten für Wanderer, ÜF ab € 19,50, Schullandheim direkt am Bahnhof mit Grillplatz, Selbstversorgerküche, Mehrzweckhalle und großer Spielwiese,

Dalbenden wurde im 12. Jahrhundert gegründet und im 16. und 18. Jahrhundert zu der heutigen Burganlage erweitert. Im Zweiten Weltkrieg beherbergte sie das 67. Armeekorps. Von hier leitete Generalfeldmarschall von Rundstedt die Ardennenoffensive, in deren Folge die Burg von den Amerikanern bombardiert wurde. Heute lässt es sich darin angenehm wohnen.

Busverbindungen Steinfeldheistert, Steinfeld und Nettersheim und Marmagen

⌘ Die Dokumentationsstätte ehemaliger Ausweichsitz der Landesregierung NRW ist eine Erinnerung an den Kalten Krieg. Hierhin hätte die nordrhein-westfälische Landesregierung bei einem Nuklearangriff ausweichen und unterirdisch weiter regieren können.

♦ Dokumentationsstätte ehemaliger Ausweichsitz der Landesregierung NRW, Am Gillesbach 1, 53825 Kall-Urft, www.ausweichsitz-nrw.de, Sa 16:00

Biegen Sie im 90-Grad-Winkel nach rechts ab, wenn Sie weiter auf dem Eifelsteig nach Nettersheim wandern wollen. Ein Fahrweg bringt Sie über eine Freifläche zum nächsten Wald. Sie gehen daran entlang bis zu einer Baumgruppe auf der rechten Wegseite, dann links in den Wald hinein (Schranke). Nach etwa 30 m laufen Sie rechts einen Pfad bergab und auf einem breiteren Weg links im Eichtertal zum Urfttalweg. Sie folgen dem Weg nach links, am Hochsitz gehen Sie geradeaus und an der folgenden Gabelung rechts.

An der Kreuzung mit dem Holzwegweiser „Archäologie entdecken" gehen Sie rechts, an der nächsten Einmündung verlassen Sie den breiten Waldweg und laufen genau links auf die Bahnlinie zu. Kurz davor führt ein schmaler Weg nach rechts nahe an den Gleisen vorbei und bringt Sie ins **Quellgebiet Grüner Pütz ❸**.

Hier birgt der Boden zahlreiche Leitungsabschnitte des Römerkanals. Von oben können Sie in einen Leitungsabschnitt hineinsehen, die Decke ist eingestürzt. Das Wasser für den **Römerkanal** wurde in Sickerleitungen gesammelt. Die zum Hang zeigende Seite der Leitung wurde porös und ohne Mörtel gebaut, sodass Wasser einsickern konnte. Als Frostschutz war die komplette Quellfassung dick mit Erde bedeckt.

Wer den kleinen Weg an der Bahnlinie verpasst hat, bekommt nach etwa 200 m eine neue Chance, das Quellgebiet links über eine Treppe aufzusuchen. Dritter Einstieg (und Ausstieg für alle, die den Weg auf Anhieb fanden) ist an der ⌂ **Schutzhütte aus Fachwerk**, die man sonst nach ausgiebiger Besichtigung der Quellfassungen erreicht.

Queren Sie den Parkplatz und folgen Sie an seiner rechten hinteren Ecke dem linken Weg in den Wald. Der Weg führt stetig bergauf, ignorieren Sie alle Einmündungen von rechts und links. An einer T-Kreuzung gehen Sie nach links. Der Wald wird lichter, Sie passieren eine Schranke und folgen dahinter einem Feldweg nach links. Nun laufen Sie am Waldrand weiter, später durch freie Felder im Linksbogen auf einen Hochsitz zu.

Dahinter gehen Sie rechts und laufen am Waldrand 150 m geradeaus, dann links bergab. Sie durchqueren ein schmales Waldstück und gehen wieder auf einem Feldweg am Waldrand. Hier sind die ersten Gebäude von Nettersheim schon zu sehen. Nach einer Rechtskurve nehmen Sie den Pfad scharf links ins Tal. Nach 14 Stufen erreichen Sie eine Kreuzung von Teerwegen mit einer Infotafel zum Urfttal.

Links geht es zurück zum Grünen Pütz, rechts führte der Eifelsteig früher auf direktem Weg nach Nettersheim, der aktuelle Eifelsteig führt geradeaus weiter auf einer Brücke über die Bahnstrecke und die Urft. Hinter der Brücke biegen Sie nach rechts ab und folgen der Rosenthalstraße. In den Felsen links des Weges liegen die ∩ **Mannenberghöhlen** (nicht zugängliche Fledermausschutzzonen). Sie passieren den Waldkindergarten und unterqueren eine Straßenbrücke.

Dahinter biegen Sie an der Hausnummer 28 nach links ab und folgen nach etwa 50 m dem nach rechts führenden Pfad bergauf. Er verläuft parallel zur Rosenthalstraße und endet hinter dem **Café Zur Römerquelle**. Laufen Sie dort die Klosterstraße hinauf und überqueren Sie den Genfbach. Vor der Kirche wandern Sie nach rechts die Bahnhofstraße hinab zum **Nettersheimer Bahnhof ❹**. Wer den Eifelsteig nicht in einem Stück laufen kann, hat hier in Nettersheim eine gute Gelegenheit, die Wanderung zu unterbrechen und den Zug zu nehmen.

Nettersheim

53947, 7.500 Einw.

Naturzentrum Eifel, Urftstraße 2-4, ☏ 024 86/12 46, www.nettersheim.de, ➲ am Weg, Mo-Fr 9:00-18:00, Sa, So, Fei 10:00-18:00, Nov-April jeweils nur-16:00, überregionales Besucherzentrum mit Ausstellungen zu Natur, Umwelt und Geschichte der Nordeifel. Das Naturzentrum vermittelt auch zwei Ferienwohnungen:

FeWo Taverne, Kaninhecke, ➲ am Weg, € 55-65 für 1-2 Personen, € 10 für jede weitere Person

♦ FeWo Bauernhaus, Römerplatz, ➲ am Weg, € 80 für 1-2 Personen, € 10 für jede weitere Person

♦ Pension Zimmermann, Bahnhofstraße 15, ☏ 024 86/85 33, ➲ 200 m, 3 Betten, Ü € 30, kein Frühstück, positive Rückmeldung von Lesern

Jugendgästehaus Nettersheim, Schulstraße 22, ☏ 024 86/12 46, naturzentrum@nettersheim.de, ➲ 200 m, 200 Betten, Preise für Wanderer aktuell nur auf Anfrage

♦ Wohnmobilhafen Nettersheim, Urftstraße, www.wohnmobilstellplatz.de, ➲ 400 m, 30 Stellplätze, Ver- und Entsorgung, Müllentsorgung, Brötchenservice (Zelte werden nicht geduldet wegen fehlender Sanitäranlagen), @

Bäckerei & Café Zur Römerquelle, Rosenthalstraße 1, www.cafe-zur-roemerquelle.de. Auf der Speisekarte und im Regal des urigen Fachwerkhofs sind viele süße, herzhafte und alkoholische Eifel-Spezialitäten zu finden, z. B. Suure Kappes oder Suure Bunne ungerei.

♦ Backstube Die Ähre, Bahnhofstraße 29, morgens köstliches Frühstück ab 8:30, mittags rustikale Eifeler Küche

Busverbindungen nach Schleiden, Golbach, Olef, Steinfeldheistert, Steinfeld und Urft

Taxi Müllenborn, ☏ 024 86/12 19

⌘ Die alte Schmiede bietet eine umfangreiche Fossiliensammlung zur Devonzeit und ein Frankengrab aus dem 7. Jahrhundert.

♦ Alte Schmiede, Bahnhofstraße 50, 53947 Nettersheim, Kontakt über Naturschutzzentrum, Mo-Fr 9:00-16:00

Nettersheim ist ein beeindruckender kleiner Ort, der seine historischen Schätze und seine artenreiche Flora & Fauna zu schützen weiß. In den 1980er-Jahren, als noch keiner den Begriff Nachhaltigkeit kannte, traf die Kommune die Entscheidung, das Naturerlebnis jedem anderen Wirtschaftsfaktor vorzuziehen. Den Beinamen Naturschutzdorf trägt es schon lange, mehrfach wurde es als Bundeshauptstadt im Naturschutz und in der Biodiversität ausgezeichnet und erhielt 2018 sogar den Deutschen Nachhaltigkeitspreis.

An dieser Stelle treffen Sie auf das südliche Ende des Römerkanal-Wanderwegs von/nach Köln.

Am Bahnhof überqueren Sie die Bahngleise und die Urft, dann gehen Sie am Ufer entlang auf das **Naturschutzzentrum** zu. Das hier aufgestellte Teilstück der römischen Wasserleitung stammt aus Mechernich-Breitenbenden, es musste dort dem Bau einer Straßenbrücke weichen.

Am Römerweiher

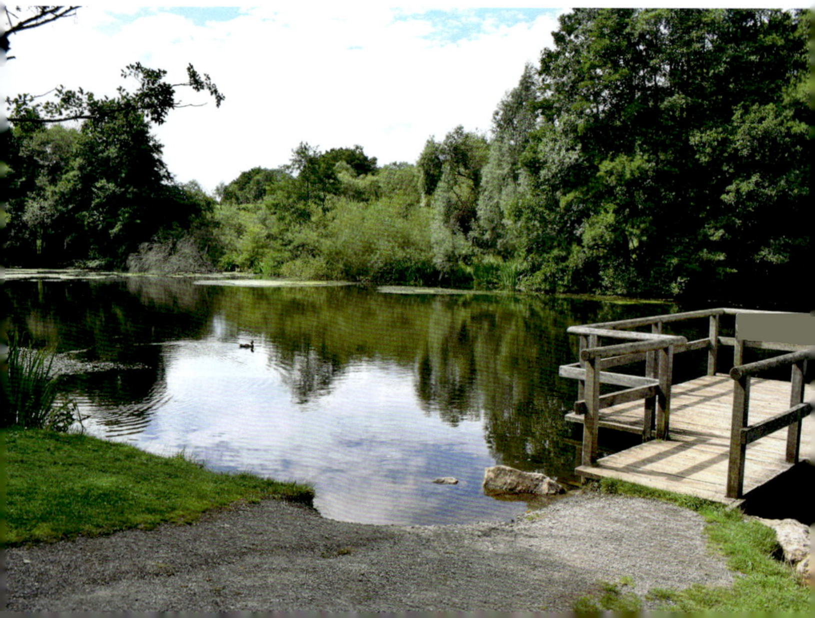

Bleiben Sie auf dem Weg direkt am Ufer bis auf Höhe einer Brücke, dort biegen Sie links ab und folgen dem Holzwegweiser „Werkhäuser“. Kreuzen Sie die **Bahnlinie** und gehen Sie rechts (Kaninhecke).

⌘ Historische Kalkbrennerei: Erhalten sind zwei große Brennöfen (frei zugänglich) der Mitte des 19. Jh. in Betrieb genommenen Kalkbrennerei. Auf der gegenüberliegenden Straßenseite stehen Werkhäuser mit historischer Getreidemühle und einer Ausstellung zur Erdgeschichte, Kalkgewinnung und -nutzung (◨ nur auf Anfrage geöffnet, Kontakt über Naturschutzzentrum).

Hinter den **Werkhäusern** steigen Sie rechts die Treppe hinauf. Der Pfad führt an Sitzgelegenheiten entlang und zurück zum Teerweg, auf dem Sie nun ein Kunstobjekt (Matrone) und einen Spielplatz passieren. Der Römerweiher ist eine schöne Stelle für eine Picknickpause

↬ Alternativ folgen Sie dem Wegweiser zur **Görresburg** (➲ 600 m), wo man auch ganz idyllisch rasten kann.

⌘ Der Tempelbezirk auf dem Görresberg geht bis in römische Zeit zurück. Zu sehen sind die Grundmauern einer römischen Tempelanlage und die Nachbildungen dreier Matronensteine.

Matronen und Juffern

In gallo-römischer Zeit wurden die Matronen als Natur- oder Muttergöttinnen verehrt. Damals sah man Bäume, Quellen und auffällige Landmarken wie Bäume und Felsen als Naturgöttinnen an. Sie wurden um Fruchtbarkeit (für Land und Frauen), Schutz vor Naturgewalten und Gesundheit angefleht. Im Rheinland und in der Nordeifel sind viele Matronensteine zu finden, besonders in der Region von Köln, Bonn, Zülpich und dem Quellgebiet des Römerkanals.

Der Matronenkult lebte im Rheinland auch nach dem Abzug der Römer weiter. Vielfach wurden sie später als Juffern bezeichnet, die als Lichtgestalten der Sagenwelt in mystischen Landstrichen wie der Wahner Heide bei Köln, dem Waldgebiet Kindshardt bei Kall oder dem Friedhof von Weisweiler lebten und den einen oder anderen nächtlichen Wanderer erschreckten.

Heute sind die Begriffe Matrone und Juffer fast aus unserem Sprachgebrauch verschwunden oder haben eine andere Bedeutung gekommen. Schade! Wie viel schöner ist es doch, bei einer Matrone an eine Fruchtbarkeitsgöttin zu denken, als an eine herrschsüchtige und übergewichtige Alte?!

Die Eifel war in der Antike Durchgangsgebiet für Reisende von Bonna (Bonn) und Colonia Claudia Ara Agrippinensium (CCAA, Köln) nach Treverorum (Trier), es gab etliche Kontrollstellen wie diese in der gesamten Eifel. Ganz in der Nähe befand sich das römische Marcomagus, es ist Namensgeber für das heutige Marmagen, über das der alte Eifelsteig führte.

Am **Steinrütsch** gehen Sie links und den ersten Weg rechts über den Wellenbach. Danach gehen Sie weiter geradeaus und passieren eine Sitzbank an **einem** teilrekonstruierten **Kleinkastell ❺**. Sie wandern parallel zur Urft und zur Bahnstrecke.

„Ich bin mal kurz weg“ ist einer der Trekkingplätze des Naturparks Nordeifel: ein Podest für bis zu zwei Trekkingzelte mit Picknicktisch und Komposttoilette, ➲ nicht weit vom Bahnhof Blankenheim entfernt, zu buchen über www.trekking-eifel.de

An einem Wendeplatz für Forstleute nehmen Sie den schmalen Weg rechts des bisherigen Weges und gehen auf Trittsteinen über den kleinen Bach, dahinter rechts. Der Weg führt steil bergauf durch ein Wäldchen. Oben angekommen wenden Sie sich nach rechts und laufen anfangs durch ein Waldstück weiter neben der Urft, später durch offenere Landschaft neben dem **Haubach**. Auf einem Pumpenhaus entdecken Sie einen Picknickplatz.

Wenn rechts auf dem **Küchenberg** ein Hof und geradeaus die stark befahrene B51 zu sehen sind, kommen Sie an einer Einmündung auf einen breiteren Weg, dem Sie weiter geradeaus parallel zum Bachlauf folgen.

Nach rechts führt hier der Tiergartentunnel-Wanderweg, das ist ein Abzweig nach **Blankenheimerdorf** und **Blankenheim (Wald)** ❻.

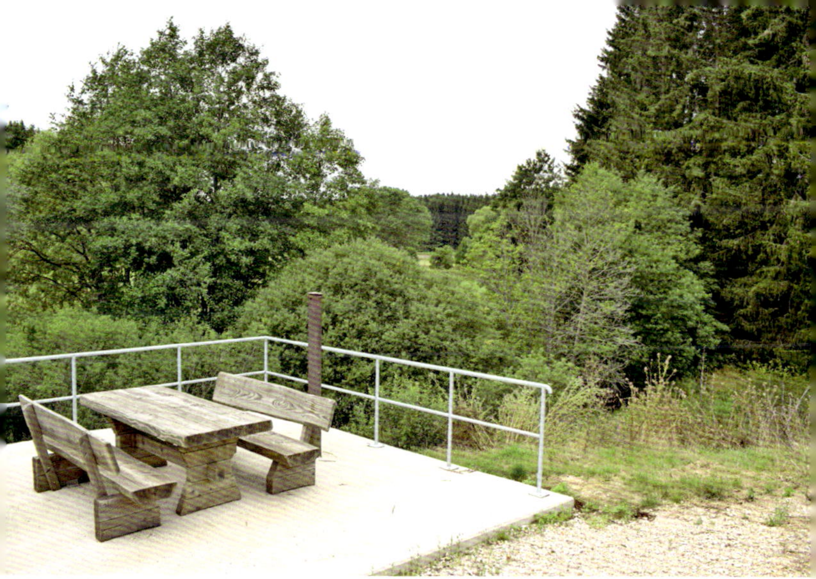

Rastplatz auf der Lambachpumpe im Haubachtal

🛏 Eifelpension Radlertraum, Torsten und Silvia Buchmann, Nürburgstraße 7, 53945 Blankenheimerdorf, ☏ 024 49/919 32 50, 📱 01 57/88 70 48 45, 💻 www.eifelpension-radlertraum.de, ✉ eifelpension@t-online.de, ➲ 900 m, 8 Betten, ÜF EU € 80, DZ € 95, ⛺ Platz für ein Zelt, 🐕 @ 🍎

♦ Pension Helga Breuer, Nürburgstraße 26, 53945 Blankenheimerdorf, ☏ 024 49/2 85, ➲ 1,5 km, 6 Betten, ÜF EZ € 32, DZ € 58, 🐕 € 5, @

🚆 Bhf Blankenheim (Wald) an der Linie Köln – Gerolstein – Trier, RE12, RE22, ➲ 1,9 km

Auf dem Eifelsteig wandern Sie geradeaus an einem Teich vorbei in das **Naturschutzgebiet Haubachtal**. Der Weg führt stetig bergauf zwischen Laubwald auf der rechten und Nadelwald auf der linken Seite. An einer Wegkreuzung im Wald mit ⌂ Schutzhütte gehen Sie nach rechts, an der nächsten Wegkreuzung (mit gelbem Gasversorgungspfahl) gehen Sie rechts auf die Höhe und verlassen den Wald.

Auf der Höhe biegen Sie an einer Rastbank links ab, der Wirtschaftsweg führt zwischen Wald und Wiese eine Weile eben dann leicht bergauf in den Wald.

An einer T-Kreuzung laufen Sie nach rechts, es geht leicht bergauf am Waldrand entlang zur nächsten T-Kreuzung. Hier biegen Sie links ab, es geht weiter bergauf durch den Wald und an einer weiteren T-Kreuzung rechts. Geradeaus auf der Brücke überqueren Sie die B51 ❼ und gehen auf das **Blankenheimer Gewerbegebiet** zu (✋ letzte 🛒 Einkaufsmöglichkeit vor Hillesheim).

Sie nutzen aber gleich die erste Gelegenheit, es wieder zu verlassen, indem Sie an der abknickenden Vorfahrt zweimal rechts in den Wald hinabgehen. Sie erreichen eine interessante Fundstelle des Tiergartentunnels. Wo heute lustige Graspuschel (Bulten) wachsen, war früher der **Stauteich** für den Tiergartentunnel. In dem Gebäude daneben sind die Reste des Wasserhäuschens zu sehen. Hier ist auch eine gut erhaltene Druckleitung aus Holz ausgestellt.

Am Blankenheimer Weiher

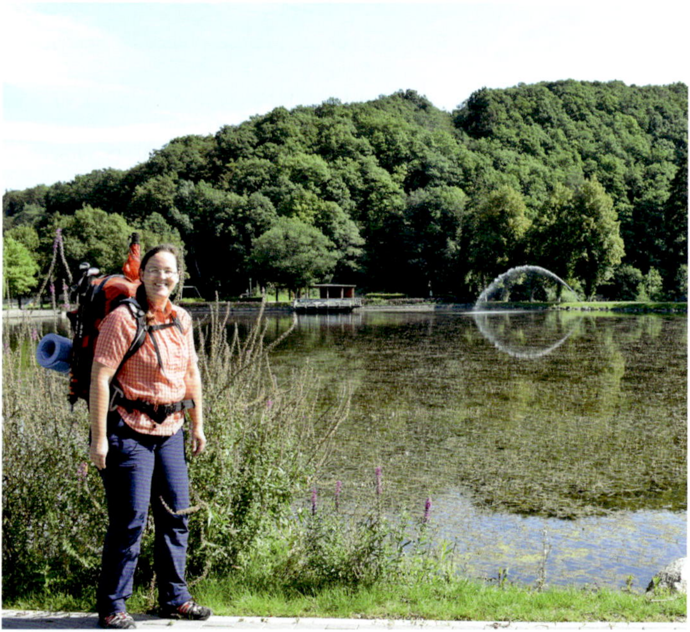

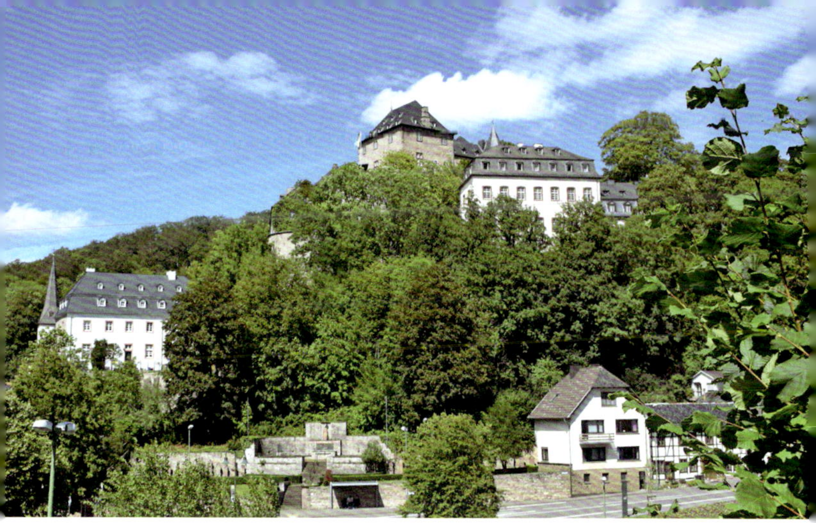

Burg Blankenheim

Wasser für die Burg

Was den Römern für die Bürger der Stadt Köln Recht war, war Graf Friedrich III. von Manderscheid-Blankenheim billig: frisches Quellwasser! So ließ er eine etwa 1 km entfernte Quelle fassen und deren Wasser in die Burg leiten. Weil nacheinander ein 12 m tiefes Tal und der 15 m hohe Bergsporn „Tiergarten" auf dem Weg lagen, musste die Leitung als Kombination aus Gefälleleitung, Druckleitung und Tunnel gebaut werden. Der etwa 160 m lange Tunnel durch den Tiergarten ist mit fünf Lichtschächten versehen und gilt seit seiner Entdeckung 1997 als eines der bedeutendsten Technikdenkmäler der Nordeifel.

Etwa 400 m weiter ist rechter Hand (➲ 50 m) die **Quellfassung** zu besichtigen. Am Waldfriedhof kreuzen Sie eine Straße (In der Rhenn) und gehen geradeaus zur Bahnhofstraße, dort geht es rechts weiter. Nach 40 m biegen Sie vor der Freien Christengemeinde Blankenheim links in einen Feldweg ab, diesen verlassen Sie auf Höhe eines Hauses nach links Richtung Waldrand. Dort gehen Sie rechts zu einer Hollywoodschaukel mit Ausblick hinüber zur Römervilla, dahinter geht es nach links. Unter dem Dach über dem Zuluftgraben zum **Tiergartentunnel** und dem ⩩ Rasttisch gehen Sie hindurch, danach rechts im Zickzack durch den Wald, vorbei an Bauschächten für den Tunnel.

Unter der Glas-Zink-Kuppel verbirgt sich ein Aufschluss des Tunnels, daneben ein vergitterter Eingang. An Haus Nummer 18 gehen Sie links auf die Burg zu. Links des Weges ist die Mauer des ehemaligen **Tiergartens** noch gut erhalten. Der Tiergarten versorgte die Burg mit jagdfrischem Wild.

Vor dem Tor zur Jugendherberge in der **Burg Blankenheim** folgen Sie rechts dem Waldweg an der Burgmauer entlang und dann der Treppe hinab zur spätgotischen Pfarrkirche St. Maria Himmelfahrt. Sie gehen die Straße Zuckerberg hinab, dann links die Treppe neben der Kirche, an deren Fuß Sie rechts auf dem Treppchen auf ein Fachwerkhaus mit Sankt-Johannes-Figur zugehen.

Wenn Sie sich nun nach rechts wenden, kommen Sie zur **Ahrquelle**. Sie sprudelt unerwartet stark aus den Grundmauern eines Fachwerkhauses von 1726 heraus und wird hier in Blankenheim kanalisiert geführt.

Der Weg führt auf der Straße nach links, am Brückenheiligen Nepumuk rechts und endet für diese Etappe am ☕ Museumscafé neben dem ⌘ **Eifelmuseum Blankenheim**.

⌘ Das Eifelmuseum Blankenheim ist ein Regionalmuseum für Naturkunde und Kulturgeschichte.

♦ Eifelmuseum Blankenheim, Ahrstraße 55-57, 53945 Blankenheim, unter einem Dach mit der ℹ, 💻 www.eifelmuseum-blankenheim.de

An der Ahrquelle

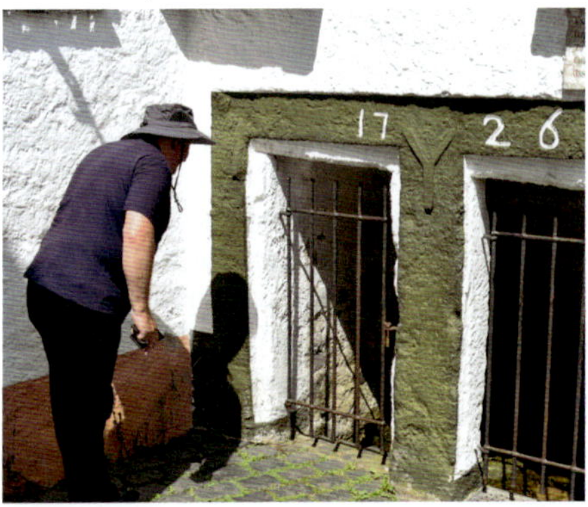

Die Blankenheimer sind sehr stolz darauf, am Schnittpunkt des Jakobswegs (Köln bis Trier) und des Eifelsteigs zu liegen. Die Einwohner sprechen gerne Einzelwanderer auf der Straße an und geben ihnen Tipps zum weiteren Routenverlauf und zum Wetter – oder wünschen einfach nur kurz einen guten Weg. Sehr sympathisch!

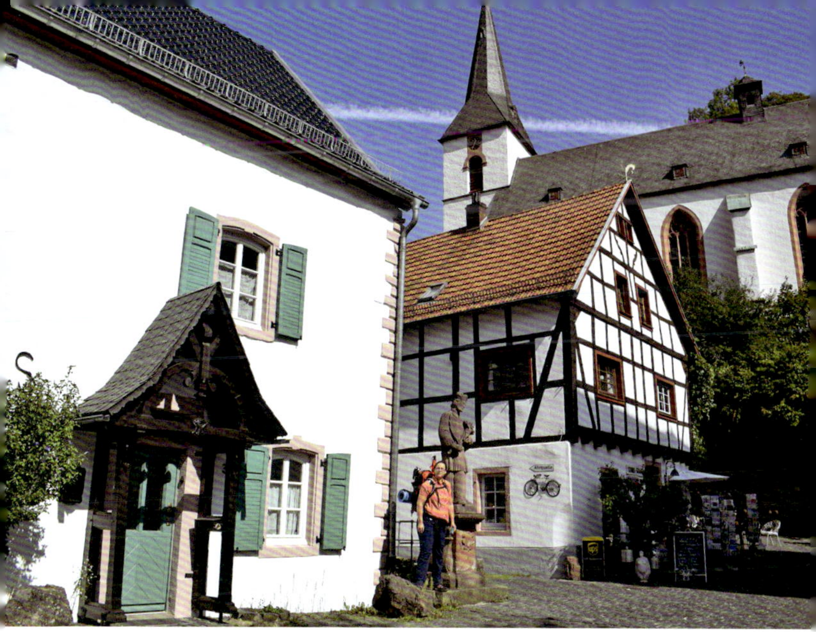

Der Brückenheilige Nepumuk

Blankenheim

53945, 1.850 Einw.

Übernachtungssteuer in Blankenheim 3 % des Übernachtungspreises

Bürger- und Verkehrsbüro, Rathausplatz 16, ☏ 024 49/872 22, www.blankenheim-ahr.de, verkehrsbuero@blankenheim.de, Mo, Di 8:30-16:00, Mi 7:30-16:00, Do 8:30-18:00, Fr 8:30-12:30, Sa 9:30-12:30, sehr freundliche und kompetente Beratung zu Eifelsteig, Jakobsweg und Ahrsteig

Hotel Schlossblick, Nonnenbacher Weg 2-6, ☏ 024 49/955 00, www.hotel-schlossblick.de, info@hotel-schlossblick.de, ➲ 200 m, 34 Betten, ÜF EZ € 48-68, DZ € 78-106, Hallenbad, Sauna und Solarium, Wegstreckenberatung @

Gästehaus zur Ahrquelle, an der Ahrquelle 3, ☏ 024 49/10 27, www.gaestehaus-zur-ahrquelle.de, info@gaestehaus-zur-ahrquelle.de, ➲ 10 m, 6 Betten und 2 FeWo, Ü EZ € 40, DZ € 70, F nach Absprache, @

♦ Kölner Hof, Ahrstraße 22, ☏ 024 49/919 60, www.hotel-koelner-hof.de, info@hotel-koelner-hof.de, ➲ 250 m, 34 Betten, ÜF EZ € 60, DZ € 100, DBZ € 114, € 9, €8, (je nach Verfügbarkeit), @

Jugendherberge Burg Blankenheim, Burg 1, ☏ 049 49/950 90, www.burg-blankenheim.jugendherberge.de, burg-blankenheim@jugendherberge.de, ➲ 400 m (am Weg der letzen Etappe), 164 Betten, ÜF EZ ab € 36,90, im DZ ab € 33,40, im MBZ € 26,40. Sie schlafen in einer fast 900 Jahre alten Grafenburg und haben modernen Schlafkomfort, das Burgverlies ist heute ein Bistro. Sehr nette und hilfsbereite Herbergseltern! Lesertipp, @ im Empfangsbereich, Mitgliedschaft erforderlich,

Heinrichshof, Heinrichshof 1, ☏ 024 49/919 53 87, 01 74/634 23 97 + 01 52/03 41 43 00, www.heinrichshof-blankenheim.de, info@heinrichshof-blankenheim.de, ➲ 400 m (am Ortsende führt der Eifelsteig/Brotpfad unterhalb des Hofes nach links, hier geradeaus auf dem Nonnenbacher Weg zum Hof), Wanderreitstation mit 4 Bauwagen für je 4 Personen, jeweils mit Dusch-/Waschraum und Komposttoilette, Ü € 31 pro Person + € 20 Endreinigung. Wanderer mit Zelt sind auch willkommen. Wegstreckenberatung und freier Zugang zum Salat- und Kräuterbeet, Frühstück und Grillpakete buchbar, Hofladen, @

Blankenheim

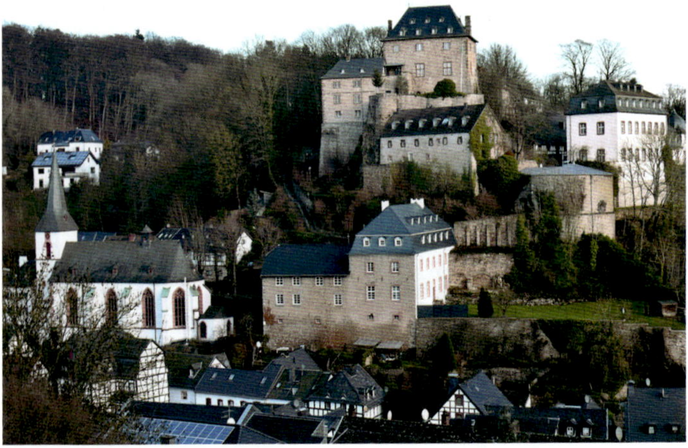

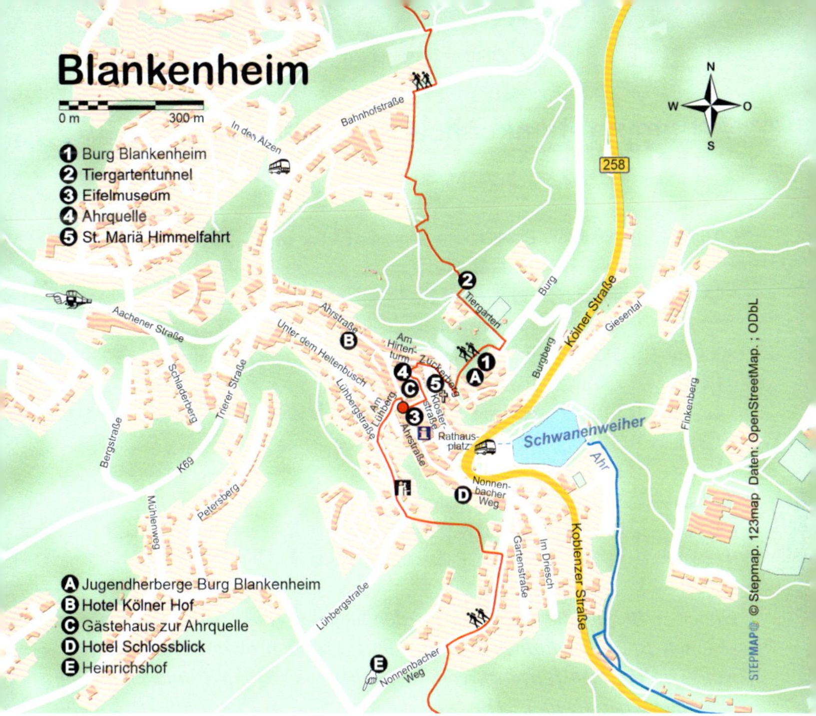

Seenachtfest mit Feuerwerk und Handwerkermarkt am 1. Wochenende im August

ab Bhf Blankenheim (Wald)

Vom Bahnhof zum Ort: Anruf-Linien-Taxi Richtung: Dollendorf Schule, Blankenheim (Ahr) TaxiBus; 30 Min. vor Abf. unter ☏ 018 04/15 15 15 anmelden, (20 ct/Anruf aus dem Festnetz, bei Mobilfunk max. 42 ct/Min.), weitere TaxiBus-Verbindungen nach Ripsdorf, Waldorf und Alendorf

Taxi-Dieter, ☏ 024 49/91 72 28

Das kleine Städtchen Blankenheim mit seinem historischen Ortskern ist ein ganz idyllischer Etappenort.

Die urige Burg und ihre außergewöhnliche Wasserversorgung haben Sie schon auf dem Eifelsteig kennengelernt. Nun können Sie ohne Rucksack die Stadt erkunden, sich am Schwanenweiher entspannen oder die Quelle der Ahr besuchen.

7. Etappe: Blankenheim – Mirbach

17,9 km, 5 Std. 30 Min., 337 m, 342 m, 407-551 m

0,0 km	469 m	Blankenheim, Ahrstraße
0,8 km	504 m	Heinrichshof
2,3 km	420 m	Nonnenbach
3,2 km	513 m	Brotpfadhütte
7,4 km	424 m	Ripsdorfer Mühle
8,4 km	504 m	Ripsdorf, Kirche
11,2 km	549 m	NSG Griesheuel
12,0 km	504 m	Alendorf, Kapelle
12,7 km	513 m	Alendorf, Kalvarienberg
15,4 km	415 m	Landesgrenze am Mirbach
17,9 km	464 m	Mirbach, Erlöserkapelle

Gleich zu Beginn dieser Etappe werden Sie nach einem Aufstieg mit einem schönen Blick auf Blankenheim belohnt. Auf dem historischen Brotpfad wandern Sie nach Ripsdorf, von dort geht es durch Weidelandschaft zum Griesheuel bei Alendorf. Hier und auf dem Weg von der Wallfahrtskapelle St. Agatha hinauf zum Kalvarienberg verstehen Sie beim Anblick der urigen Wacholderheiden und knorrigen Kiefern warum manchmal von „Eifel-Toskana“ die Rede ist. Durch die Magerwiesen des Lampertstals geht es zur Landesgrenze und durch das idyllische Mirbachtal zum Etappenziel.

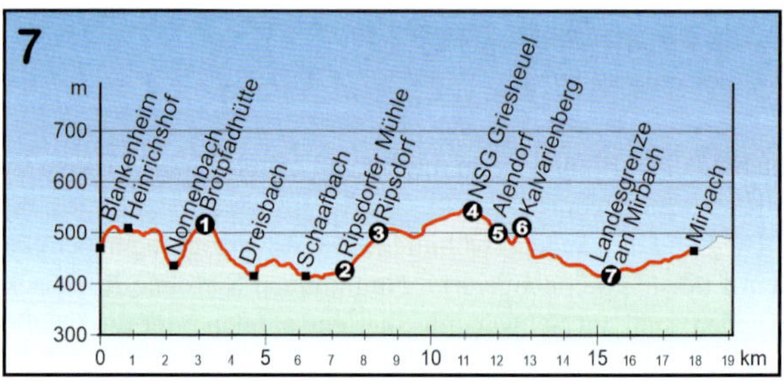

Keine Einkaufsmöglichkeit am Weg bis Hillesheim

Am Museumscafé gehen Sie rechts die Ahrstraße und nach etwa 30 m links die Straße **Am Lühberg** hinauf. Nach einer Reihe von Stufen laufen Sie weiter geradeaus, nach den nächsten Stufen links die Lühbergstraße entlang. Links bilden Burg und Kirche ein gutes Fotomotiv.

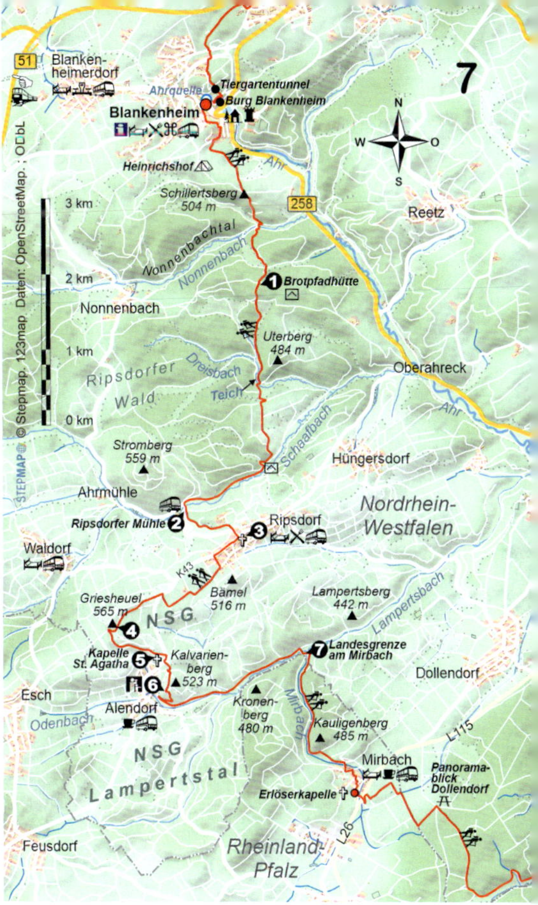

Am Straßenschild der Lühbergstraße folgen Sie dem Fußweg nach links vorbei an der Bank mit Burgblick und gehen an dessen Ende die Treppe herunter und die Straße rechts hoch. Vor dem Ortsausgangsschild, hinter Hausnummer 25, folgen Sie links dem Brotpfad an den Pferdekoppeln des **Heinrichshofs** entlang.

Der **Brotpfad** ist ein alter Handelsweg zwischen Ripsdorf und Blankenheim, Brot wurde aus dem Ripsdorfer Brothaus nach Blankenheim gebracht und dort gegen Gegenstände des täglichen Bedarfs getauscht.

An zwei Gabelungen gehen Sie jeweils geradeaus und lassen die Wege ins Tal links liegen. Auf dem **Schillertsberg** kreuzen Sie einen Teerweg und nehmen geradeaus den schmalen Pfad ins Nonnenbachtal. Geben Sie acht auf die Wurzeln!

Hinter dem (im Sommer trockenen) Bächlein gehen Sie rechts auf dem Forstweg weiter bergab und im Tal an einer ⩩ Sitzgruppe rechts. Queren Sie einen kleinen Bach und gehen Sie links über die Brücke über den **Nonnenbach**. Nun laufen Sie steil bergauf, kreuzen einen Teerweg und weiter geht's, steil bergauf.

Brücke über den Nonnenbach

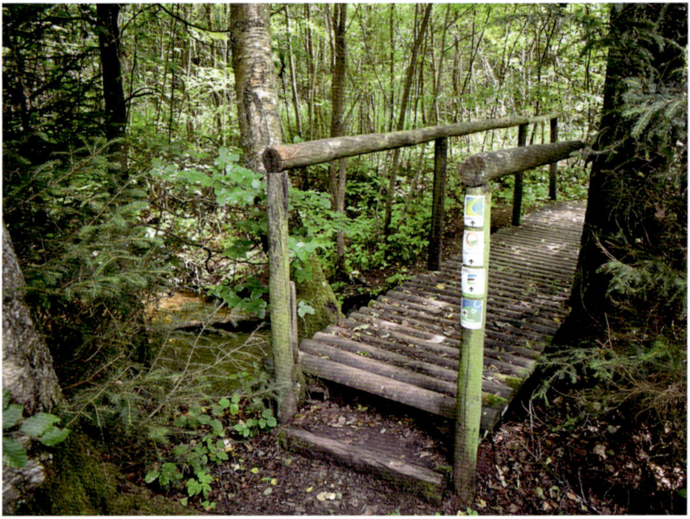

An einem Forstweg gehen Sie nach rechts immer weiter bergauf bis zur ⌂ **Brotpfadhütte ❶**. Das ist die Hütte mit dem größten Komfort auf der gesamten Strecke: Tisch mit Tischdecke, Gardinen, zwei Erste-Hilfe-Kästen, Toilettenpapier, Gästebuch, hier fehlt es an nichts. Um Weihnachten und Ostern herum werden Sie sogar draußen schon von einem geschmückten Weihnachtsbaum bzw. Osterstrauch empfangen. Hier sind Wanderer wirklich von Herzen willkommen!

Hinter der Brotpfadhütte folgen Sie geradeaus dem Weg bergab und gehen auch an der nächsten Gabelung geradeaus bergab auf einem Pfad, der auf einer Holzbrücke den **Dreisbach** quert. Dieser fließt im weiteren Streckenverlauf eine ganze Weile rechts des Weges.

An ⛩ Tischen mit Sitzgruppe und einer Infotafel hinter einem **Teich** queren Sie den Bach nach rechts und gehen sofort wieder links einen Forstweg bergauf. Den Forstweg von rechts ignorieren Sie und gehen zunächst geradeaus, dann in einem Linksbogen weiter. Oben am Waldrand wandern Sie nach rechts. Anschließend folgen Sie dem ersten Feldweg nach links in Richtung eines Hochsitzes auf einer Kuppe.

Folgen Sie dem Forstweg bis zum **Schaafbach** und laufen Sie dort rechts das Schaafbachtal hinauf. Nehmen Sie dafür den linken Talweg, nicht den steilen Weg rechts! An einer Steinbrücke führt der Weg weiter geradeaus, die Brücke muss nicht überquert werden. Nun geht es im Tal weiter bis zu einem Teerweg, diesem folgen Sie links über den Schaafbach (🚌).

Hier an der Zufahrt zur **Ripsdorfer Mühle ❷** führt der Eifelsteig links der Straße auf einem Waldweg bergauf und im weiten Linksbogen nach Ripsdorf. Vor dem Ortseingang gehen Sie nach rechts bergauf (Tränkgasse) auf die Kirche St. Johannes der Täufer zu. Links von Ihnen befindet sich das Brothaus, ein zweigeschossiges Fachwerkhaus mit angebauter Bruchsteinscheune und einem großen Backofen, von dem die Aktivitäten auf dem Brotpfad in früheren Zeiten ausgingen.

Blankenheim-Ripsdorf

53945, 600 Einw.

🛏 ✕ Hotel Breuer, Hauptstraße 74, ☎ 024 49/10 09, 💻 www.breuer-ripsdorf.de, hotel-breuer-ripsdorf@t-online.de, ➲ am Weg, 10 Betten, ÜF im EZ € 42, im DZ € 35, Mo Ruhetag für das Restaurant, gute Küche, Biergarten, Hofladen Mi – Mo

Das Hotel Breuer vermittelt auch eine rustikale Ausweichunterkunft (mit eigenen Schlafsack) im Schlafsaal im Pfarrheim, ÜF etwa € 20

🚌 TaxiBus-Verbindungen nach Blankenheim, Waldorf und Alendorf

🚗 Taxi Lippertz, ☎ 024 49/12 25

An der **Ripsdorfer Kirche ❸** folgen Sie der Hauptstraße nach rechts bis zu einer kleinen privaten Kapelle. Dort gehen Sie links in die Straße Auf der Reusch und anschließend rechts in die Weiherstraße. Sie wird hinter dem nächsten Haus zum Feldweg. An einem Zaun gehen Sie nach rechts auf eine Scheune zu und direkt davor nach links durch die Weiden bergauf bis zu einem weiteren Zaun. Dort geht es rechts weiter bis zur K43, der Ortsverbindungsstraße von Ripsdorf nach Alendorf.

Sie kreuzen die Straße und gehen nach links (aber rechts von Baum 37) durch das **Naturschutzgebiet Griesheuel ❹**. Hier wachsen an geschützten Stellen zahlreiche und seltene Orchideen, die Sie aber wahrscheinlich gar nicht zu sehen bekommen, ohne den Weg zu verlassen. Dafür können Sie auf der linken Wegseite schon die ersten Wacholderbüsche bewundern, die für einige Kilometer zu einer vollständigen Veränderung der Landschaft führen.

An der Gabelung gehen Sie links bergab. Nach rechts haben Sie einen Blick auf **Waldorf**, hinter der Kuppe führt ein Weg dorthin. An der Sitzbank nehmen Sie den geradeaus führenden Grasweg, er bringt Sie zu einem Teerweg.

Blankenheim-Waldorf 🛏 🚌 ➲ 1,6 km ✉ 53945, 280 Einw.

🛏 Ferienhaus Linden, Waldorfstraße 43, ☏ 024 49/77 87, 💻 www.eifeler-ferienhaus.de, ✉ info@eifeler-ferienhaus.de, ➲ 1,9 km, zwei Holzferienhäuser in ruhiger Lage mit je 4 Betten, Haus € 89 für 2 Personen, @

🚌 TaxiBus-Verbindungen nach Blankenheim, Ripsdorf und Alendorf

An dem **Kruzifix** folgen Sie links dem Wirtschaftsweg, der Ihnen eine schöne Aussicht über die Hügellandschaft mit Wacholderheide ermöglicht und einen Picknickplatz beschert. Am nächsten Kruzifix biegen Sie links ab und wandern auf einem Grasweg durch hohen Kiefernwald.

Rechter Hand kommt der Kalvarienberg in Sicht. Sie wandern nun geradeaus direkt auf eine Wallfahrtskapelle zu. Gehen Sie am Friedhofstor geradeaus an der **Kapelle St. Agatha ❺** vorbei zur Straße, dort biegen Sie rechts ab.

An den Infotafeln des Wanderparkplatzes unterhalb der Kapelle überqueren Sie die Straße nach **Alendorf** ☕ 🚌.

Anfangs gehen Sie am Feldrand neben einer Hecke, dann rechts zu einem Wegweiser. Nach 50 m geht es wieder rechts und nach etwa 20 m scharf links bergauf. (Sie stellen dabei vielleicht überrascht fest, dass Sie am Wegweiser einfach geradeaus den Berg hätten hinauf gehen können.) Hier wandern Sie an den **Kreuzwegstationen** entlang hinauf zum Kalvarienberg.

Der **Eifel-Blick Kalvarienberg ❻** bietet gute Fernblicke. Wer eine Pause benötigt, findet dort eine Liege und zwei Sitzplätze.

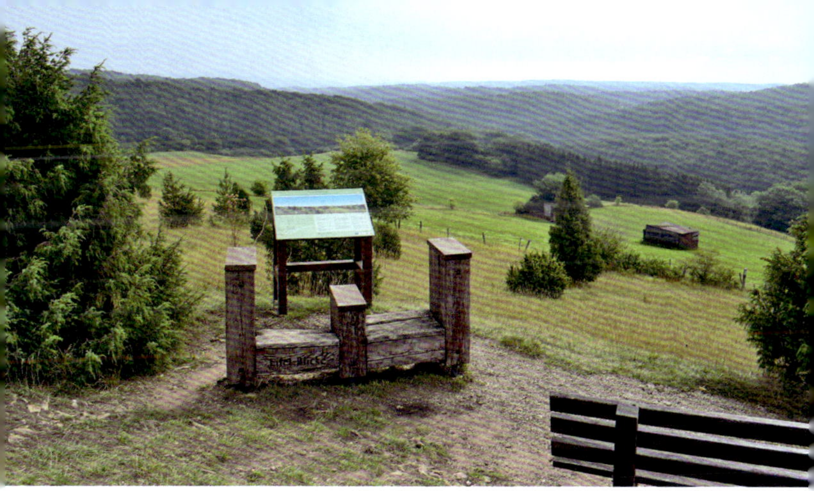

Auf dem Kalvarienberg

Spätestens ab diesem Punkt kommt sogar an bitterkalten Wintertagen eine gewisse Mittelmeerstimmung auf: Überall wachsen Wacholderbüsche und knorrige Kiefern. Eifelsteigwanderer, die ich Anfang März dort bei 2°C und Sturm zwischen zwei Regengüssen traf, betonten immer wieder, hier sei es „wie inne Toskana!"

Der Kalvarienberg

Die Hinrichtungsstätte Jesu Christi vor den Toren Jerusalems ist Patin für den Namen dieses Berges. Als Kalvarienberg wird allgemein eine große Nachbildung der Kreuzigungsgruppe bezeichnet, die meist auf einem Hügel am Ende eines Kreuzweges errichtet wird. Noch in heutiger Zeit finden von Palmsonntag bis Karfreitag Kreuzwegprozessionen zum Alendorfer Kalvarienberg statt.

Auf der anderen Seite des Berges folgen Sie dem schmalen Pfad bergab und gehen an einem einladenden ⩚ Picknicktisch scharf links ins **Lampertstal**. Das Naturschutzgebiet Lampertstal gilt als größtes Wacholderschutzgebiet Nordrhein-Westfalens, ferner wachsen in den Talwiesen recht seltene Pflanzen wie Seidelbast, Orchideen, Küchenschelle, Herbstzeitlose und Enzian. Im Lampertstal werden Sie auf der Strecke des Eifelsteiges kaum Wacholder sehen, dafür kreuzen Sie das erste Mal die Landesgrenze nach Rheinland-Pfalz.

Sie wandern 1,2 km durch das Lampertstal und ignorieren alle Wegweiser der Eifelspur „Toskana der Eifel", die Sie zurück nach Ripsdorf locken wollen. Gehen Sie rechts an einer Holzbrücke über eine Furt des **Lampertsbachs**, dann links auf einen ⩙ Rastplatz mit Infotafel zu. Hier fand am 4. April 2009 die offizielle Eröffnung des Eifelsteiges statt. Der Eifelsteig führt nun über den (üblicherweise vollkommen unscheinbaren) **Mirbach ❼** und am Waldrand rechts.

Die Erlöserkapelle in Mirbach

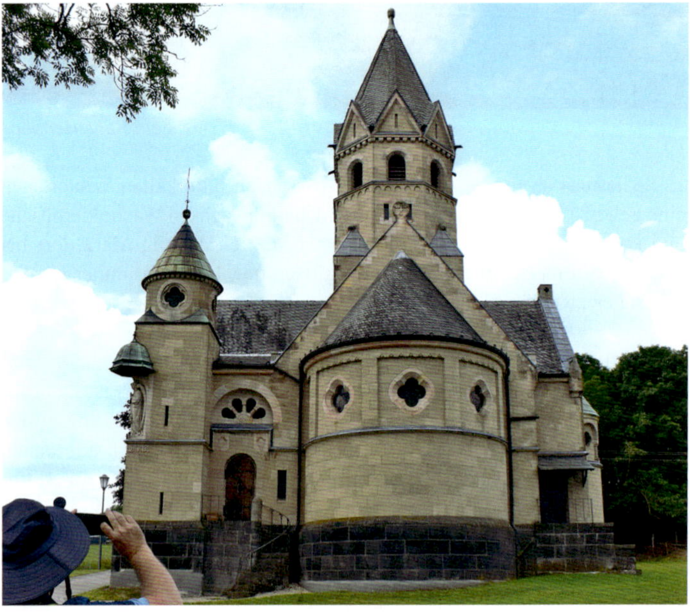

☺ Zur Zeit der Schneeschmelze setzt der Mirbach allerdings das Gelände so sehr unter Wasser, dass Sie sehr sprungstark sein oder perfekt gefettete Wanderstiefel tragen müssen, wenn Sie trockenen Fußes das andere Ufer erreichen wollen. Als trockenere Alternative bietet sich der Weg auf der rechten Seite der Infotafel an, der ebenfalls nach Mirbach hineinführt.

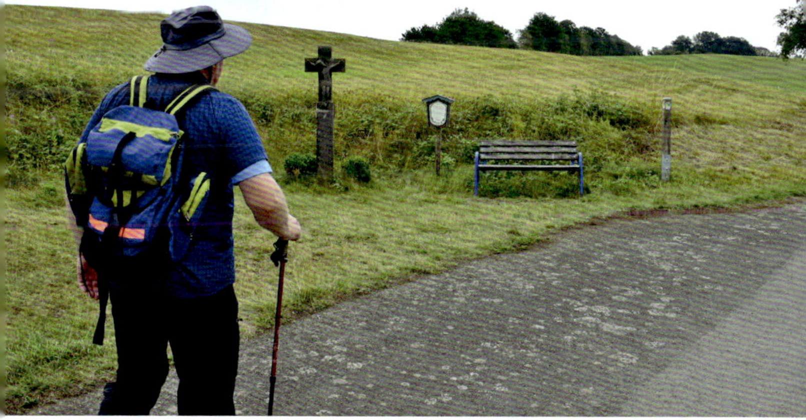

Entspanntes Wandern bei Mirbach

Sie gehen also über oder durch den Mirbach, am Waldrand rechts, an einer Weggabelung geradeaus und damit zurück ins Bachtal. Sie bleiben immer neben dem Bach. Erst wenn der Ort Mirbach rechts schon zu sehen ist, gehen Sie am Weidezaun entlang rechts auf den Ort zu. Am Ortseingang wenden Sie sich nach rechts Richtung Kirche, am Ende der Wacholderstraße links und schließlich rechts (Schulstraße) hinauf. Gehen Sie bis zum Ende der Straße weiter geradeaus, dann rechts an der Wanderhütte „Em Backes" entlang auf der Kapellenstraße hinauf zur Erlöserkirche.

Wiesbaum-Mirbach

54578, 80 Einw.

Mechthild Mastiaux, Burgstraße 2, 065 93/81 53, 01 51/56 33 97 96, www.ferienwohnung-mastiaux.npage.de, mechthild.mastiaux@gmail.com, am Weg, FeWo mit 4 Betten, App. mit 2 Betten, ÜF € 30-35, Einkaufsservice für das Abendessen, @

Wanderhütte „Em Backes", Kapellenstraße 2, Fr, Sa, Mo ab 13:00, So, Fei ab 11:00, Getränke, Brotzeiten, Flammkuchen, Waffeln

Busverbindungen nach Wiesbaum und Hillesheim

✝ Erlöserkapelle: sehenswerte wehrhafte Kirche in neoromanischem Stil von 1902.

8. Etappe: Mirbach – Hillesheim

25,9 km, 8 Std., ↑ 395 m, ↓ 411 m, ⇧ 370-533 m

0,0 km	⇧ 464 m	Mirbach, Erlöserkapelle
2,0 km	⇧ 514 m	Panoramablick Dollendorf
5,1 km	⇧ 453 m	Michelbach
6,6 km	⇧ 511 m	Leudersdorf, Grillplatz ( )
10,5 km	⇧ 421 m	Paulushof
12,5 km	⇧ 377 m	Wachsender Wasserfall
13,0 km	⇧ 381 m	Nohner Mühle
15,6 km	⇧ 407 m	Niederehe, Klosterkirche
18,6 km	⇧ 441 m	Kerpen, Willedenkmal
22,4 km	⇧ 501 m	Berndorf, Wehrkirche
25,9 km	⇧ 441 m	Hillesheim, Touristenbüro BANK ⌘

Heute erfahren Sie, warum der Eifelsteig einen Haken nach Osten schlägt: Hier rauscht der wachsende Wasserfall von Nohn über seinen mit dickem Moos bewachsenen Felsen. Dafür wandern Sie von Mirbach durch abwechslungsreiche Weide- und Waldlandschaft an einem Kalksteinbruch vorbei zum Ahbach. Ein schmaler Steig führt vom Wasserfall zur Nohner Mühle. Durch offene Landschaft wandern Sie durch die sehenswerten Örtchen Niederehe, Kerpen und Berndorf in die Krimihauptstadt Hillesheim. Dies ist die längste Tagesetappe, sie lässt sich an einigen Orten unterbrechen.

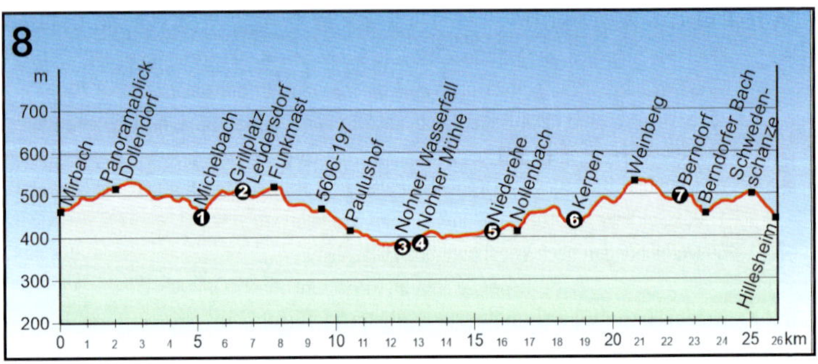

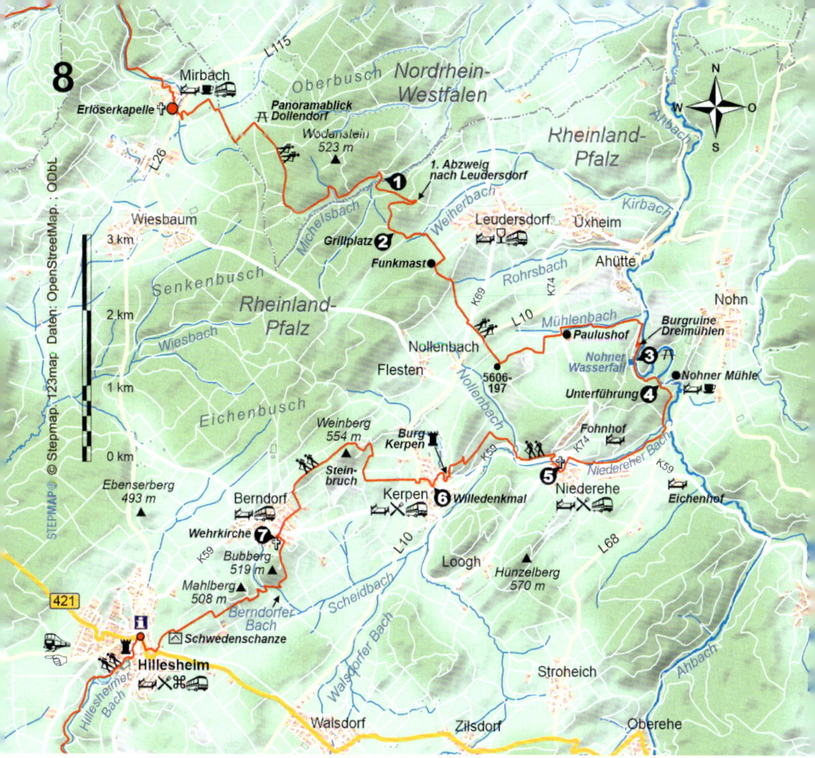

Vor der Erlöserkapelle gehen Sie links neun Stufen hinab, dann rechts im Bogen um eine Wiese. Auf der Straße müssen Sie nur etwa 40 m gehen, schon führt der Weg links über den **Mirbach** und unter einer Straßenbrücke (L26 nach Wiesbaum) hindurch.

Hinter der Brücke laufen Sie an einem **Kruzifix** scharf links und etwa 50 m parallel zur Straße, danach rechts bergauf. An einer Pferdekoppel gehen Sie links weiter bergauf, an einer einzeln stehenden Zeder rechts. Nun halten Sie links auf eine Baumreihe zu und folgen dieser auf deren rechter Seite am Feldrain entlang. Nach rechts haben Sie einen guten Blick auf Wiesbaum.

Übersteigen Sie den Wildzaun oder gehen Sie durch das Törchen daneben. Gehen Sie dahinter links am Waldrand entlang. An der ersten Wegkreuzung erreichen Sie den **Panoramablick Dollendorf** mit einem einladenden ⛼ Picknicktisch.

Hier wählen Sie den Forstweg nach rechts, hinein in den Oberbusch. Dieser führt gut gekennzeichnet auf einer Höhe zunächst geradeaus, dann in einem großen Linksbogen durch den Wald.

Der Forstweg gabelt sich, hier folgen Sie dem Pfad scharf rechts zum **Michelbach ❶**. Er bildet hier die Landesgrenze. (☝ Hier gibt es zwar einen Steg, es kann aber sein, dass er bei Hochwasser überspült ist und Sie auf dem rechten der beiden Forstwege einen Umweg bis zum nächsten Übergang nehmen müssen.)

Gehen Sie hinter der Bachbrücke am Feldrand den Berg hinauf, an einer Kreuzung halb links und folgen Sie bergauf immer dem Hauptweg. Vor einer **Schranke** biegen Sie im spitzen Winkel nach rechts ab (1. Abzweig nach Leudersdorf: geradeaus ➲ 1,2 km).

In einem weiten Bogen umrunden Sie einen Hügel, nach rechts haben Sie einen schönen Blick auf die Baumwipfel des soeben durchwanderten Waldgebietes Oberbusch. Vor einer Rechtskurve verlassen Sie den WW13 und laufen links auf eine Lichtung mit großem ⛼ **Grillplatz ❷** zu. Daran vorbei gehen Sie bergab, ignorieren am Rettungspunkt 5606-172 den Weg von hinten rechts und nehmen stattdessen an der Gabelung den linken Weg. Er führt in seiner Verlängerung nach Leudersdorf hinein und heißt dort Schützenstraße. Wer nicht in Leudersdorf übernachtet, folgt in einer Linkskurve dem Wegweiser nach rechts auf eine Weide.

Üxheim-Leudersdorf 🛏 🍷 🚌 ➲ 1 km ✉ 54579, 470 Einw.

🛏 Gästehaus Maria Leiff, Schützenstraße 23, ☎ 026 96/12 22, 💻 www.eifel-leiff.de, ✉ maria.leiff@t-online.de, ➲ 800 m, 8 Betten, Wandererkomplettpaket: 2 Personen 2 Nächte, Abendessen, ÜF, 🍎 🚗 € 99, auch auf 3 oder mehr Nächte erweiterbar, 🐕 📷 (Frau Leiff fährt bis Blankenheim und Manderscheid)

🚌 Busverbindungen nach Kerpen, Niederehe, Nohn, Gerolstein, Berndorf und Hillesheim.

Setzen Sie nun Ihren Weg (von der Grillhütte kommend) rechts über den **Weiherbach** (fast ganzjährig eher ein Rinnsal als ein Bach) fort und folgen Sie dem Feldweg nach links, kurz danach nach rechts. Linker Hand ist nun der Ort **Leudersdorf** zu sehen. Sie gehen rechts bis zu einem Funkmast, dort links und bevor der breite Weg in den Wald hinein führt an einem Hochsitz links am Feldrand bergab.

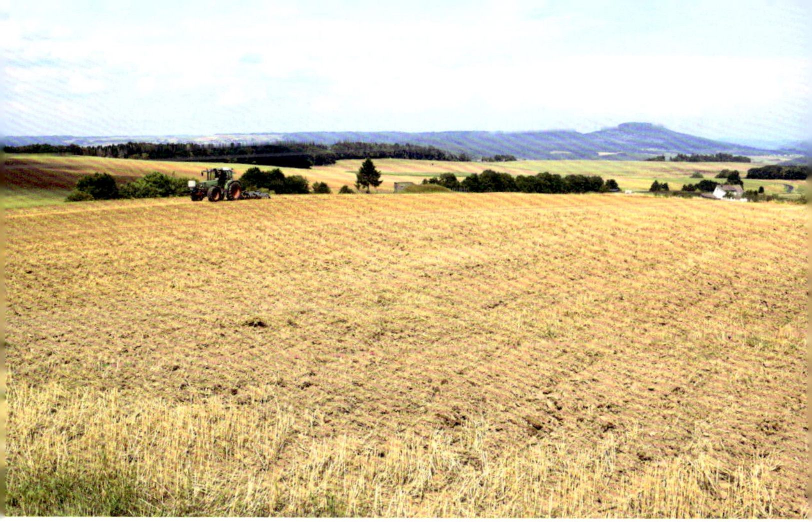

Ackerland bei Leudersdorf

Am Ende des Feldes folgen Sie dem Pfad geradeaus in den Wald hinein. Sie queren einen Teerweg und wandern dahinter über den unauffälligen Oberlauf des Rohrsbachs rechts einen Feldweg hinab. Diesem folgen Sie bis an die **K69**, kurz davor gehen Sie nach rechts und hinter dem Gehölz nach links. Sie queren nun die K69 und die L10. Durch einen Waldstreifen gehen Sie geradeaus auf eine Lichtung zu, den Schotterweg verlassen Sie erst am Rettungspunkt 5606-197 nach links.

Der Weg verläuft am Wiesenrand bergab. Queren Sie die Zufahrt zu einem **Steinbruch** und laufen Sie an dem Warnschild „Vorsicht! Sprengarbeiten" schräg links bergab. Hinter dem ersten Acker gehen Sie nach links und nehmen den nächsten Weg zwischen zwei Feldern nach rechts, dabei halten Sie auf den **Paulushof** zu.

Hier folgen Sie der Straße etwa 70 m nach links, dann verlassen Sie sie rechts talwärts. Sie laufen dabei auf einen weiteren Steinbruch zu und entlang des **Mühlenbachs**. Der Weg verläuft zunächst in Fließrichtung links, später rechts des Mühlenbachs. In der Rechtskurve des Wirtschaftsweges nehmen Sie geradeaus die Brücke zum Steinbruch. Hinter der Brücke folgen Sie dem unbefestigten Feldweg nach rechts. Auf Höhe einer Ruhebank am parallel führenden Teerweg (das ist eine alte Bahntrasse, die zum Radweg umgebaut wurde) gehen Sie scharf links ins Tal, dann vor der Holzbrücke rechts.

Rechter Hand liegt im Wald versteckt die **Burgruine Dreimühlen**, auf der vor langer Zeit eine Hexe gelebt haben soll, die allabendlich von den Nohner Frauen zum Schwatzen und Spinnen besucht wurde, bis sie sich einmal bei einem Zauberspruch versprach. Statt ihre Besucherinnen „ÜBER alle Hecken und Zäune" wieder zurück zu hexen, sprach sie „DURCH alle Hecken und Zäune". Die Frauen kamen mit zerfetzten Kleidern in Nohn an und trauten sich aus Angst vor ihren Männern nicht noch einmal in die Burg.

Sie kommen zu einem überhängenden Fels und haben damit den **Nohner Wasserfall ❸** am Ahbach erreicht.

Der wachsende Wasserfall

An keiner Stelle des Weges wird das Motto des Eifelsteigs „Wasser und Fels" so deutlich, wie am wachsenden Wasserfall von Nohn. Das Wachstum ergibt sich quasi aus einem Wettstreit: Seit dem Eisenbahnbau 1913, durch den der Bach hier ins Tal geleitet wurde, bildet sich in den Moospolstern durch Ablagerung und Verdunstung fortwährend Kalksintergestein. Dies wiederum bietet einen guten Nährboden für das Moos, in dem sich wieder Kalksinter absetzt. So wächst der Wasserfall Jahr um Jahr etwa 8 bis 10 cm in das Tal hinein.

Am wachsenden Wasserfall

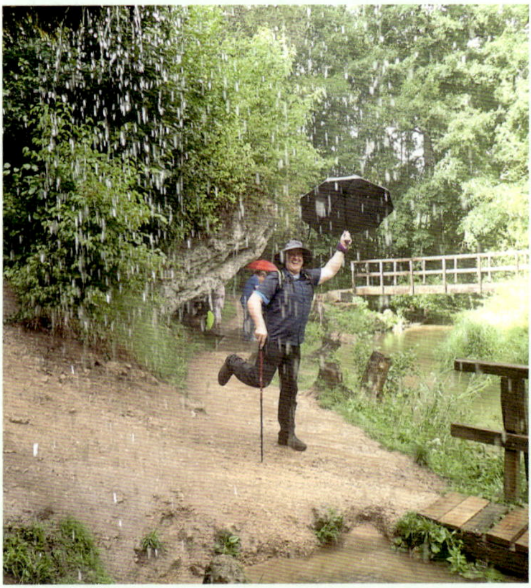

Nach der Pause an dem idyllischen Wasserfall folgen Sie hinter dem ⩲ Picknickplatz dem Pfad geradeaus am Bachufer entlang.

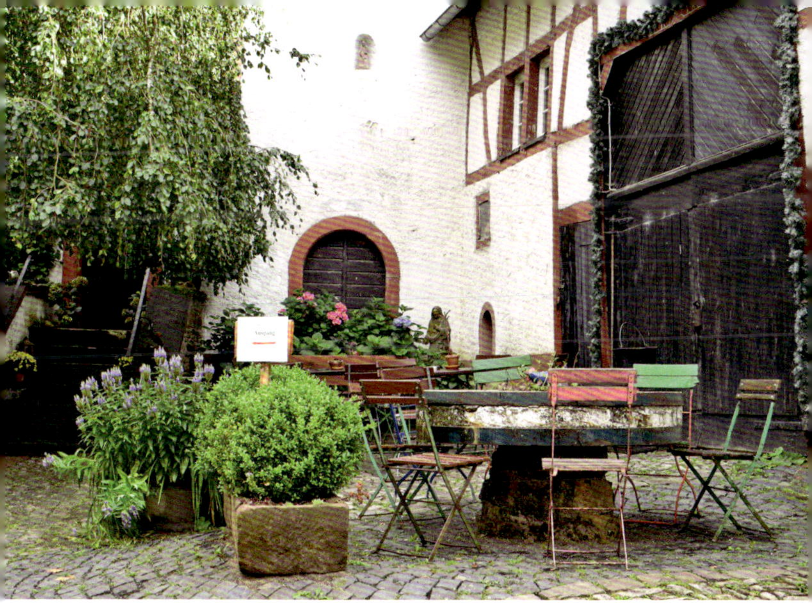

Nohner Mühle

☝ ↳ Dieser ist selbst an trockenen Tagen nur für trittsichere Menschen geeignet. Alternativ können Sie am Wasserfall die **Treppe** hinauf zur alten Bahntrasse gehen und ihr nach links folgen oder unmittelbar vor dem Wasserfall dem breiten Spazierweg zur Nohner Mühle folgen.

Auf dem Uferpfad bleiben Sie, bis er kurz vor einer Unterführung ❹ (Rettungspunkt 5606-202) auf den geteerten Weg der alten Bahntrasse stößt. Hier geht es geradeaus zur **Nohner Mühle** (➲ 200 m).

☕ Nohner Mühle, ☏ 026 96/13 14, ➲ 200 m, Sa, So, Fei 12:00-19:00, die frischen Waffeln sind köstlich!

🛏 Pension Blumenthal, Nohner Mühle 1, 54578 Nohn, ☏ 026 96/347, ➲ 200 m, 8 Betten, Ü EZ € 30 DZ € 55, 🐕 nach Absprache

Der Eifelsteig führt 200 m vor der Nohner Mühle rechts durch die Bahnunterführung und dahinter links weiter auf dem Fuß- und Radweg. Hinter einer Einmündung von rechts und vor einer Furt durch den Ahbach gehen Sie rechts.

Auf einer Infotafel erfahren Sie, dass dies eine Station der Mineralquellen-Route von Daun zur Ahr ist. Hier verlassen Sie den Teerweg nach links über die Brücke.

Bauernhof Pension Fohnhof, Familie Ingenerf, Fohnhof 2, 54579 Üxheim, ☎ 026 96/520, ingenerfniederehe@freenet.de, ➲ 850 m auf diesem Teerweg geradeaus oder 270 m von der zweiten Brücke, 4 Betten, ÜF EZ € 23, DZ € 40, FeWo für 2 bis 4 Personen € 40-50

Hinter der Brücke wandern Sie nach rechts an einigen Teichen vorbei. Sie kommen zu einer weiteren Brücke über den Niedereher Bach, hier biegen Sie rechts ab und gehen sofort hinter dem Bach links den alten **Bahndamm** hinauf. Auf der alten Bahntrasse gehen Sie bis zu einer nach Üxheim führenden Straße (K74). Folgen Sie dieser nach links und über die K59. Nun gehen Sie über die Brücke über den Niedereher Bach, passieren den Sportplatz und das Spritzenhaus, biegen rechts in die Loogher Straße ab und am Ende der Klostermauer rechts in die Gartenstraße.

Klosterkirche Niederehe

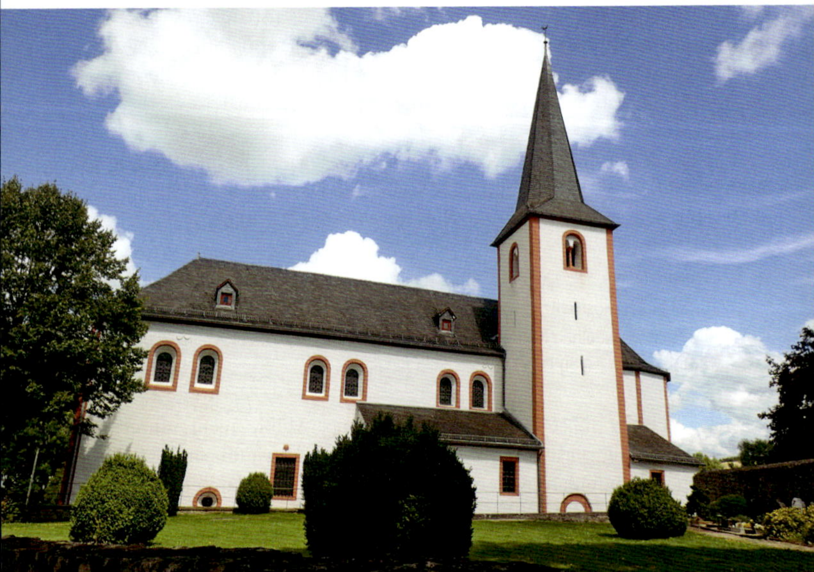

Sie gehen entlang der Friedhofsmauer in die Kerpener Straße, dabei passieren Sie die **Klosterkirche ❺** und die Hotels.

Üxheim-Niederehe 54579, 460 Einw.

Landgasthof Schröder, Kerpener Straße 7, ☏ 026 96/10 48, www.landgasthof-schroeder.de, info@landgasthof-schroeder.de, am Weg, 10 Betten, Mo, Di Ruhetag, ÜF EZ € 55, DZ € 90 ab 2 Nächten (eine Nacht nur auf Anfrage), Kaminzimmer, Pilsstube, Vinothek, Freiterrasse, Liegewiese,

Niedereher Mühle, Kerpener Straße 4, ☏ 026 96/931 45 46, am Weg, 32 Betten, ÜF EZ € 40, DZ € 70, am Wochenende mindestens zwei Nächte, Getränkekühlschrank für die Gäste auf Vertrauensbasis, @ (Dorf-WLAN)

♦ Eichenhof, Familie Hens, Eichenhof, ☏ 026 96/12 14, www.eichenhof-urlaub.de, eichenhofhens@t-online.de, 750 m, 9 Ferienwohnungen und Schwedenhäuser auf einem Bauernhof in Alleinlage, 3-6 Betten, in der Saison nur wochenweise, außerhalb der Ferien auch Einzelnächte möglich, Preise dann nach Absprache, € 7 extra pro Nacht, Streicheltiere, Garten, Grillplatz, @

♦ Ferienwohnung Thiele, Rosemarie Thiele, Auf der Lay 17, ☏ 026 96/831, www.fewo-thiele.de, rosi_thiele@web.de, 400 m, am Waldrand gelegene Ferienwohnung für bis zu 4 Personen mit Kaminofen, Garten, Terrasse und Grillplatz, für 2 Personen pro Nacht € 50, 3.+4. Person je 10 € pro Nacht pro Person + einmalig Bettwäsche € 10 pro Person und € 45 Endreinigung, Bettwäsche 10 € pro Person, € 5, mind. 2 Nächte, @

Die Tomate, Im Auel 3, ☏ 026 96/93 18 40. Die Tomate ist eigentlich ein beliebter Pizza-Lieferservice. Wanderer sind aber herzlich willkommen, wenn es ihnen nichts ausmacht, im Stehen zu essen.

Busverbindungen nach Üxheim, Nohn, Gerolstein, Hillesheim, Berndorf, Kerpen, Leudersdorf und Nollenbach

✝ Klosterkirche St. Leodegar. Das nach Plänen von 1162 ursprünglich als Augustinerinnenkloster geplante Bauwerk wurde 1175 erbaut, aber schon 50 Jahre später der Abtei Steinfeld zugeordnet. So wurde es Prämonstrantenserkloster, bis es 1803 unter Napoleon Bonaparte säkularisiert wurde. Das Chorgestühl aus dem Jahr 1530, die wertvollen Gemälde und die Balthasar-König-Orgel von 1715 locken bis heute zahlreiche Kunstinteressierte an. Dabei handelt es sich um die älteste spielbare Orgel in Rheinland-Pfalz, die Kirche ist heute Pfarrkirche für Niederehe.

Auf der Kerpener Straße queren Sie den Niedereher Bach und die K59 und gehen geradeaus weiter (Im Bungert). Hinter der Hausnummer 2 folgen Sie dem Pfad links einige Stufen bergauf zur alten Bahntrasse, dann laufen Sie nach links parallel zum Maschendrahtzaun. An einem Fels nehmen Sie links den Pfad bergab zu einem alten **Steinbruch** an der K59, dort gehen Sie nach rechts über einen Parkplatz.

Am Straßenrand überqueren Sie den **Nollenbach**. Nach etwa 50 m entdecken Sie einen nach rechts bergauf führenden Pfad, auf dem Sie sich von der Straße entfernen. An der eingezäunten Hütte geht es rechts weiter und hinter dem ersten Feld nach links auf die Burg Kerpen zu. An der ersten Wegkreuzung gehen Sie geradeaus, an der zweiten Kreuzung nach rechts und kurz darauf am Waldrand links.

Am Holzwegweiser zum Fritz-von-Wille-Grab steigen Sie links hinauf zum **Grabstein von Fritz von Wille**. Er ist allgemein als der Eifelmaler bekannt, seine Werke haben Sie möglicherweise auf der 14. Etappe im Blankenheimer Eifelmuseum betrachtet. 1860 in Weimar geboren, lebte er ab 1911 die letzten 30 Sommer seines Lebens in Kerpen, starb 1941 in Düsseldorf und wurde auf seinen Wunsch in einem frühmittelalterlichen Turm oberhalb der Burg bestattet.

An einer Bank mit Blick auf Kerpen und die Burg steigen Sie links die Stufen hinab, gehen hinter der letzten Stufe rechts und folgen dem Pfad bis zum oberen Burgtor. Davor gehen Sie links und im spitzen Winkel rechts durch das untere Burgtor hindurch. Die **Burg Kerpen** ist Privateigentum und kann aktuell nicht besichtigt werden.

Auf dem grasbewachsenen Parkplatz halten Sie sich immer an der Burgmauer und laufen auf die Kirche St. Sebastian und St. Stephanus zu. Kurz vor Ende des Burggeländes ergibt sich an einigen Infotafeln mit ⩚ Sitzgruppe eine gute Gelegenheit für ein Picknick. Vor der Kirche und dem Ehrenmal nehmen Sie geradeaus die Treppe zum Ort.

An der Bäckerei gehen Sie links in die Bachstraße und gleich darauf rechts (Am Hermesturm) bergauf, oberhalb von einem **Brunnen** und an einem Pranger (links an der Eulersteinerstraße) halb rechts vorbei und folgen der Fritz-von-Wille-Straße auch weiter, wenn sie vor einem gelben Haus nach links abknickt. Auf der rechten Seite können Sie sich neben einem Unterstand den Maler Fritz von Wille als ⌘ Denkmal ❻ anschauen.

Mysteriöse Klappen

Fragen Sie sich auch, wozu an vielen älteren Häusern hier in dieser Straße die Klappen in den Außenmauern dienen? Der Kerpener Bürgermeister Rudolf Raetz konnte mir diese Frage beantworten: Das sind ehemalige Hühnerlöcher. Die Hühner gingen über eine Leiter in den Stall. Der Erhalt der Hühnerlöcher zeigt, dass die Fassade und damit die alte Bausubstanz der ehemaligen Wirtschaftsgebäude beim Umbau zu Wohnhäusern völlig erhalten geblieben sind, worauf die Verantwortlichen in der Gemeinde großen Wert legen. Die Hühnerlöcher sind also quasi Vorläufer der modernen Katzenklappen, mit denen es die Tierhalter sich selbst und ihren Haustieren im täglichen Leben ein wenig bequemer machten. Heute werden sie zum Teil als Briefkästen genutzt.

Kerpen 54578, 470 Einw.

Die Einkehr, Herberge & Hoflokal, Bachstraße 2, 065 93/309 96 00, www.die-einkehr.de, info@die-einkehr.de, am Weg, 12 Betten, ÜF EZ € 90-120, DZ € 110-200, DBZ € 180-220, Mindestaufenthalt von 2 Nächten am Wochenende und 3-4 Nächten an Feier-/Brückentagen. Die Inhaber sind zertifizierte Wander-/Bergführer, helfen gerne und bieten auch geführte Wanderungen an.

Das kleine Landcafé, Fritz-von-Wille-Straße 8, www.daskleinelandcafe.de, Fr, Sa 12:00-22:00, Mi, Do, So, Fei 12:00-18:00. Sehr sympathische Gastleute bewirten Sie in der Station 6 des Eifelkrimi-Wanderwegs. Und zwar nicht nur mit Kuchen, sondern auch mit herzhafter Kartoffelsuppe, exotischem Chai Latte und knusprigem Flammkuchen. Im gemütlichen Biergarten oder in der Gaststube steht einmal im Monat Kabarett oder Musik auf dem Programm.

Busverbindungen nach Nollenbach, Leudersdorf, Gerolstein, Berndorf und Hillesheim

Burg Kerpen, etwa im 12. Jahrhundert gebaute Spornanlage auf drei Ebenen mit 23 m hohem Bergfried, Besichtigung nur von außen möglich

Am Denkmal biegen Sie rechts ab (Fritz-von-Wille-Straße). Hinter dem **Landcafé** folgen Sie der linken Straße (Auf dem Stilsdorf) und deren Verlängerung bis zu einer Schnellstraße (L10). Sie können die Straße ebenerdig auf einem Trampelpfad kreuzen, sicherer ist der Weg durch die Unterführung links. In jedem Fall führt der Weg weiter durch die Wiesen bergauf.

Wenn es an einem Acker geradeaus nicht mehr weitergeht, gehen Sie rechts an einer Baumhecke entlang. Queren Sie einen Feldweg und bleiben Sie am rechten Feldrand. An einem Nadelwäldchen gehen Sie vorbei und hinter der Rechtskurve an einem Hochsitz links bergauf. Vor dem Warnschild „Sprengarbeiten“ gehen Sie links am Fuß der traurigen Reste des **Weinbergs** entlang. An der Infotafel sehen Sie, dass der Weinberg als ehemaliger Steinbruch nicht nur Station des Geo-Pfades ist, sondern auch Schauplatz eines Eifelkrimis war und deshalb auch Station des Eifelkrimi-Wanderwegs ist.

Am Ausgang des Steinbruchs gehen Sie links den Feldweg hinauf, passieren einen weiteren Steinbruchzugang und wandern dahinter mit dem Eifelkrimi-Wanderweg etwa 600 m bergab. Wenn die ersten Häuser von Berndorf in Sicht kommen nehmen Sie an einer Gabelung den linken Weg. Er führt zu einer Wegkreuzung, hier biegen Sie links ab und folgen dem geschotterten Feldweg leicht bergab. Hinter der Koppel am **Tannenhof** biegen Sie in die erste Straße nach rechts (sie heißt zunächst Zum Tannenhof, dann Birkenstraße) ein und orientieren Sie sich in Richtung der Kirchtürme. Die Birkenstraße endet an der K59. Dahinter heißt sie Kirchstraße.

Berndorf

54578, 490 Einw.

Otto Leuer, Birkenstraße 1-3, 065 93/85 53, www.ottoleuer.de, info@otto-leuer.de, am Weg, 15 Betten, Ferienhaus, FeWo & Gästezimmer, ÜF ab € 49, Platz für ein Zelt, @

Busverbindungen nach Hillesheim, Kerpen und Gerolstein

Wehrkirche. Die Kirche geht auf 1121 zurück und wurde 1515 umgebaut. Der wehrhafte Bau mit den kleinen Fenstern und den mächtigen Wänden wurde zudem durch einen Graben, einen Wall und eine Mauer geschützt.

Die Kirchstraße verlassen Sie, um hinter der neuen Pfarrkirche den Fußweg hinauf zur alten **Wehrkirche** ❼ zu nehmen. Vor dem Friedhof gehen Sie links auf dem Grasweg mit den Kreuzwegstationen weiter, am anderen Ende des Friedhofs folgen Sie geradeaus dem Teerweg und biegen am Ende in die Straße Zur Wehrkirche.

Hier beginnt der Feldweg zum **Bubberg**, diesen müssen Sie aber nicht besteigen, der Weg führt links daran vorbei. Dabei gehen Sie am Waldrand den Weg links von der Schranke bergab.

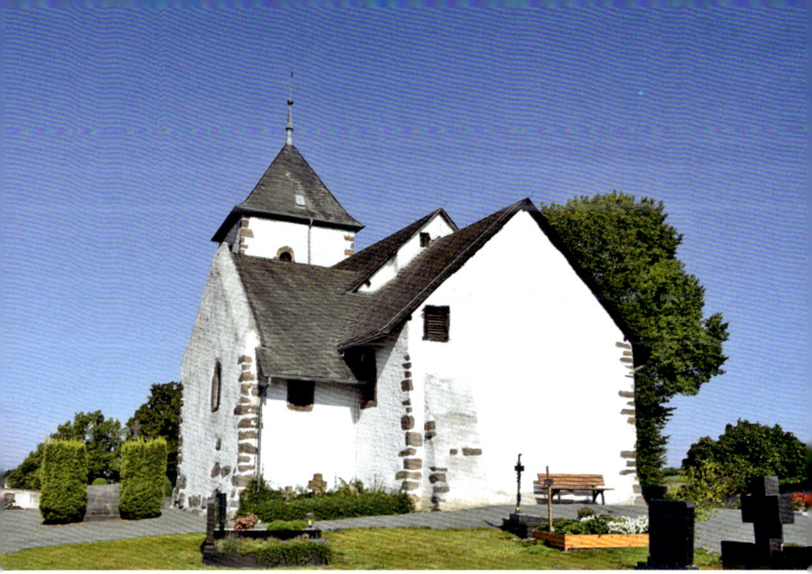

Wehrkirche in Berndorf

Den **Berndorfer Bach** überqueren Sie auf der Straße nach links und gehen etwa 50 m dahinter rechts auf den bewaldeten **Mahlberg** zu. Am Waldrand wandern Sie links um den Berg und rechts-links an einer Hecke bis zu einem Sträßchen. Dort gehen Sie nach rechts und nach 90 m nehmen Sie an einer Sitzbank links den Feldweg. Bald schon erreichen Sie einen Sendemast und die ⌂ **Schutzhütte Schwedenschanze**, hier folgen Sie dem Teerweg nur bis zur Kurve, danach bringt Sie ein Grasweg ins Tal. Gehen Sie durch die Unterführung und dahinter geradeaus.

An der St. Antonius Kapelle führt der Weg rechts weiter, am Straßenschild Auf der Lahn laufen Sie den nach links führenden Weg mit den roten Barrieren hinab. Unten wandern Sie rechts auf dem Gehweg neben der B421 (Koblenzer Straße) zur Ortsmitte.

Das Kriminalhaus

In den historischen Gemäuern des alten Gebäudes am Markt, mitten im gemütlichen Eifelstädtchen Hillesheim, geht es ausschließlich um Krimis. Wie soll es auch anders sein in einem Landstrich, dessen literarische Leichen, erfunden von Krimi-Altmeister Jacques Berndorf und seinen Autorenkollegen, längst zum Markenzeichen geworden sind?

Buchhändlerin Monika Kramp und Krimiautor Ralf Kramp haben hier ihren Traum verwirklicht und haben mitten in der Eifel einen unverwechselbaren Anziehungspunkt für die Liebhaber der Kriminalliteratur geschaffen.

Neben der **Buchhandlung Lesezeichen** mit ihrem bestens sortierten Krimi-Kabinett lädt Sie das **Café Sherlock** ein: das erste Krimicafé Deutschlands. Im Dachgeschoss reiht sich in riesigen Regalen Buch an Buch. Das Deutsche Krimiarchiv ist als Sammlung einzigartig im deutschsprachigen Raum. Es umfasst etwa 30.000 Bände und bietet dem Krimikenner in bibliophiler Atmosphäre die Möglichkeit, in seiner Lieblingslektüre zu stöbern. Das Archiv ist Treffpunkt für Fachleute und Versammlungsort für Vereine und Zirkel, die sich in Europa der Kriminalliteratur verschrieben haben. Wer sich die Wendeltreppe hinauf wagt, darf die umfangreiche Sammlung von seltenen Krimi-Spielen aus aller Welt ansehen und sogar ausprobieren.

Im Seitentrakt schließlich ist der **KBV-Krimiverlag** beheimatet. Seit über 20 Jahren beschäftigt man sich hier mit spannender Kriminalliteratur deutscher Autoren. Es gibt wohl keinen Verlag, der ein breiteres Sortiment von Krimis aus der Eifel anzubieten hat. Aber auch aus den übrigen Teilen des deutschsprachigen Raumes kommen die namhaften Autoren des Verlagshauses.

Hillesheim

BANK

54576, 3.200 Einw.

Gästebeitrag € 1,50

Tourist-Information Hillesheim, Am Markt 1, 065 91/13 33 00, www.gerolsteiner-land.de, touristik@hillesheim.de, Mo-Fr 9:00-16:30, Sa 9:00-13:00

Hotel Augustiner-Kloster, Augustinerstraße 2, 065 93/98 08 90, www.hotel-augustiner-kloster.de, info@hotel-augustiner-kloster.de, 150 m, 104 Betten, ÜF EZ € 89-149, DZ € 129-179, € 10. Hotelgäste nutzen kostenlos das KlosterSPA mit Sauna, Dampfbad, Tepidarium und Schwimmbad. @

♦ Das Krimihotel, Am Markt 14, 065 93/98 08 96 00, www.krimihotel.de, info@krimihotel.de, 80 m, ÜF EZ ab € 69, DZ ab € 89, € 15. Mit den verschiedensten Angebotspaketen und einem Escaperoom für einen spannenden Abend, kriminell gut! @

Hotel garni Zum Amtsrichter, Kölner Straße 10, ☏ 065 93/985 70, www.amtsrichter.de, zum-amtsrichter@hotmail.com, ➲ 200 m (Ortsmitte: rechts in Kölner Straße), 16 Betten, ÜF EZ ab € 49, DZ € 88. Sie schlafen in den Zellen des 150 Jahre alten „Königlich Preußischen Amtsgerichts zu Trier in Hillesheim". Nach Schließung des Gerichts 1967 wurden die Zellen zu Schlafräumen, die Schreibstube zum Restaurant, der Gefängnishof zum Garten und der Keller zur Bar. Nichtraucher-Zellen,

♦ Gästezimmer Kloep, Am Markt 10, ☏ 065 93/80 92 44, ferienwohnung-kloep-hillesheim.de, fam.kloep@t-online.de und info@gaestehaus-kloep.de, ➲ 50 m, ÜF EZ ab € 45, DZ ab € 72,

Café Sherlock, im Kriminalhaus, Mi-So+Fei 10:00-18:00, Mo, Di Ruhetag, außer an Feiertagen und in den Ferien. Hier kann man inmitten des gemütlichen antiken Mobiliars, zwischen Mordwaffen und Kerzenleuchtern in aller Ruhe seine „Chocolat Poirot" schlürfen oder „Miss Marple's Teatime" genießen. Der Kuchen ist selbst gebacken, die Kaffee-Spezialröstung heißt hier „Schwarzer Tod", und die großen Detektive der Weltliteratur sind allgegenwärtig: in Fotografien und in Gemälden, in Ausstellungsstücken aus Kriminalfilmen und sogar als lebensgroße Puppen.

Jeden 1. und 3. Donnerstag im Monat ist von 8:00-13:00 Markttag in Hillesheim. Die Zeiten großer Viehmärkte sind nach BSE und MKS leider vorbei, aber auch der verbliebene Teil des Marktes ist sehenswert!

♦ Outdoor am Eifelsteig, Augustinerstraße 1a, www.outdoor-eifelsteig.de, gut sortierter Outdoorladen mit großartiger Beratung

Busverbindungen nach Neunkirchen, Daun, Gerolstein, Roth, Dohm-Lammersdorf, Bolsdorf, Mirbach, Niederehe, Kerpen, Nollenbach und Leudersdorf

In Hillesheim-Oberbettingen, ➲ 2,4 km, RE12, RE22, RB24, RB83 nach Trier, Köln und Gerolstein

Taxi Christen ☏ 065 93/260, Taxi Trauden, ☏ 065 93/98 91 98

⌘ Deutsches Kriminalarchiv, im Kriminalhaus

♦ Am Markt 5-7, 54576 Hillesheim, ☏ 065 93/998 96 20, Mi-So 10:00-18:00

Hillesheim ist eine der schönsten Städte am Eifelsteig. Vermutlich wurde es bereits in fränkischer Zeit gegründet. Die zum Teil noch erhaltene Stadtbefestigung mit ihren Türmen und Wehrgängen entstand im 13. Jahrhundert. Heute ist Hillesheim ein munteres Marktstädtchen, das sich rühmt, das Zentrum der Eifelkrimi-Szene zu sein.

9. Etappe: Hillesheim – Gerolstein

20,3 km, 6 Std. 30 Min., 415 m, 489 m, 263-564 m

0,0 km	441 m	Hillesheim, Touristenbüro
2,7 km	395 m	Bolsdorf
4,7 km	378 m	Dohm
7,1 km	517 m	Heimatblick
9,7 km	524 m	Drachenhöhle
11,1 km	511 m	Schäferhof
13,8 km	389 m	Stausee Gerolstein
14,7 km	432 m	Auberg
16,6 km	458 m	Munterley
17,4 km	496 m	Buchenlochhöhle
20,3 km	373 m	Gerolstein

Der heutige Wandertag hat einen fantastischen Spannungsbogen. Er beginnt mit einem Spaziergang durch das Bolsdorfer Tälchen, führt durch Wiesen und Weiden nach Dohm und bietet auf dem Wolfsbeuel einen ersten Höhepunkt mit weiten Ausblicken. Auf dem Rother Kopf erkunden Sie alte Mühlsteinhöhlen und genießen weitere Panoramablicke. Hinter dem Gerolsteiner Stausee wandern Sie durch die Gerolsteiner Dolomiten mit faszinierenden Felsen, Höhlen und Aussichten, bevor Sie die durch ihr gutes Mineralwasser bekannte Stadt Gerolstein erreichen.

Hinter der Touristeninformation biegen Sie am **Café Sherlock** (im Kriminalhaus) links in die Fußgängerzone (Graf-Mirbach-Straße) ein. Auf der linken Seite des Bürgerbüros gehen Sie geradeaus, passieren die Kirche St. Martin und biegen am **Burgbrunnen** links in die Burgstraße ein.

In einer Linkskurve folgen Sie dem Fußweg geradeaus, passieren die idyllischen Ruinen der **Stadtmauer**, gehen an der Grundschule nach rechts, dahinter nach links und rechts die Stufen hinab. Unten gehen Sie nach rechts und vor dem Spielplatz nach links. Sie überqueren eine Brücke über den Wirkelbach und gehen am Haus Nummer 15 links am Sportplatz entlang.

Hier erreichen Sie das **Bolsdorfer Tälchen**. Schon seit jeher ist das Bachtal zwischen Hillesheim und Bolsdorf ein beliebtes Wanderziel der Hillesheimer und ihrer Urlaubsgäste. Hier fehlt es an nichts: Teiche, Biotop, Barfußpfad, Forstlehrpfad und Infotafeln zu den verschiedenen Erdzeitaltern, die hier im Bolsdorfer Tälchen vertreten sind.

Hinter dem **Infopavillon** laufen Sie links und vor einem kleinen See nach rechts. An der nächsten Gabelung gehen Sie nach links und sofort hinter der Sitzgruppe links auf einem Teerweg weiter.

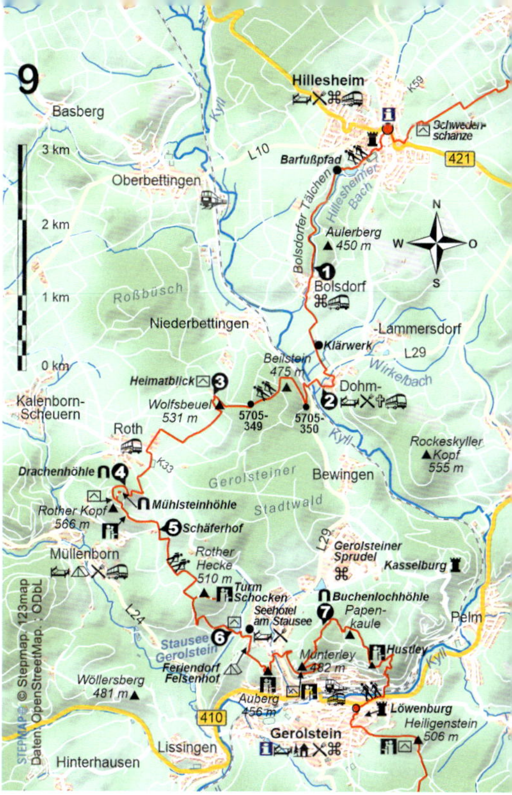

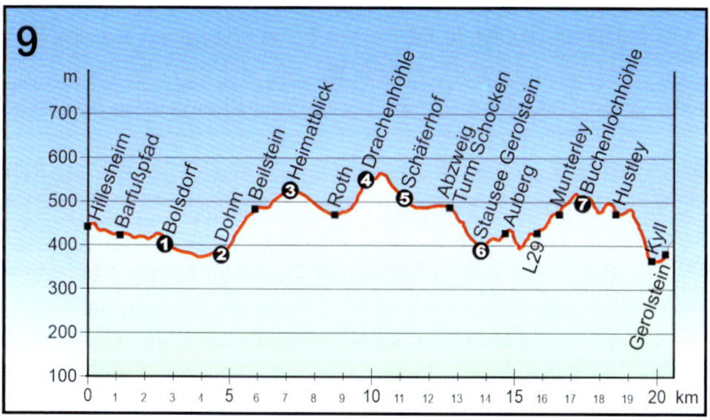

Den verlassen Sie an einer Dreiergabelung nach links auf einem Schotterweg parallel zum Barfußpfad. Vor der Brücke gehen Sie rechts und bleiben ab der kommenden Gabelung links im Tal des Hillesheimer Bachs bis Sie das Kleine Museum ❶ in **Bolsdorf** 🚌 erreichen.

⌘ In der ehemaligen Feldscheune zeigen verschiedene Szenen den Alltag der Dorfbevölkerung bei Landwirtschaft, Handwerk, Schule, Haushalt und Brauchtum.

♦ Kleines Museum Bolsdorf, April-Sep 1.+3. So 14:00-17:00 oder ganzjährig mit Anmeldung schmitz-bolsdorf@web.de

Gehen Sie nun geradeaus (Im Bachgarten) und am Spritzenhaus links des Hillesheimer Baches weiter auf dem Feldweg. An der nächsten Brücke laufen Sie nach links und nach etwa 30 m nach rechts. Folgen Sie dem Teerweg durch eine Linkskurve, vor der Baumreihe gehen Sie an einer einzelnen Weide rechts auf einen Schotterweg. Hinter der Baumreihe gehen Sie nach links und passieren ein Klärwerk. Vor der Straße nehmen Sie scharf rechts den Grasweg, er bringt Sie links durch eine Unterführung und dahinter geradeaus hinauf nach **Dohm**. An der Hauptstraße gehen Sie nach rechts und folgen vor der Kirche Hl. Remigius der linken Straße, sie macht einen Rechtsbogen zu **Müllisch's Hof** ❷.

Dohm-Lammersdorf 🛏 ✕ ✝ 🚌 ✉ 54576, 190 Einw.

🛏 ✕ Hotel & Restaurant Müllisch's Hof, Hauptstraße 2, ☏ 065 93/998 74 20, www.muellischshof-eifel.de, info@muellischshof-eifel.de, ➲ am Weg, 12 Betten, ÜF EZ € 60, DZ € 90, € 5, € 6,50, gute Eifelküche, Biergarten, ⛺ nach Absprache möglich, @

🚌 Busverbindungen nach Hillesheim mit Haltepunkten in Dohm und Lammersdorf

✝ Beide Kapellen in diesem Doppelort sind schön: St. Remigius in Dohm und St. Lukas Evangelist in Lammersdorf.

Sie überqueren den Hillesheimer Bach ein letztes Mal und erreichen kurz hinter dem Ortsende die L29. Folgen Sie ihr nach links und überqueren Sie mit ihr die **Kyll**. Vor der Bahnbrücke wechseln Sie die Straßenseite, um dort im Schutz der Leitplanke über die Bahnlinie und an der Kreuzung nach rechts zu gehen, bis ein Wegweiser links auf einen Forstweg zeigt.

Hier überqueren Sie vorsichtig die Straße und folgen dem Weg bergauf. Am Rettungspunkt 5705-350 folgen Sie dem Weg nach rechts.

An der nächsten Gabelung halten Sie sich links. Auf der Höhe des **Beilsteins** angekommen gehen Sie schräg nach rechts weiter bis zum nächsten Rettungspunkt (5705-349). Hier treffen sechs Wege aufeinander, Sie nehmen den Weg mit der Eifelsteig-Markierung, das ist der rechte der beiden bergauf führenden Wanderwege, kein Forstweg. Der Weg steigt stetig an, rechts haben Sie einen schönen Blick ins Tal und auf den Ort Niederbettingen.

Die ⌂ **Schutzhütte Heimatblick ❸** mit ihren Grillstellen ist groß genug für mehrere Wandergrüppchen. Hinter der Hütte folgen Sie links dem Pfad bergauf. Am Feldrand biegen Sie links ab und wandern nach etwa 80 m rechts zwischen den Äckern hinab zu einer Baumreihe. Dort nehmen Sie den linken, mit Gras bewachsenen Weg bergab. An der Weggabelung mit den beiden Teerwegen folgen Sie dem unbefestigten Feldweg nach rechts und biegen an der T-Kreuzung nach links ab.

In **Roth** 🚌 queren Sie die Durchgangsstraße, folgen dem Fußweg nach links bis kurz vor den Ortsausgang und gehen dort rechts am Sportplatz entlang bergauf auf den Rother Kopf zu. Auch hinter dem Sportplatz bleiben Sie auf der Verlängerung dieses Weges und biegen erst an dessen Ende nach links ab.

Hinter einem Wäldchen folgen Sie an einer Sitzbank den Wegweisern nach rechts bergauf. Links von Ihnen liegt ein Steinbruch. Wandern Sie bergauf und in einer Linkskurve zum Steinbruch, dort an einer Ruine rechts. Hier treffen Sie auf eine Infotafel zum Mühlsteinabbau im 13. Jahrhundert und eine ⩩ Rastgelegenheit. An der Infotafel können Sie sich entscheiden: Geradeaus kommen Sie zur Drachenhöhle und links zur Mühlsteinhöhle. Diese, wie auch die anderen Höhlen rechts und links des Weges, dürfen erkundet werden, es lohnt sich also, den Rucksack immer wieder kurz abzulegen. Das Ganze geschieht selbstverständlich auf eigene Gefahr. Eine Taschen- oder Stirnlampe ist hilfreich - und passen Sie auf, dass Sie sich nicht den Kopf stoßen!

⇘ Der etwas längere Weg an der ∩ **Drachenhöhle** führt geradeaus auf dem Forstweg weiter. Er macht einen Linksbogen auf eine Gabelung zu, dort nehmen Sie den linken Weg, er ist auch als Felsenweg markiert. Nachdem Sie den Rother Kopf zu mehr als drei Vierteln umrundet haben, erreichen Sie eine ⌂ Schutzhütte mit schönem Blick hinab nach Müllenborn.

Etwas pfadiger und rauer ist der hier empfohlene Weg, für den Sie vor (!) der Drachenhöhle nach links gehen. Nach 15 m folgen Sie rechts dem Pfad an der ∩ **Mühlsteinhöhle ❹** vorbei bergauf bis zum Waldweg, dort links. Hier in diesem Waldstück liegen noch einige verwitterte Mühlsteine auf dem Waldboden. Sie wurden damals von den Arbeitern der Mühlsteinhöhlen als mindere Qualität gewertet und gar nicht erst aus dem Wald gebracht. An der Schutzhütte treffen die Wege wieder zusammen.

Am Rundblick **Rother Kopf** folgen Sie rechts dem Pfad bergab durch die Wiese, dann dem Teerweg rechts zum **Schäferhof ❺**. Am Hof gehen Sie geradeaus (rechts geht es nach Müllenborn).

Gerolstein-Müllenborn

➲ 1,3 km
54568, 490 Einw.

Kurtaxe max. € 1,50

Hotel Landhaus Müllenborn, Auf dem Sand 45, ☏ 065 91/958 80, www.landhaus-muellenborn.de, info@landhaus-muellenborn.de, ➲ 400 m, 40 Betten, 2 WoMo-Stellplätze, ÜF EZ € 65-70, DZ € 120, je nach Größe € 10-15, idyllisch auf einer Anhöhe liegendes Landhaus mit Panoramablick, Lesezimmer, gratis Sauna und Dampfbad, @

Campingplatz Oosbachtal, Müllenborner Straße 31, ☏ 065 91/74 09, www.camping-oosbachtal.de, camping-oosbach@t-online.de, ➲ 1,5 km, ganzjährig, mit Restaurant Oosbachschänke, 4 vollständig eingerichtete Mietwohnwagen mit Holzhaus-Vorbau ab € 45 pro Nacht, Zelt € 8,50 pro Person, Dusche € 1, (angeleint) @

Busverbindungen nach Gerolstein

Sie bleiben nicht lange auf dem Teerweg, schon dem ersten Feldweg folgen Sie links zu einem Wäldchen, das Sie auf seiner linken Seite passieren. Dahinter gehen Sie nach rechts auf einen Feldweg und folgen hinter dem Waldende links einem Grasweg bergab zu einem weiteren Wäldchen. Am Strommast gehen Sie nach links und vor dem Wäldchen/Wasserschutzgebiet rechts das Feld hinauf. Wenn der Weg auf einen Schotterweg trifft, gehen Sie nach links weiter.

Der Hügel links voraus heißt Rother Hecke. Wer noch Elan hat, schaut sich den Turm Schocken und den Blick auf die Umgebung an, ➲ 300 m.

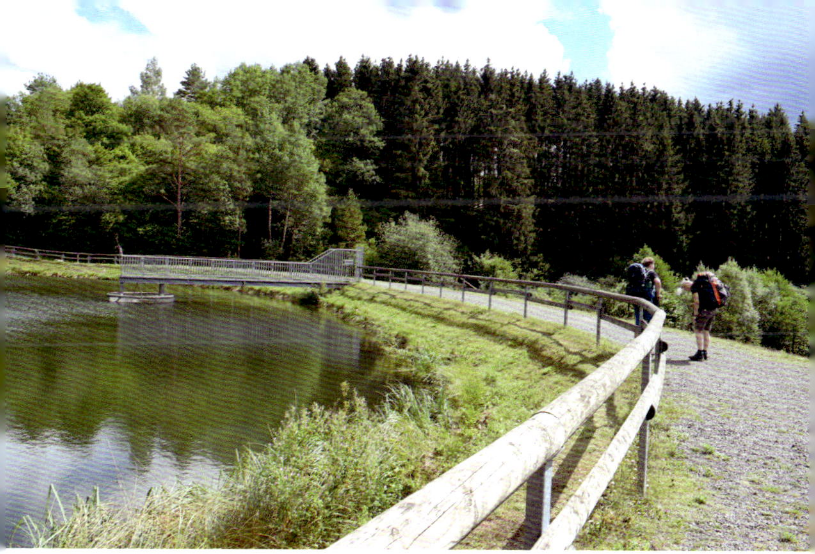

Gerolsteiner Stausee

An dem Wegweiser gehen Sie den Teerweg rechts hinab und nehmen nach etwa 60 m den Pfad nach links. Am Wasserbehälter geht es links auf einem Wirtschaftsweg weiter. Nach etwa 150 m folgen Sie dem Pfad nach rechts, er führt zwischen Bäumen und Schlehenbüschen über eine Naturwiese bergab zu einem Feldweg. Folgen Sie diesem für etwa 120 m nach links, dann biegen Sie rechts ab. Dieser Weg bringt sie nun zum **Gerolsteiner Stausee** ⍓ ❻. Gehen Sie rechts über die Staumauer, dann geradeaus bergauf. Am ✕ Stausee-Terrassen-Café folgen Sie dem Pfad nach rechts und gehen an dessen Ende auf dem Wirtschaftsweg nach links hinauf zur Straße Am Stausee.

🛏✕ Seehotel am Stausee, Am Stausee 2, 54568 Gerolstein, ☎ 065 91/222, 💻 www.seehotel-am-stausee.de, ✉ info@seehotel-am-stausee.de, ➲ am Weg, 102 Betten, ÜF EZ ab € 69,50, DZ ab € 107, Kaminzimmer, Hallenbad, Sauna € 8, Dampfbad @ 🍎 🚗

⛺ Feriendorf Felsenhof, Am Stausee, 54568 Gerolstein, ☎ 065 91/31 29, 💻 www.felsenhof.de, ✉ info@felsenhof.de, ➲ am Weg, 🚪 Mai-Okt, 60 Bungalows (mind. 2 Nächte) und 25 Stellplätze am Auberg, 5 davon mit Sitzgelegenheiten für Wanderer, Stellplatz 1 Person € 14,50, 2 Personen € 20, Sanitärgebäude mit Du/WC, Minigolf, Streichelzoo, @ 🗄 🍷

Folgen Sie der Straße Am Stausee nach rechts und durch die Feriensiedlung. Am Ferienhaus mit der Nummer 15 gehen Sie auf dem Grasweg links auf den **Auberg** zu. Diese auffällige Felsformation wurde anfangs vom Eifelsteig rechts auf einem Pfad umlaufen (was auch immer noch möglich, an regnerischen Tagen sogar zweckmäßig ist). Der markierte Weg führt inzwischen aber geradeaus bergauf zum Gipfel der Felskuppe. Nach einem Abstecher zur Aussichtskanzel müssen Sie sich beim Abstieg zwischen Hecken sehr konzentrieren, um den abenteuerlichen Weg nicht zu verfehlen oder gar zu stürzen. Halten Sie sich an einer Einmündung geradeaus. Vor einer Weide folgen Sie dem Pfad rechts hinab zur Straße Am Auberg. Hier biegen Sie links ab, gehen nach etwa 80 m nach rechts (Zum Sandborn) über den Peschenbach und schräg rechts zu einem Wartehäuschen an der Lindenstraße.

Gerolstein ist noch lange nicht erreicht, Sie haben noch eine Wanderung durch die Gerolsteiner Dolomiten vor sich, für die Sie etwa 2 Stunden einplanen sollten. Nach rechts ist die Gerolsteiner Stadtmitte noch ➲ 1,3 km entfernt.

Pension Am Auberg, Lindenstraße 32/47, 54568 Gerolstein, ☏ 065 91/811 20, 01 71/779 39 63, pension-auberg@t-online.de, ➲ 140 m, 25 Betten in der Pension und 2 FeWo ( ), ÜF € 20-35, Platz für 2-3 Zelte, Wegstreckenberatung, @ (auch zum Schwimmbad und zum Einkaufen)

Busverbindungen nach Gerolstein

Links neben der Bushaltestelle auf der anderen Straßenseite der L29 gehen Sie unterhalb des Dolomitfelsens drei Stufen und einen Pfad steil bergauf. Sie können sich hier am Wegweiser zur Munterley orientieren. Nach 120 m biegen Sie scharf rechts auf einen Pfad ab, der genau unterhalb der Felsen verläuft. Selbst die dicken Betonsicherungen nehmen mir hier die Gänsehaut nicht, wenn ich zu diesen beeindruckenden Felsmassen hinaufschaue, die kaum Halt im Boden zu haben scheinen. Der äußerste Brocken heißt wohl auch nicht ohne Grund **Drohende Ley** ...

Der Eifelsteig führt an der nächsten Gabelung auf dem der Stadt abgewandten, also linken, Pfad weiter. Man beachte die Scheinwerfer, diese Felsen werden nachts beleuchtet! Hier können Fotografen im März von zahlreichen Veilchen, Naschkatzen im Sommer von süßen Walderdbeeren am zügigen Weiterwandern gehindert werden.

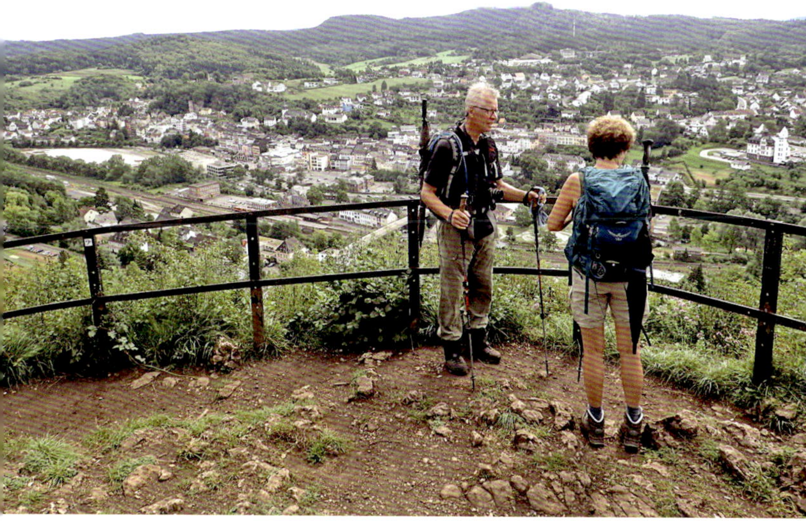

Aussicht von der Munterley

Ignorieren Sie den Pfad von hinten rechts und gehen Sie unterhalb der Felsen geradeaus. Der Weg schwenkt nach links und führt bergauf. Auf der Höhe gehen Sie geradeaus zur Munterley und ihrer ⌂ Schutzhütte. Am Aussichtspunkt gehen Sie nach rechts, an der nächsten Kreuzung geradeaus Richtung Buchenloch/Papenkaul. Direkt vor einem mit Moos bewachsenen Felsen gehen Sie links in Serpentinen bergauf und geradeaus bis zu einem unscheinbaren Pfad nach links.

Kurz vor einem Aussichtspunkt gehen Sie rechts auf einen weiteren Felsen zu. Nach ein paar Stufen erreichen Sie die ∩ **Buchenlochhöhle ❼**, in der nicht nur unsere Vorfahren, sondern auch Wollnashörner und Höhlenbären Witterungsschutz suchten.

Gehen Sie geradeaus auf die Infotafel zu und dort links. Der Pfad schlängelt sich nun durch niedrigen Wald und Buschland. An einer T-Kreuzung wenden Sie sich nach links und biegen gut 100 m dahinter nach rechts auf einen Wiesenweg ab, der zunächst kurz am Kraterrand der **Papenkaule**, danach durch ein Waldstück auf einen ⛼ ⌂ Rastplatz mit Schutzhütte zuführt.

Wenn Sie den Teerweg erreichen, folgen Sie diesem nach links bis zu einer Schranke, dort wandern Sie auf einem Grasweg nach rechts zu einem Nadelwald. Sie kommen zur **Hustley** mit einer Sitzgruppe und Aussicht auf Gerolstein. Dahinter gehen Sie an der Gabelung auf dem linken Weg zum Zedernwald, nach etwa 300 m geht es rechts in den Wald hinein.

Bald geht es steil bergab und Sie passieren einen Felsen auf dem unteren Weg. Vor einem einzelnen Felsen gehen Sie nach links. Kreuzen Sie den breiteren Weg um 20 m nach rechts versetzt und nehmen Sie nach weiteren 20 m den Pfad rechts bergab. Ignorieren Sie alle anderen Pfade, Ihrer führt rechts von einem Haus entlang. Sie gehen auf der Straße rechts und sofort gegenüber der Hausnummer 51b halb links. Auf der so genannten Eselsbrücke überschreiten Sie die Gleisanlage und die **Kyll**. Nicht dass Sie sich in ein paar Tagen wundern: Die Kyll fließt von Gerolstein nach Süden über Birresborn und Kyllburg, dann östlich von Bitburg nach Kordel, wo Sie den Fluss noch einmal vor seiner Mündung in die Mosel wiedersehen werden.

Überqueren Sie auch die B410 (Brunnenstraße) und gehen Sie nach rechts in den Ort hinein. Nach 250 m halten Sie sich halb links und laufen – gegen die Einbahnstraße – die Mühlenstraße hinauf. Das heutige Etappenziel ist die Kreuzung am Beginn der **Einkaufsstraße** (Hauptstraße).

Gerolstein

BANK

54568, 7.800 Einw.

Kurtaxe max. € 1,50

Touristik GmbH Gerolsteiner Land, Bahnhofstraße 4 (im Bahnhof), 065 91/13 31 00, www.gerolsteiner-land.de, touristinfo@gerolsteiner-land.de, 500 m, Mai-Sep Mo-Fr 9:00-17:00, Sa 9:00-13:00, So/Fei 10:00-13:00, Okt-April Mo-Fr 9:00-16:00

Hotel Löwenstein, Zur Büschkapelle 5, 065 91/81 93 90, www.loewenstein-hotel.de, rezeption@loewenstein-hotel.de, 600 m, 68 Betten, ÜF EZ ab € 65, DZ ab € 100, € 15. Das Hotel liegt am Waldrand mit einer grandiosen Aussicht auf das Gerolsteiner Riff. Bibliothek, Sauna, Wellness, Massage, @

Hotel & Gästehaus am Brunnenplatz, Raderstraße 7, 065 91/98 08 98, www.hotelambrunnenplatz.de, info@hotelambrunnenplatz.de, 100 m, 9 Zimmer, ÜF EZ ab € 60, DZ ab € 80, MBZ € 120, zentral gelegen, @

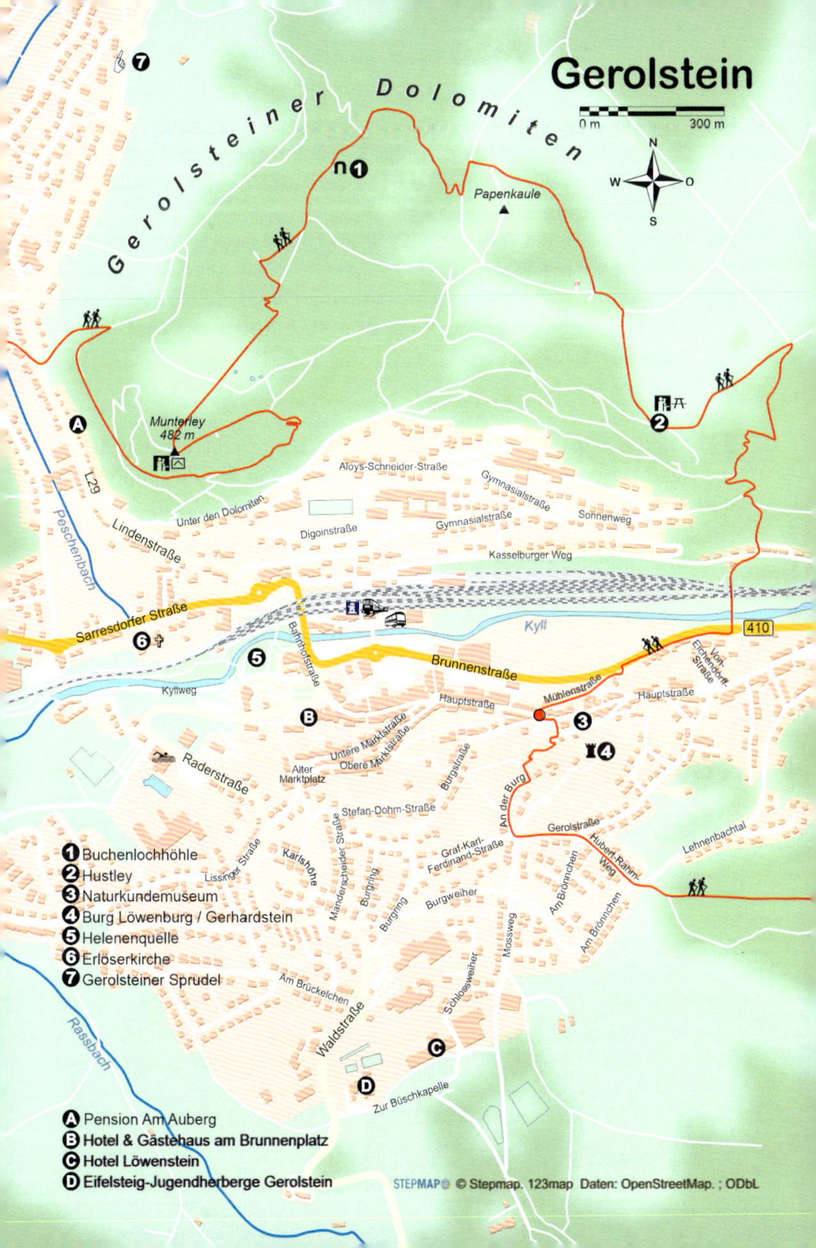

Gerolstein
0 m
300 m
N
W
O
S
Gerolsteiner Dolomiten
Papenkaule
Munterley
482 m
L29
Peschenbach
Aloys-Schneider-Straße
Gymnasialstraße
Unter den Dolomiten
Gymnasialstraße
Sonnenweg
Lindenstraße
Digoinstraße
Kasselburger Weg
Sarresdorfer Straße
Kyll
410
Bahnhofstraße
Brunnenstraße
Von-Eichendorff-Straße
Kyllweg
Hauptstraße
Mühlenstraße
Hauptstraße
Untere Marktstraße
Obere Marktstraße
Raderstraße
Alter Marktplatz
Burgstraße
An der Burg
Stefan-Dohm-Straße
Gerolstraße
Lehnenbachtal
Hubert-Rahm-Weg
Lissinger Straße
Karlshöhe
Manderscheider Straße
Graf-Karl-Ferdinand-Straße
Burgring
Burgring
Burgweiher
Am Brönnchen
Am Brönnchen
Mossweg
Schlossweiher
Am Brückelchen
Waldstraße
Rassbach
Zur Büschkapelle
1 Buchenlochhöhle
2 Hustley
3 Naturkundemuseum
4 Burg Löwenburg / Gerhardstein
5 Helenenquelle
6 Erlöserkirche
7 Gerolsteiner Sprudel
A Pension Am Auberg
B Hotel & Gästehaus am Brunnenplatz
C Hotel Löwenstein
D Eifelsteig-Jugendherberge Gerolstein
STEPMAP © Stepmap. 123map Daten: OpenStreetMap. ; ODbL

Eifelsteig-Jugendherberge Gerolstein, Zur Büschkapelle 1, ☏ 065 91/47 45, gerolstein@diejugendherbergen.de, 850 m, 172 Betten, ÜF EZ ab € 34, im DZ ab € 26, im MBZ ab € 21,40, € 5,50. Die Jugendherberge liegt am Waldrand oberhalb von Gerolstein. @

Hallen- und Freibad, Raderstraße 22, ☏ 065 91/45 38 (auch für Auskünfte zu Öffnungszeiten und Preisen)

Busverbindungen nach Roth, Dohm, Lammersdorf, Bolsdorf, Hillesheim, Berndorf, Niederehe, Kerpen, Nollenbach, Leudersdorf, Neroth, Neunkirchen, Daun, Manderscheid und Schalkenmehren

Taxi Ganser-Schoos, ☏ 065 91/51 52

Löwenburg, auch Burg Gerolstein oder Burg Gerhardstein genannt, erstmals 1115 erwähnt, 1670 durch Blitzeinschlag in den Pulverturm zerstört. Die Ruine ist frei zugänglich.

⌘ Gerolsteiner Sprudel: Die Sprudelfabrik kann besichtigt werden.

♦ Gerolsteiner Sprudel, Vulkanring, 54568 Gerolstein, www.gerolsteiner.de, Führungen für Spontanbesucher Mo-Fr 15:00

In Gerolstein

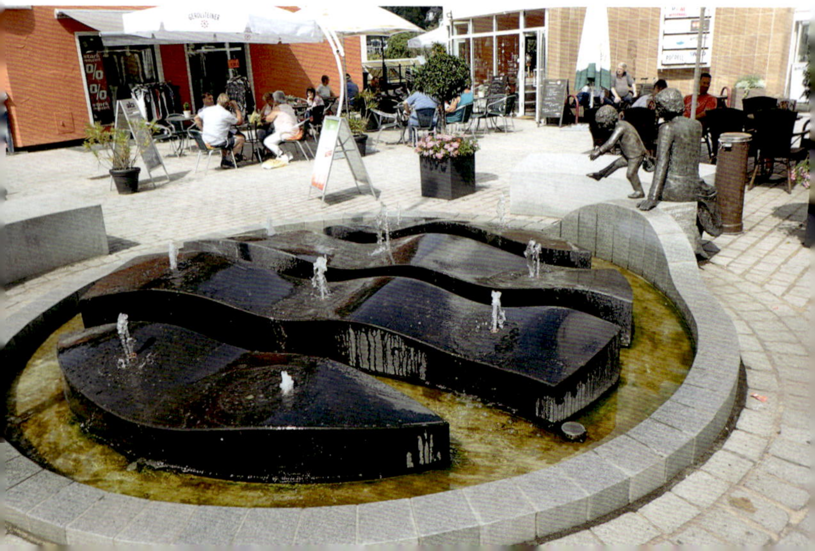

⌘ Naturkundemuseum

♦ Naturkundemuseum, Hauptstraße 42, 54568 Gerolstein, nkm-gerolstein.de

✞ Erlöserkirche, das 1913 eingeweihte Gotteshaus beeindruckt mit seinen großflächigen Goldmosaiken.

Die Archäologen sind sich sicher: Schon in der Altsteinzeit lebten Neandertaler in der Buchenlochhöhle, auch aus der Bronze- und Römerzeit gibt es Siedlungsspuren. Seinen Namen hat der Ort von der Burg Gerhardstein, die heute oft auch Löwenburg genannt wird. Der Luftkurort Gerolstein ist wegen seiner guten Bahnanbindung auch ein beliebter Fremdenverkehrsort. Viele Tagesausflügler kommen für Tageswanderungen oder Radtouren nach Gerolstein, aber auch um Fossilien zu sammeln oder um das Wasser des Gerolsteiner Brunnens zu kosten.

10. Etappe: Gerolstein – Daun

23,8 km, 8 Std., ↑ 706 m, ↓ 581 m, ⇧ 373-652 m

0,0 km	⇧ 373 m	Gerolstein ⌘
1,5 km	⇧ 498 m	Heiligenstein
2,6 km	⇧ 484 m	Büschkapelle ✞
4,7 km	⇧ 597 m	Dietzenley
7,6 km	⇧ 555 m	Jagdhaus Flemmingshöh
11,3 km	⇧ 496 m	Abzweig nach Neroth (⌘ 700 m)
15,2 km	⇧ 645 m	Nerother Kopf
20,2 km	⇧ 403 m	Neunkirchener Mühle
21,8 km	⇧ 516 m	Warth
23,8 km	⇧ 469 m	Daun ⌘

Frühstücken Sie vor dem Start gut, gleich am Anfang müssen Sie steil hinauf zur Löwenburg und zum Heiligenstein, später soll dann die Kraft noch reichen, um vom Aussichtsturm Dietzenley herrliche Fernblicke genießen zu können. Etwas erholsamer wird die Waldwanderung bis Neroth. Dort geht es dann zum Nerother Kopf hinauf, wo Sie eine Burgruine und eine Höhle ansehen können. Hinter Neunkirchen erreichen Sie nach einem knackigen Anstieg auf die Warth den Kurort Daun.

Für die weitere Eifelsteigwanderung ist es nicht nötig, durch die Fußgängerzone zu laufen, gehen Sie vor deren Beginn links an der Normaluhr vorbei die Treppe zur Löwenburg hinauf. Oben angekommen wenden Sie sich nach links, gehen dann an einem Haus mit drei Tannen auf der Fassade nach rechts. Scharf links finden Sie eine Rastmöglichkeit und den Weg zur Ruine der **Löwenburg**, der Weg führt weiter nach links in die Gerolstraße, danach halb rechts in den Hubert-Rahm-Weg.

Er bringt Sie bergauf in den Wald. An der Waldweggabelung gehen Sie nach links und an einer Infotafel rechts zwischen den Felsen des **Heiligensteins** bergauf. Der Weg führt links bergab ins Tal, der kleine Anstieg nach rechts lohnt sich aber bei klarem Wetter für einen Ausblick auf Gerolstein an der **Schutzhütte Burgblick**.

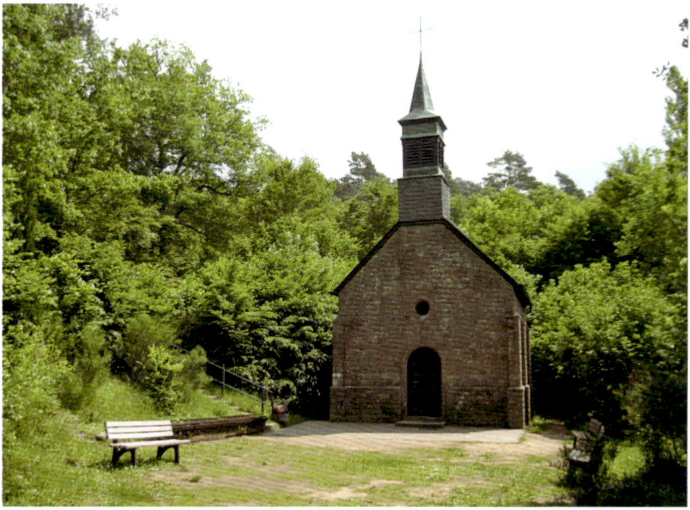

Die Büschkapelle

Durchwandern Sie die Grasfläche am Strommast und gehen Sie geradeaus in ein Waldgebiet hinein. Schräg rechts folgen Sie den Wegweisern zur Büschkapelle. An der nächsten Forstwegkreuzung (Ѫ) gehen Sie geradeaus und biegen kurz vor der **Büschkapelle** ❶ (Rettungspunkt 5706-495) links ab.

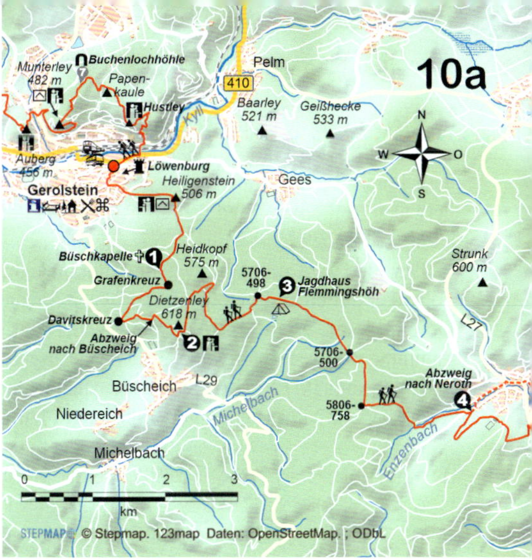

Sie kommen nun zum **Grafenkreuz**. Der Legende nach wurde hier die Kutsche eines Grafenpaares überfallen, das kurz zuvor ausgestiegen war, um den Weg zur Löwenburg zu Fuß zurückzulegen. Glück muss man haben!

An einer Gabelung gehen Sie links bergauf und noch vor dem **Davitskreuz** links. Nun wandern Sie auf dem breiten Weg bergauf und ignorieren mehrere abzweigende Wege. Erst an einem würfelförmigen Gebäude gehen Sie nach rechts.

Am Abzweig nach Büscheich gehen Sie nach links und etwa 60 m dahinter nach rechts zur Dietzenley. Vor dem Felsen und dem Aussichtsturm laufen Sie nach rechts und am zweiten Abzweig nach Büscheich (➲ 700 m) links bergauf. Oben am Treppenkopf geht es links zur **Dietzenley** ❷ und zum Aussichtsturm (➲ 100 m), geradeaus weiter auf dem Eifelsteig.

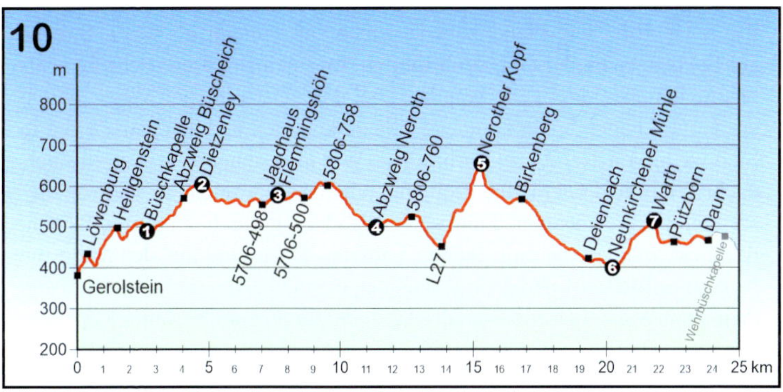

Kreuzen Sie den Querweg nach links versetzt („Gerolstein 4 km“) und wandern Sie den Pfad steil bergab. An einer verwitterten Bank folgen Sie dem Forstweg nach rechts und gehen in dessen Linkskurve 25 m später geradeaus auf einem Pfad weiter. Er führt parallel zu einem Wildzaun und an dessen Ende rechts weiter.

Der Pfad wird zum Waldweg und führt an einer Gabelung rechts bergab. Sobald er auf einen Forstweg trifft, folgen Sie diesem nach rechts und laufen eine Weile zwischen Laub- und Nadelwald weiter. An einer Wegeinmündung von rechts folgen Sie dem bisherigen Weg nach links bergauf. Am Wegstein 10/13 gehen Sie links, danach am Rettungspunkt 5706-498 rechts bergauf zum ehemaligen **Jagdhaus Flemmingshöh ❸**.

Eifelschlaf MaWiLe (= Martina & Willi Lenz), Flemmingshöh 1, 54570 Pelm, ☏ 065 91/98 28 90, mawile-eifelschlaf.de, info@mawile-eifelschlaf.de, ➲ am Weg, zwei Bauwagen für 2 bzw. 3 Personen mit Strom, Wasserkocher und Kaffeemaschine sowie idyllischem Blick auf die beiden Weiher im Tal, Ü € 29, bei Einzelübernachtung in einem Wagen € 35

Gehen Sie am nächsten Rettungspunkt (5706-500) geradeaus, an der T-Kreuzung links und nach 10 m rechts. Am Rettungspunkt 5806-758 gehen Sie links und nach 50 m links den Waldweg bergab. Am Ende des Waldes führt der Weg Sie neben dem **Enzenbach** durch Felder zu einem Teerweg, dort gehen Sie nach links. Sie kommen zu einer Sitzgruppe ❹, hier führt der Eifelsteig nach rechts weiter.

☺ Die Eifelsteig-Planer haben es sicher gut gemeint, als sie die Strecke auf Feldwegen um Neroth herumführten. Aus meinen Leserzuschriften entnehme ich aber, dass viele Wanderer bei den umständlichen Wegschleifen das Gefühl hatten, nicht von der Stelle zu kommen und den ganzen Tag in Sichtweite von Neroth zu verbringen. Wer also ohnehin in Neroth übernachten will und/oder keine Probleme mit dem Teertreten hat, kann an dieser Stelle geradeaus gehen und seine Wanderung durch den Ort abkürzen, das spart mindestens eine Stunde Laufzeit. Dazu sind auf der Karte die **Neroth-Schleifen** 1 und 2 eingezeichnet, die in die Nerother Dorfmitte und dann zum Wanderparkplatz an der L27 oder direkt zum Nerother Kopf führen.

Schlechte Zeiten für Menschen und Mäuse

Im 19. Jahrhundert gab es nur wenige Verdienstmöglichkeiten für die arme Landbevölkerung der Eifel. Wie gut, dass die Nerother mit der Herstellung ihrer Drahtwaren wie Mausefallen, Körben und Küchengeräten eine Nische besetzen konnten. Hergestellt wurden Abertausende von Korbfallen, Irische Lochfallen und französische Fallen. Die Holzblöcke für die irische Lochfalle wurden mit Wasserkraft in der Pfeil'schen Werkstatt hergestellt, das eigentliche Drahtbinden übernahmen die Frauen in Heimarbeit. Die jungen Männer zogen dann schwer bepackt über Land und verkauften die Fallen an die geplagten Bauern, die meist schon sehnsüchtig auf Hilfe gegen die gefräßigen Tierchen warteten.

Am Café-Restaurant Mausefalle in Neroth

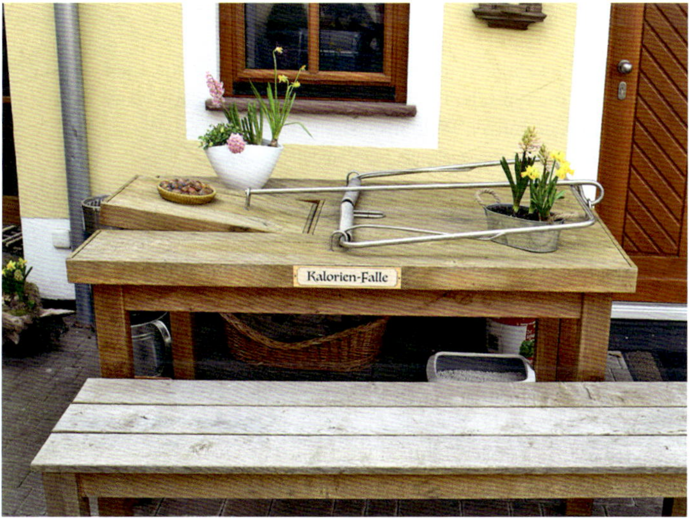

Neroth

🛏 ✕ ☕ 🍷 ⌘ 🚌 ➲ 700 m ✉ 54570, 860 Einw.

🛏 Hotel Neroburg, Hauptstraße 29, ☎ 065 91/34 45, 💻 www.neroburg.de, ✉ service@neroburg.de, ➲ 500 m, 36 Betten, ÜF EZ € 47, DZ € 84, MBZ auf Anfrage, HP + € 8, Di Ruhetag, 🐕 € 3, Wegstreckenberatung, @

Hotel Am Eifelsteig & Café-Restaurant Mausefalle, Hauptstraße 42, 065 91/98 47 17, www.mausefalle-neroth.de, weides@mausefalle-neroth.de, 700 m, 36 Betten, ÜF EZ ab € 53, DZ ab € 98, € 10. Dem Café-Restaurant Mausefalle angeschlossenes Gästehaus mit sehr geschmackvoller Einrichtung, großem Garten, Wintergarten und großer Außenterrasse.

Café-Restaurant Mausefalle, Hauptstraße 42. Die Mausefalle bietet viel Platz auch für größere Wandergruppen, eine Sonnenterrasse am Bach sowie durchgehend warme Küche mit traditionellen Gerichten und Kuchen aus eigener Herstellung.

☺ Exklusiv in der Mausefalle wird das Biermixgetränk Eifelsteiger ausgeschenkt. Das ist eine erfrischende Kombination aus Weizenbier, Sekt und Pfirsichlikör.

Bäckerei Mausefalle, Hauptstraße 42 (im Bistro)

Eierlage, Ostersonntag

Busverbindungen nach Daun, Neunkirchen und Gerolstein

⌘ Das Mausefallenmuseum ist in der alten Schule von 1844. Hier werden nicht nur die typischen Nerother Drahtwaren, sondern Mause- und Rattenfallen aus der ganzen Welt ausgestellt.

www.eifel.info/a-mausefallenmuseum-neroth

Die Eierlage

Überall in der Südeifel werden an den Ostertagen Eierlagen veranstaltet. Traditionell gehen dabei die Junggesellen am Gründonnerstag oder Karfreitag von Haus zu Haus und sammeln Eier als Spende für die Eierlage ein. Es sind meist um die 104 Eier, die am eigentlichen Tag der Eierlage im Abstand von einer Elle in eine mit Holzspänen markierte und gepolsterte Reihe gelegt werden.

Nun treten zwei Freunde gegeneinander in den sportlichen Wettstreit: Der Raffer muss die vielen Eier einzeln aufsammeln und jedes für sich zum Korb am ersten Ei bringen, während der Läufer eine festgelegte Strecke rennt. Verblüffend ist, dass nicht vorhersehbar ist, ob der Läufer oder der Raffer gewinnt: Mal weiß der Läufer das gleichmäßige, aber einsame Laufen für sich zu nutzen, mal wird der Raffer von den Anfeuerungsrufen so getragen, dass es ihm gar nichts auszumachen scheint, über hundertmal abzubremsen, sich zu bücken, das Ei zu raffen, die Richtung zu wechseln und neu loszusprinten. Am Folgetag feiern alle Junggesellen den Sieger bei einem riesigen Omelett.

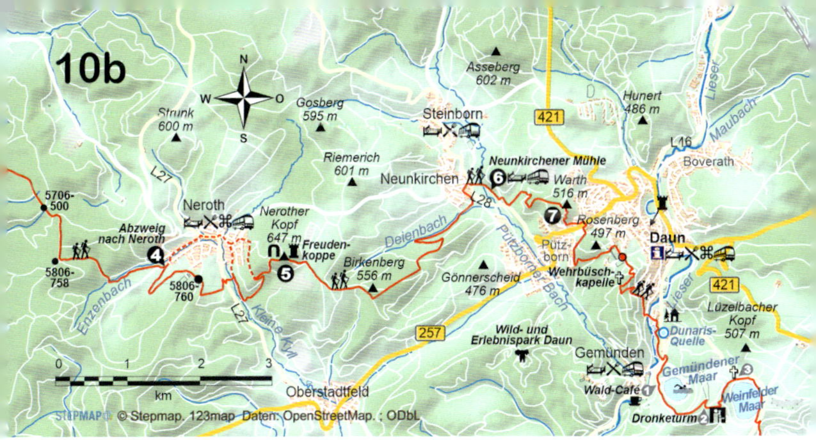

Der Weg macht eine Haarnadelkurve durch das Tal des **Breitwiesbachs**. Unterhalb des Sportplatzes folgen Sie dem Grasweg geradeaus, auch am nächsten Weg gehen Sie geradeaus, passieren den Rettungspunkt 5806-760 und wandern an einer blauen Bank links ins Tal.

Nun muss die L27 gequert werden, dort finden Sie einen Wanderparkplatz mit Ѫ Picknicktisch. Dahinter folgen Sie dem Weg links zur Kläranlage. Dort gehen Sie rechts über die **Kleine Kyll**. Am nächsten Schild sind es 700 m nach Neroth, hier kommen Sie heraus, wenn Sie durch den Ort wandern. Hier gehen Sie rechts auf einen Schotterweg, dann an der Brücke links den Pfad hinauf.

Folgen Sie rechts dem schmaleren Pfad, Sie wandern steil bergauf und biegen im Wald links ab. An der nächsten Gabelung laufen Sie rechts bis zu einer schiefen Eiche mit Schutzpilz, dort gehen Sie rechts bergauf zum **Nerother Kopf ❺**. Dazu folgen Sie dem ersten Weg nach links, passieren ein Gedenkkreuz für zwei sieben und neun Jahre alte Geschwister, die 1954 durch einen V1-Zünder aus dem Krieg starben und gehen an einer Waldwegkreuzung rechts weiter bergauf durch den Buchenwald zu einer ∩ Höhle.

Nerother Wandervogel

Die Namen der Zwillinge Karl und Robert Oelbermann sind untrennbar verbunden mit dem Wandervogel-Verein. Auf Initiative von Robert gründeten sie in der Silvesternacht 1919/1920 in der Höhle am Nerother Kopf den „Geheimbund der Nerommen“. Nach der Machtergreifung der Nationalsozialisten wurde auch diese Jugendbewegung verboten, Robert Oelbermann kam in Schutzhaft und starb im KZ Dachau. Ihm ist die Buche neben der Mühlsteinhöhle gewidmet.

Der Nerother Kopf ist ein erloschener Vulkan. Mit seinen 651,7 m ü. NN. ist er – nach dem Steling im Hohen Venn – die zweithöchste Stelle auf der Wanderstrecke. Die Höhle auf dem Nerother Kopf ist nicht natürlich entstanden, hier wurden vom 13. bis zum 17. Jahrhundert Mühlsteine abgebaut. Nicht fertiggestellte Rohlinge können Sie in der Mühlsteinhöhle sehen.

♜ Die 1340 fertiggestellte **Burg Freudenkoppe** mit ihrem fast quadratischen (8,6 m x 8,4 m) Wohnturm und Bergfried wurde 1639 von den Franzosen zerstört.

An der Burgruine gehen Sie geradeaus bergab, auf halber Höhe wechseln Sie schräg links auf einen schmaleren Pfad Richtung Weide und gehen an einer Pfadgabelung nach links. Nun folgen Sie rechts dem Wegweiser nach Daun auf einem Grasweg leicht bergauf, bald darauf bergab. Bleiben Sie an der rechten Seite des Nadelwaldes, links haben Sie durch eine Schneise einen Ausblick auf Neunkirchen.

An einer Gabelung gehen Sie nach rechts und an einer Kreuzung geradeaus über die Kuppe des **Birkenberges**. Heute wachsen darauf allerdings keine Birken, sondern Fichten. An der Grenze zwischen Nadel- und Laubwald laufen Sie links. Sie treffen auf einen Forstweg, dort gehen Sie rechts und kurz darauf an einer Fünferkreuzung halb links. Der Weg führt bergab zu einem Forstweg, diesem folgen Sie nach links.

An der nächsten Kreuzung nehmen Sie den zweiten Weg rechts und gehen über eine Wiese zu einem Wäldchen mit Sitzbank. Hinter der Bank laufen Sie nach links bergab, folgen der ersten Möglichkeit scharf links und wandern weiter unten wieder nach rechts. Sie laufen nun am rechten Ufer des **Deienbachs** weiter ins Tal.

Hinter einer Pferdekoppel gehen Sie nach links und später geradeaus nach **Neunkirchen** hinein (Nachtigallenweg). Biegen Sie rechts in den Goldammerweg und folgen Sie der Neunkirchener Straße nach rechts zum Ortsausgang.

Daun-Neunkirchen

🛏 🚌 ✉ 54550, 550 Einw.

🛏 Neunkirchener Mühle, Bachstelzenweg 10, ☎ 065 92/36 93,
💻 www.neunkirchener-muehle.de, 📧 info@neunkirchener-muehle.de,
➲ am Weg, 8 Betten, 1 FeWo, ÜF EZ € 45, DZ € 80, 🐕 € 5, freundliche Pension mit Liegewiese und Grillhütte, 🚪 Do Ruhetag, 🍎 @

Bus- und Rufbusverbindungen nach Daun und Steinborn
Taxi Jäger, ☏ 065 92/500

Daun-Steinborn 1,2 km 54550, 420 Einw.

Landart Hotel Beim Brauer, Steinborner Straße 5, ☏ 065 92/29 41, www.landart-hotel-vulkaneifel.de, info@beim-brauer.de + info@landart-hotel-vulkaneifel.de, 1,8 km, 56 Betten, ÜF EZ € 72-105, DZ € 128-154, Sauna inkl., @

Bus- und Rufbusverbindungen nach Daun und Neunkirchen

☺ Weit ist es nicht von Neunkirchen nach Daun. Aber es geht ein Stück so steil bergauf, dass Sie vielleicht lieber hier schon nächtigen und morgens mit frischer Kraft den Anstieg nehmen wollen.

Hinter Neunkirchen überqueren Sie die Adlerstraße (L28), sie führt links nach Steinborn und rechts nach Pützborn. Hier folgen Sie dem Bachstelzenweg über den Pützborner Bach zur **Neunkirchener Mühle ❻**.

Dahinter gehen Sie nach links auf einem Steg durch eine Feuchtwiese zum Wald, dort laufen Sie an der T-Kreuzung nach rechts hinab bis kurz vor die L28, folgen links dem Forstweg und steigen nach 200 m rechts auf einem steilen Waldpfad den Hang hinauf.

Der Weg macht hier einige Richtungswechsel, die zwar gut markiert sind, aber so kurz vor dem Etappenende noch einmal etwas Konzentration erfordern. Der Pfad wird hinter einer Wegkreuzung zu einem breiteren Waldweg. Kurz vor einer Linkskurve folgen Sie dem unscheinbaren Pfad nach rechts bergauf, er führt ganz knapp unterhalb der **Warth ❼** (515,5 m) entlang.

An der nächsten Pfadkreuzung biegen Sie rechts ab. Am ⛩ **Rastplatz** mit Blick auf Daun wenden Sie sich erneut nach rechts und wandern im Zickzack bergab bis zu einer T-Kreuzung, an der Sie dem Pfad nach links folgen. Er führt oberhalb vom 🛒 Lidl auf den Alten Neunkirchener Weg, dort gehen Sie nach links und passieren das DRK-Gebäude.

Am Ende des Alten Neunkirchener Weges überqueren Sie die B257 (Bitburger Straße) an der Ampel und gehen wieder nach rechts. Auf dem Fußweg passieren Sie das Gymnasium, queren eine Straße und laufen halb rechts den Schotterweg hinauf zum **Rosenberg**.

An einer Gabelung nehmen Sie den rechten Weg, er führt zwischen dem Wald und dem Dauner Stadtteil **Pützborn** zu einer T-Kreuzung am südlichen Ortsrand. Hier folgen Sie dem Weg nach links, gehen an der nächsten T-Kreuzung erneut nach links und treffen zwischen der Wehrbüschhalle und dem Sportplatz auf die Schulstraße. Folgen Sie ihr nach rechts am Sportplatz entlang. Hier geht es links zum Etappenort Daun. Der Eifelsteig führt geradeaus weiter.

Daun

54550, 4.300 Einw.

Kurtaxe € 1,50

Touristinformation Daun, Leopoldstraße 5, 065 92/95 13 70, www.eifel.info/a-touristinformation-daun, daun@gesundland-vulkaneifel.de, 800 m, Mo-Fr 9:00-17:00, in der Hauptsaison auch Sa 12:00-13:00

Schlosshotel Kurfürstliches Amtshaus, Dauner Burg, Burgfriedstraße 28, 065 92/925-0, daunerburg.de, kurfuerstliches.amtshaus@t-online.de, 1 km, 53 Betten, ÜF EZ ab € 85, DZ ab € 144, € 10, in einem historischen Gebäude, das gleichzeitig Schloss und Burg ist, mehrfach ausgezeichnete Küche, Felsenschwimmhalle aus Lavagestein, Sauna, Dampfbad, Uhrenmuseum, Bibliothek, @

♦ Hotel Stadt Daun, Leopoldstraße 14, 065 92/95 25-0, www.hotel-stadt-daun.de, info@hotel-stadt-daun.de, 850 m, 48 Betten, ÜF EZ ab € 67, DZ ab € 98, € 3, @

♦ Hotel Panorama, Rosenbergstraße 26, 065 92/93 40, www.hotelpanorama.de, info@hotelpanorama.de, 200 m, 52 Betten, ÜF im EZ ab € 75-81, DZ € 142-168, Hotel in ruhiger Lage mit Panoramablick. Herrlich entspannen können Sie nach dem Wandern im großen Wellnessbereich mit Schwimmbad, 4 Saunen, Massage, Fitnessraum und Whirlpool. @

( ) Die Eifelmaar-Jugendherberge Daun ist wegen einer Modernisierung geschlossen, ein genauer Zeitplan für die Wiedereröffnung steht noch nicht fest.

Dauner Kaffeerösterei, Wirichstraße 16a, www.dauner-kaffeeroesterei.de, aromatischer Röstkaffee, guter Tee und heiße Schokolade zum Kaufen und zum Sofort-Trinken in der Aroma-Bar. Spätestens bei Namen wie „Fünf-Uhr-Tod-Tee" und „Schwarzer Tod" ist jedem klar, dass Daun für die Regionalkrimiautoren eindeutig zur mörderischen Eifel zählt. ☺ Geröstet wird Mo und Do von 10:00-12:00.

Bauernmarkt Daun Mi 9:00-13:00

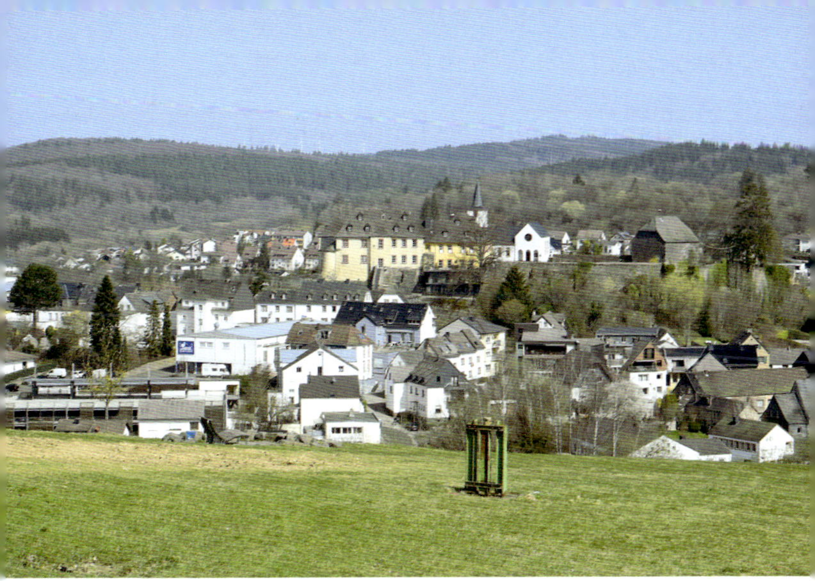

Blick auf Daun

Sauna am Kurpark, Maria-Hilf-Straße 26, www.sauna-am-kurpark.de

Wild- und Erlebnispark Daun, www.wildpark-daun.de, (vor dem Eingang Sommerrodelbahn) zottelige Yaks, gefräßige Wildschweine, Mufflons, Emus, Nandus und viele andere Tiere.

Busverbindungen Wittlich, Großlittgen, Karl, Üdersdorf, Brockscheid, Tettscheid, Trittscheid, Manderscheid, Schalkenmehren, Gerolstein, Neunkirchen, Gemünden, und Hillesheim.

Taxi Blonigen, ☏ 065 92/22 22

⌘ Eifel-Vulkanmuseum: Museum zum Thema Vulkanismus im ehemaligen königlichen Landratsamt von 1830.

♦ Eifel-Vulkanmuseum, Leopoldstraße 9, 54550 Daun, ☏ 065 92/98 53 53

Das keltische Wort „dunum“ bezeichnet eine befestigte Höhe und ist gleichzeitig der Namensgeber für diesen alten Kneippkurort. Eine keltische Fliehburg wird genau dort vermutet, wo heute das Burghaus auf dem steilen Felssporn steht. Daun mit seiner guten Infrastruktur ist bei Touristen beliebt, die sich die Eifelmaare ansehen wollen.

11. Etappe: Daun – Manderscheid

22,8 km, 7 Std. 30 Min., ↑ 459 m, ↓ 555 m, ⇧ 310-555 m

0,0 km	⇧ 469 m	Daun
2,3 km	⇧ 376 m	Gemünden
2,8 km	⇧ 413 m	Wald-Café
3,9 km	⇧ 554 m	Dronketurm
4,7 km	⇧ 496 m	Weinfelder Kapelle
6,7 km	⇧ 421 m	Schalkenmehren
11,3 km	⇧ 379 m	Stausee Trittscheid
12,8 km	⇧ 346 m	Üdersdorfer Mühle
15,0 km	⇧ 337 m	Lieserbrücke
19,0 km	⇧ 312 m	Urpferdbrücke
20,3 km	⇧ 345 m	Hähnerfläch
22,8 km	⇧ 372 m	Manderscheid

Heute steht eine der schönsten Etappen auf Ihrem Wanderplan. Durch den Dauner Kurpark mit der Mineralquelle wandern Sie nach Gemünden. Dort steigen Sie am Gemündener Maar auf und wandern am bezaubernden Totenmaar und dem Schalkenmehrener Doppelmaar nach Schalkenmehren. Das kleine Touristenörtchen bietet sich für eine Einkehr und letzte Einkäufe in einem der Cafés an. Dahinter wandern Sie auf Waldwegen zur Üdersdorfer Mühle, dann auf den schmalen Pfaden und Steigen des bekannten Lieserpfads nach Manderscheid.

Am Wehrbüschstadion gehen Sie also geradeaus weiter – bzw. biegen von Daun kommend nach links ab – und laufen an der Jugendverkehrsschule entlang bis zu einem Pavillon. Dort folgen Sie rechts dem Pfad hinauf zum **Ehrenmal** für die Gefallenen der beiden Weltkriege und genießen die Aussicht auf Daun.

Gehen Sie auf der Rückseite des Ehrenmals nach rechts bergab, dabei nehmen Sie den ersten Pfad nach links, er führt zwischen einigen Felsen hindurch. Sie biegen anschließend rechts ab und wandern an der Wegkreuzung geradeaus zur **Wehrbüschkapelle**.

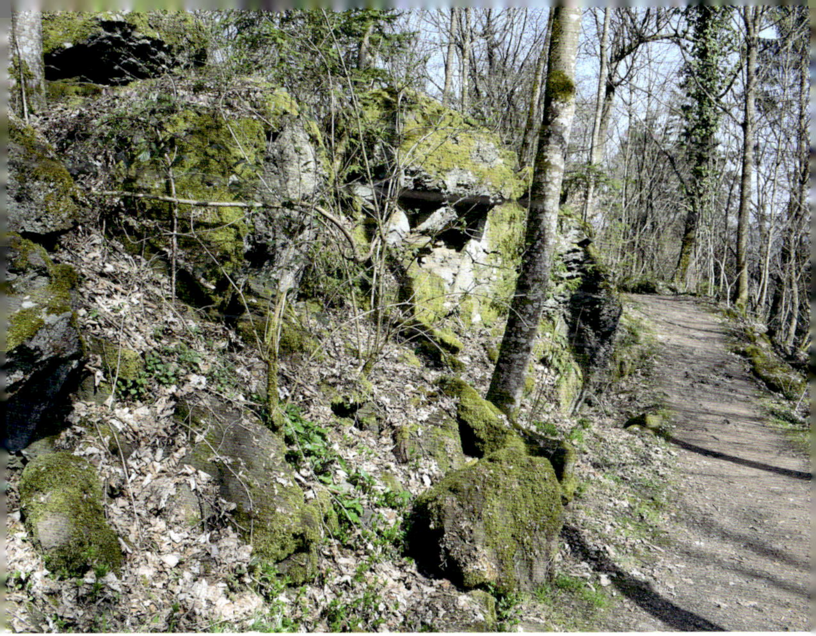

Felsenpfad zur Wehrbüschkapelle

Hinter der Kapelle biegen Sie links ab, gehen nach 40 m halb links und nach weiteren 100 m erneut nach links. Der bergab führende Weg bringt Sie zum **Philosophenweg**, dort biegen Sie rechts ab und folgen dem Waldweg zurück in den Wald.

Sie verlassen den Weg nach links und gehen auf einem Pfad bergab, der schließlich auf einen Teerweg trifft. Dort gehen Sie scharf links und nach 30 m rechts zum Kurpark. Auf einer Brücke überqueren Sie die **Lieser**, dahinter laufen Sie geradeaus weiter und vor dem Badehaus nach rechts.

Nun passieren Sie einen Teich und die Kneippanlage. Hier können Sie quasi im Vorbeigehen mit dem Wasser der **Dunaris-Quelle** kneippen.

Hinter dem Brunnen gehen Sie nach rechts und kurz darauf nach links. Hier verläuft auch ein **Planetenlehrpfad** und Sie passieren einen Abenteuerspielplatz. Hinter dem Planeten Erde gehen Sie links bergauf zum Mars. Oben geht es rechts nach Gemünden und links weiter auf dem Eifelsteig.

Daun-Gemünden 54550, 220 Einw.

Kurtaxe € 1,50

Landhotel Müller, Lieserstraße 16-18, 065 92/957 73 62, www.landhotelmueller.de, kontakt@landhotelmueller.de, 500 m, 40 Betten, ÜF im Stammhaus EZ ab € 65, DZ ab € 100, in der Landhaus Lodge gegenüber EZ ab € 50, DZ ab € 70, € 10 im eigenen Korb, € 7, @

Auszeit am Eifelsteig, Mühlenweg 7, 65 92/21 51, 01 75/566 83 96, www.auszeit-am-eifelsteig.de, auszeit-am-eifelsteig@gmx.de, 550 m, 13 Betten, 2 FeWo, ÜF € 49,50, DZ € 97,

Gemündener Maar mit Schwimmbad, Bootverleih und Kiosk, Mai-Sep

Busverbindungen nach Wittlich, Großlittgen, Karl, Tettscheid, Üdersdorfer Mühle, Üdersdorf, Trittscheid, Manderscheid, Schalkenmehren und Daun

Folgen Sie hier für die Fortsetzung des Eifelsteigs links dem Wegweiser zu den Maaren. Sie verlassen die Lieserstraße an einem Marienbildchen, gehen auf dem Teerweg schräg nach rechts und queren an der Bushaltestelle die Ortsverbindungsstraße von Daun nach Üdersdorf (L46). Nun laufen Sie auf dem Gehweg der Zufahrt zum Gemündener Maar halb rechts weiter, passieren einen Busparkplatz und können am **Wald-Café ❶** einen ersten Blick auf das Gemündener Maar werfen.

Je nach Zeitplan können Sie auf die andere Seite des Maars gehen und dort eine Pause im Naturschwimmbad mit Bootsverleih einlegen.

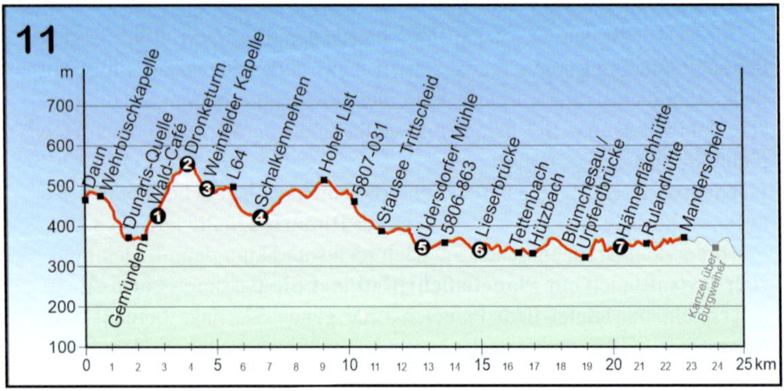

Hinter dem Geburtstags-**Denkmal** am Café beginnt rechts der berühmte Lieserpfad. Der Eifelsteig führt hier auch kurz rechts, dann aber sofort wieder links bergauf.

☺ Wenn Sie dem Lieserpfad folgen, erreichen Sie schon nach 4,2 km die Üdersdorfer Mühle (auf dem Eifelsteig sind es etwa 10 km). Dennoch entscheiden sich nur wenige Ortskundige an diesem Punkt für den Lieserpfad und gegen die Maar-Route des Eifelsteigs. Der Umweg über Schalkenmehren ist eindeutig der landschaftlich schönere und reizvollere Weg. Haben Sie es aber eilig oder wollen Sie möglichst viel vom Lieserpfad sehen, folgen Sie einfach den guten Wegmarkierungen rechts ins Tal der Lieser und wir treffen uns an der Üdersdorfer Mühle wieder.

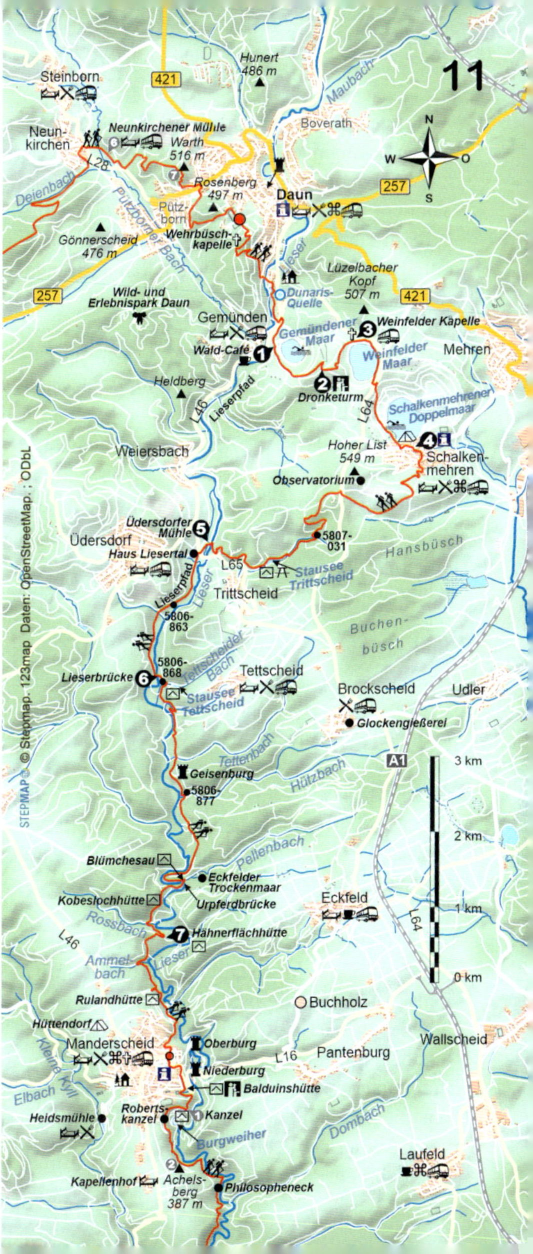

Folgen Sie dem Waldweg stetig bergauf bis zu einer Wegkreuzung mit einem schönen 📷 Blick zurück über das Maar auf Daun. Hier folgen Sie zweimal dem Pfad bergauf (quasi geradeaus), wenn andere Pfade kreuzen. Vor dem Lift der Wintersportanlage folgen Sie dem Pfad nach rechts weiter bergauf zum **Dronketurm ❷**. Hier wartet eine urige Hollywood-Schaukel auf alle, die Entspannung nach dem anstrengenden Aufstieg suchen.

Die Augen der Eifel

In früheren Zeiten stellten sich unsere Vorfahren vor, die Erde sei ein riesengroßes Lebewesen, auf dem die Menschen leben, wie Flöhe auf einem Hund. Die kreisrunden, dunklen und tiefen Maare hielten sie dabei für die Augen dieses Wesens, von denen es gleich mehr als ein Dutzend hatte. Der aufgeklärte Jetztzeitmensch weiß ganz entmystifiziert, dass die Maare vulkanischen Ursprungs sind. Allerdings kennt kaum jemand den Unterschied zwischen Maaren und Kraterseen: Das Maar ist eingesenkt in eine nichtvulkanische Oberfläche, es entsteht bei der Explosion von Gasen vulkanischen Ursprungs tief unter der Erdoberfläche und ist meist mit Grundwasser gefüllt. Der Kratersee ist ein mit Niederschlagswasser gefüllter Vulkankrater, er liegt oft erhöht auf dem Gipfel eines Vulkans.

Am Dronketurm beginnt ein Bereich, der abgegrast wird von Ziegen und Eseln, die bis unten ans Weinfelder Maar frei laufen dürfen. Ein breiter Weg bringt Sie über die **Freifläche** zum Aussichtspunkt auf das Weinfelder Maar mit einem Picknickplatz. Der ist allerdings an manchen Tagen so von den vierbeinigen Landschaftspflegern belagert, dass man als Mensch gar nicht stören mag. Der weiße Kuppelbau auf der Kuppe rechts beherbergt das Observatorium Hoher List, an dem Sie noch auf dieser Etappe vorbeiwandern werden.

Am Aussichtspunkt führt links ein Pfad bergab, er bringt Sie links um das Weinfelder Maar herum und durch ein Drehtor hinab zur ✞ **Weinfelder Kapelle ❸**. Sie ist der Muttergottes gewidmet und gleichzeitig Friedhofskapelle für das Weinfeld, den Friedhof von Schalkenmehren. Friedhof und Kapelle lassen schnell erahnen, warum das Weinfelder Maar auch Totenmaar genannt wird. Obwohl – es ranken sich auch zahlreiche Sagen um die Bezeichnung Totenmaar: Im Sommer sollen die Toten nachts, wenn keiner sie beobachtet, die wenigen Meter zum Maar gehen und ein Bad nehmen.

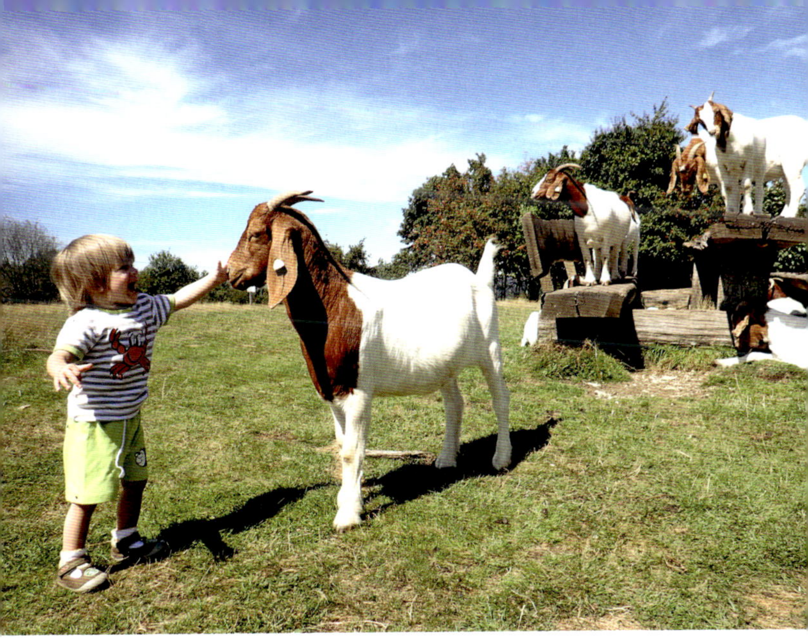

Rastplatz am Dronketurm

Einer anderen Sage nach soll es einen Ort Weinfeld gegeben haben, der beim letzten Vulkanausbruch mit in die Tiefe gerissen wurde – nur Kirche und Friedhof blieben stehen, kein Mensch habe überlebt. Oder ging dort vielleicht eine ungerechte und böse Königin mitsamt ihrem Schloss unter, während der König ausritt?

Die Glocken läuten nicht nur für die Toten, sondern auch für uns Lebende. Es ist Brauch, nach einem stillen Gebet am Glockenzug zu ziehen. Man sagt, wer beim Abschied vom Weinfeld die Glocken geläutet hat, kehrt mit Sicherheit noch einmal zurück!

Gehen Sie nun auf dem Pfad rechts von der Kirchenzufahrt durch das Drehtor und weiter am **Maarufer** entlang. Durch eine Grasfläche gelangen Sie an eine Straße mit schönen Aussichten auf das Weinfelder Maar und das Schalkenmehrener Doppelmaar.

Auf der gegenüberliegenden Straßenseite folgen Sie einem Pfad kurz nach links und nach 20 m nach rechts. Der Pfad gibt sich schließlich als **Karl-Carstens-Weg** (benannt nach dem wanderfreudigen Bundespräsidenten 1979-1984) zu erkennen.

An einer Gabelung gehen Sie links bergab, zunächst in Serpentinen, dann oberhalb des Maars hinab zum Ort. Sie passieren das Naturfreibad, den Campingplatz und den Bootsverleih, am Hotel Schneider am Maar biegen Sie links in die Maarstraße ein und gehen bis zur Touristeninformation ❹.

Schalkenmehren

54552, 590 Einw.

Maarstraße 2, 065 92/17 39 39, www.schalkenmehren-eifel.de, Mo, Di, Sa, So 10:00-11:00, Fr 14:00-15:00

Hotel Schneider am Maar, Maarstraße 22, 065 92/95 51-0, www.hotelschneider.de, info@hotelschneider.de, am Weg, 42 Betten, ÜF EZ € ab 45, im DZ € 70. Der ideale Ort für Wanderer: direkt am Kratersee, Wegstreckenberatung, Leseecke, Wanderschuhputzraum, Wanderstockverleih, Gartenterrasse, Bierstube und gutes Restaurant, Wellness-Oase mit Sauna, Dampfbad, Tecaldarium & Co.,

♦ Michels Wohlfühlhotel, Sankt-Martin-Straße 9, 065 92/928-0, www.michels-wohlfuehlhotel.de, info@michels-wohlfuehlhotel.de, am Weg, 123 Betten, ÜF EZ € 105-129, DZ € 166-252, € 15, Schwimmbad, Saunas, Massage, Dampfbad, Yoga und Wanderberatung, @

♦ Villa am Maarberg, Höhenweg 1, 065 92/16 57, 01 71/622 66 03, www.villa1.de, kontakt@villa1.de, am Weg, 130 Betten, zahlreiche Ferienwohnungen direkt an den Maaren für 2 bis 6 Personen, € 37-72 pro Wohnung, Endreinigung € 30, € 5, Sauna, Liegewiese und Grill, Brötchenservice,

Campingplatz des Hotels Schneider am Maar, 100 m, Zelt ab € 10, 3 Schäferwagen ab € 49 inkl. Frühstücksbuffet, der Platz liegt unmittelbar am Maar

Busverbindungen nach Gerolstein, Wittlich, Brockscheid, Tettscheid, Trittscheid, Gemünden und Daun

⌘ Heimwebereimuseum

Mehrener Straße 5, 54552 Schalkenmehren (in der alten Schule), www.schalkenmehren-eifel.de, vorübergehend wegen Baumaßnahmen geschlossen

Das Schalkenmehrener Maar ist ein Doppelmaar. Im Westen sehen Sie einen 21 m tiefen Maarsee, östlich schließt sich ein Trockenmaar an. Die gute Lage an den Maaren macht Schalkenmehren zu einem beliebten Ziel

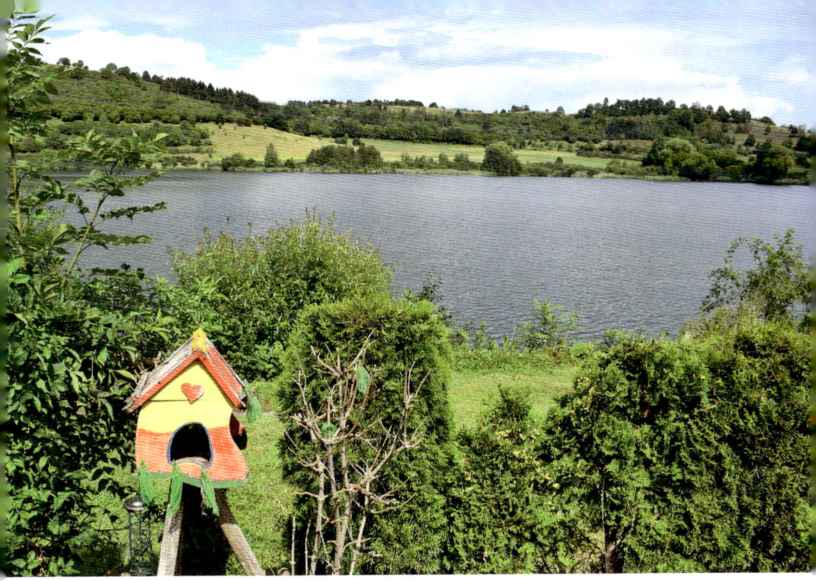

Schalkenmehrener Maar

für Urlauber und Tagestouristen. Sie finden dort eine große Auswahl an Einkehrmöglichkeiten und Quartieren.

Hier gehen Sie nach rechts in die St.-Martin-Straße, noch einmal rechts (Zur Sternwarte) und dann links (Zum Scheid) in Bögen bergauf. Hinter dem letzten Haus führt der Weg geschottert weiter. Er macht einige Bögen und bietet gute Aussichten zurück auf Schalkenmehren. Oben gehen Sie an einer Sitzbank mit Rundumblick halb rechts zu einem Wäldchen.

Der Weg führt nun etwa 500 m bergab zu einer Gabelung, hier nehmen Sie den rechten Weg durch die Weiden unterhalb des Observatoriums und passieren das **Trockenmaar „Am Hohen List".**

An der nächsten Sitzbank gehen Sie geradeaus (also rechts der Fichtenreihe) hinauf bis kurz vor die L64. Hier macht der Feldweg einen Rechtsbogen, der Eifelsteig führt geradeaus weiter. Wer das **Observatorium** (➲ 500 m) besuchen will, biegt hier rechts ab.

Queren Sie die Straße und folgen Sie (leicht nach rechts versetzt) der Zufahrt zur **Klinik Altburg**, bleiben Sie auf dieser Zufahrt bis zum Einfahrtstor. Dort gehen Sie nach rechts und nach gut 300 m an einer Gabelung nach links. An der nächsten Gabelung gehen Sie nach rechts und weiter unten an einer T-Kreuzung vor einer Wiese nach links.

An der nächsten Gabelung bleiben Sie links auf dem Forstweg, in der darauffolgenden Rechtskurve nehmen Sie an der Gabelung den rechten Weg bergab. An der nächsten Gabelung gehen Sie nach links bergab, im Tal erneut nach links und hinter einem kleinen Bach an einer T-Kreuzung rechts bergab. Auf einem breiten Forstweg wandern Sie etwa 500 m, dann queren Sie den Bach (Rettungspunkt 5807-031) und wandern auf dessen rechter Seite weiter bergab, links befinden sich Fischteiche. Der größte nennt sich **Stausee Trittscheid** und lädt mit einer ⌂ Schutzhütte, ⊼ Picknicktischen und WC zur Rast ein.

Verlassen Sie den Teerweg kurz hinter dem Staudamm nach rechts auf einem bergauf führenden Forstweg. In einer Rechtskurve folgen Sie geradeaus dem Waldweg und bald dem breiteren Forstweg halb links bergauf. In dessen Rechtskurve (Blick auf Trittscheid) nehmen Sie geradeaus den Waldweg bergab. Kurz geht es sanft bergauf, dann nach einer Linkskurve wurzelig bergab in Serpentinen und über Stufen zum Parkplatz an der L65. Hier gehen Sie rechts zur Üdersdorfer Mühle und folgen dem Schotterweg nach rechts, dort führt eine Fußbrücke zur **Üdersdorfer Mühle ❺** (✋ der Mühlbach ist nach starkem Regen und bei Schneeschmelze nicht passierbar, dann folgen Sie dem Lieserpfad nach links und der L65 nach rechts bis zur Bushaltestelle).

🛏 Pension Haus Liesertal, Sonja Böhm, L65, 54552 Üdersdorf, ☎ 065 96/315, 💻 liesertal.lakoma.com, ✉ info@haus-liesertal.de, ➲ am Weg, 15 Betten, ÜF EZ € 48-54, DZ € 94-102, DBZ € 144-156, HP-Aufschlag € 18

🚌 Busverbindungen nach Wittlich, Großlittgen, Karl, Trittscheid, Tettscheid, Gemünden, Manderscheid und Daun

Wer fragt sich nicht, ob Manuel Andrack übertreibt, wenn er den Lieserpfad als den „schönsten Wanderweg Deutschlands" bezeichnet? Hierzu können Sie sich heute und morgen ein eigenes Bild machen, wenn Sie auf dem schmalen Pfad entlang der Lieser durch so dichte Wälder und so abgeschiedene Täler wandern, dass Sie nicht einmal Handyempfang haben. Hier sind Sie weit weg von Gebäuden oder gar Einkehrmöglichkeiten, es führt auch keine Straße im Tal parallel. Sie werden sich dennoch nicht allein fühlen: Der Lieserpfad ist schon seit Jahren ein sehr beliebter Wanderweg, den auch Menschen laufen, die sonst wenig mit Wandern zu tun haben.

Nicht nur mir, sondern auch zahlreichen Lesern, ist aufgefallen, dass hier deutlich mehr Abfall am Boden liegt als auf anderen Abschnitten des Eifelsteiges. Es scheint also für manch einen Zeitgenossen ein Problem zu sein, leere Trinkpäckchen, Butterbrottüten und Schokoriegelverpackungen aus den Proviantpaketen wieder zurück in den Rucksack zu stecken.

Die Lieser an der Üdersdorfer Mühle

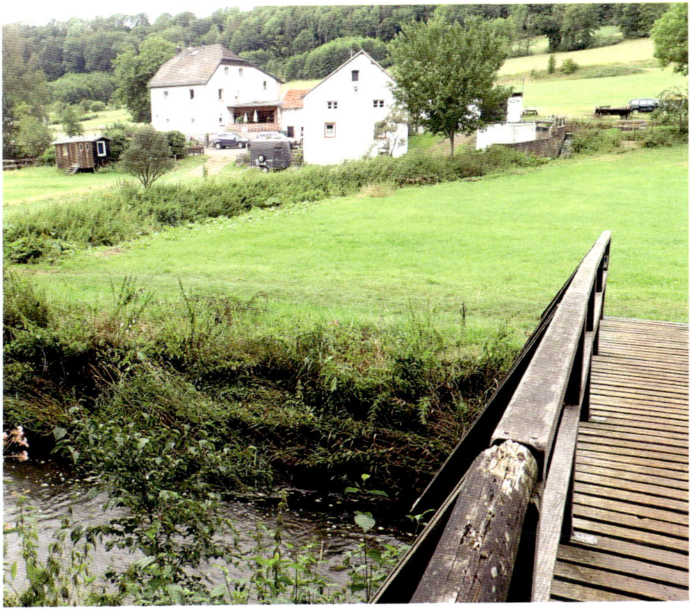

Sie laufen auf der Zufahrt der Mühle bis zur L65, queren diese am **Haus Liesertal** und folgen der Beschilderung des Lieserpfades. Sie laufen auf einem breiten Schotterweg rechts der Lieser, deren Zuflüsse hier ein großes Sumpfgebiet speisen. Am Rettungspunkt 5806-863 gehen Sie geradeaus, auch an der Bank, an der Üdersdorf mit einer Entfernung von 1 km angezeigt ist, gehen Sie weiter geradeaus. Infotafeln zu heimischen Vögeln begleiten Ihre Schritte. An einer offenen Wiese gehen Sie links über die **Lieserbrücke ❻**. Von hier sind es noch 7,7 km nach Manderscheid.

Hinter den Infos zum Eisvogel halten Sie sich an den Weg, der halb rechts bergauf führt. Nun kommen Sie zu einer Felswand, dort gehen Sie rechts. An der Sitzgruppe am Rettungspunkt 5806-868 gehen Sie links, queren rechts den **Tettscheider Bach** und gehen wieder nach rechts (➲ 80 m nach links kommen Sie an eine Schutzhütte am Stausee Tettscheid, Tettscheid ➲ 1,1 km). Gehen Sie an einer Weide nach links. Ein dicker Baumstumpf markiert eine Wegkreuzung, an der Sie das Schild „Gasthof Haus Sonnenschein" vom Pfad weglocken will. Hier geht es nämlich erneut nach Tettscheid.

Tettscheid

➲ 1 km 54552, 130 Einw.

Gasthaus Pension Haus Sonnenschein, Lieserweg 9, ☏ 065 96/233, www.haus-sonnenschein-tettscheid.de, haus-sonnenschein-tettscheid@t-online.de, ➲ 1 km, 14 Betten, ÜF € 41, HP € 55, ruhige Lage am Waldrand, Sonnenterrasse, Mo Ruhetag,

Busverbindungen nach Wittlich, Manderscheid, Üdersdorfer Mühle, Großlittgen, Brockscheid, Trittscheid, Schalkenmehren, Gemünden und Daun

Der Eifelsteig führt hier über einen kleinen Bachlauf scharf nach rechts, um eine **Felsnase** herum wieder zurück in Fließrichtung der Lieser. Nun endlich ist der Lieserpfad als echter Pfad zu erkennen, so wie Sie und ich ihn uns vorgestellt haben.

Insbesondere bei Nässe ist er nur für Trittsichere und Schwindelfreie geeignet.

An der nächsten Möglichkeit gehen Sie nach rechts, nehmen dann aber den linken Pfad (rechts Lieserbrücke Üdersdorf). Der Pfad führt hinauf zu einem Forstweg, hier haben Sie nach links eine weitere Möglichkeit, nach Tettscheid zu gelangen. Sie folgen aber dem breiten Forstweg nach rechts Richtung Manderscheid. An einer Wegkreuzung überqueren Sie den **Tettenbach** und gehen weiter geradeaus bergauf. Links geht es nun nach Brockscheid mit seiner überregional bekannten Glockengießerei (➲ 3 km, www.glockengiesser.de, dort werden bis heute nach alter Tradition Kirchenglocken gegossen).

Bevor es wieder bergab geht, ist links ein Abstecher zur Geisenburg (➲ 400 m) möglich. Von der ehemals blühenden Burg des Grafen von

Luxemburg sind nur noch die Grundmauern erhalten. Wieder unten im Tal gehen Sie hinter zwei Sitzbänken im Bogen nach links, am Rettungspunkt 5806-877 rechts über den **Hützbach** und den Pfad nach rechts oben. Dort laufen Sie auf einem Forstweg rechts weiter.

An der Forstweggabelung nehmen Sie den rechten Weg, er führt leicht bergab an der Hillscheider Wiese vorbei. Hinter der Auenwiese Blümchesau erreichen Sie rechts die ⌂ **Schutzhütte Blümchesau** an der Mündung des Pellenbachs in die Lieser.

↳ Nach links können Sie einen Abstecher von 200 m zum Eckfelder Trockenmaar machen. Hier an der Ausgrabungsstelle wurden der Rückenpanzer einer Weichschildkröte und ein 44 Millionen Jahre altes Urpferdchen gefunden. Eine rheinland-pfälzische Forschungsgruppe nimmt die Sedimente des Eckfelder Maars als Grundlage für die Forschung am Treibhausklima, weil im Eozän, also vor 55 bis 34 Millionen Jahren, ein ähnliches Klima herrschte, wie für die Klimakatastrophe vorhergesagt wird.

Eckfeld

🛏 ☕ 🚌 ➲ 3 km ✉ 54531, 350 Einw.

🛏 ☕ Bauernhofcafé Morgenfelderhof, Brunnenstraße 37, ☎ 065 72/93 36 18, 💻 www.bauernhofcafe-morgenfelderhof.de, ✉ bauernhofcafe@web.de, ➲ 3 km, 9 Betten, außerdem FeWo und Urlaub auf dem Bauernhof, tagesaktuelle Preise bitte telefonisch erfragen, täglich frischer, selbst gebackener Kuchen, Frühstück mit vorwiegend hofeigenen Produkten wie Milch, Eier, Wurst … 🍎 🚗 🧳

🚌 Busverbindungen nach Wittlich, Tettscheid, Trittscheid, Brockscheid, Schalkenmehren, Gemünden und Daun

Über die Urpferdbrücke (benannt nach dem im Eckdorfer Trockenmaar gefundenen Urpferdchen) wechseln Sie auf die andere Lieserseite. Sie gehen bergauf und verlassen den Forstweg an der ersten Möglichkeit nach links auf einem Pfad. Der Pfad trifft auf einen Forstweg, dort gehen Sie nach links. Der Pfad führt auf die ⌂ **Kobeslochhütte** zu, dabei haben Sie schöne Fernblicke ins Liesertal.

Den **Rossbach** überqueren Sie in einer Haarnadelkurve und gehen bergauf zu einer großen Wiese namens Hahnerfläch. An der ⌂ **Hahnerflächhütte** ❼ nehmen Sie den Weg neben der Wiese, biegen also im spitzen Winkel nach rechts ab. Vor dem Waldrand gehen Sie nach links und am Ende der Wiese wieder nach links.

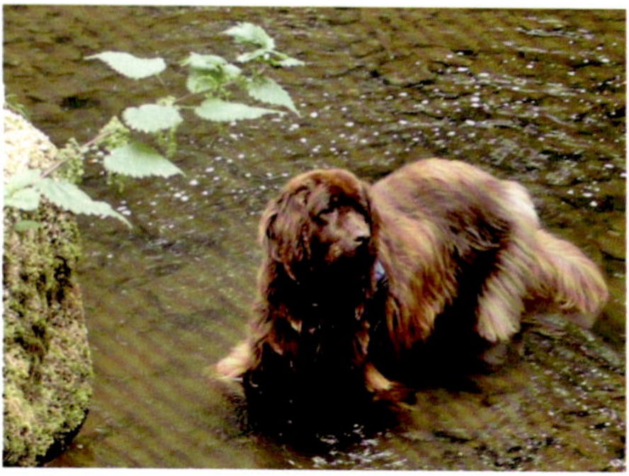

Erfrischende Pause

Der Weg führt nach rechts zum **Ammelbach**, hinter dem Sie nach links weiter gehen. An einer Rechtskurve des Weges finden Sie in etwa 20 m Entfernung einen Aussichtspunkt. Keine 100 m hinter der Rechtskurve folgen Sie scharf links dem Pfad. Sie gelangen nun an hölzerne Konstruktionen, die beim ersten Anblick wie Torbögen wirken. Im weiteren Verlauf des Weges wird Ihnen aber auffallen, dass dies eine robuste Möglichkeit ist, den Weg zu befestigen, wo ein bloßes Unterfüttern von unten nicht die nötige Stabilität bringen würde. Auf diese Weise lässt sich die Sicherung des Untergrundes zusätzlich zur Hangseite absichern.

An diesen Sicherungstoren gehen Sie weiter geradeaus, der Pfad wird schmaler, die Hänge steiler. An besonders kniffeligen Stellen finden Sie zum Teil auch Holzstege im Hang. Wer dennoch weiche Knie hat, kann sich nun in der ⌂ **Rulandhütte** entspannen, die kurz darauf erreicht ist.

Von links hinten kommt ein Pfad herauf, Sie bleiben weiter geradeaus auf dem schmalen, zum Teil felsigen Steig. Hinter einer Kurve haben Sie plötzlich einen Blick auf die Manderscheider Oberburg und den Ort Manderscheid.

♜ Die Oberburg ist die ältere der zwei Manderscheider Burgen, sie wurde spätestens im 12. Jh. erbaut, war lange Zeit eine der sieben Landesburgen von Kurtrier und wurde 1673 von den Franzosen zerstört.

frei zugänglich

♜ Niederburg: Nachdem sie die Oberburg an Kurtrier verloren hatten, bauten die Manderscheider im Liesertal eine neue Burganlage. Auch sie litt unter dem jahrhundertelangen Grenzstreit, aber sie ist deutlich besser erhalten als die Oberburg.

www.niederburg-manderscheid.de

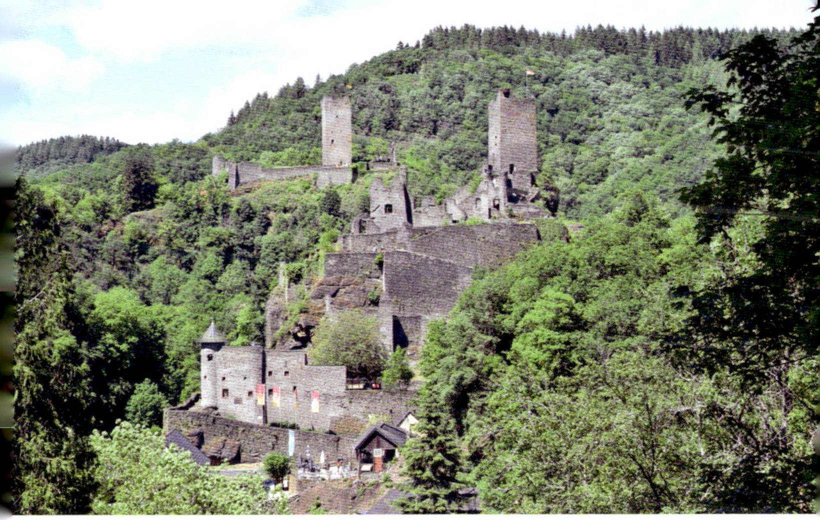

Manderscheider Burgen

Das einsame Burgfräulein

Im Jahre 1430 soll sich Schauerliches auf der Manderscheider Niederburg zugetragen haben. Margarete, die Tochter des Grafen Dietrich II. von Manderscheid, verliebte sich in den Wagenknecht Hugo. Der Graf war erzürnt, dies war keine standesgemäße Verbindung, er fürchtete große Schande für seine Familie. Also ließ er Hugo ergreifen und hinter ein galoppierendes Pferd binden. Als er schon fast tot war, wurde er abgebunden und aufgeknüpft. Nicht einmal eine angemessene Bestattung erlaubte er für den Gehenkten, er überließ den Leichnam den Raben. Der unglücklichen Margarete erging es noch schlimmer: Ihr Vater ließ sie im Verließ einmauern, wo sie qualvoll und langsam, der Legende nach aber immer noch „in reinster, unerfüllter Liebe und großer Sehnsucht verblich". Seither irrt Margaretes arme Seele rastlos durch die Niederburg und ruft verzweifelt „Hugo! Huugooooooo!"

Bitte bleiben Sie zum Betrachten und Fotografieren stehen, hier besteht echte Absturzgefahr, wenn man nicht auf den Wegverlauf achtet. Einheimische berichteten mir, dass sich an dieser Stelle schon mehrfach ein vorauslaufender Wanderer im Gehen zu seinen Wanderkollegen umdrehte, um auf den Ausblick aufmerksam zu machen – und sich einige Meter talwärts wiederfand. Am Parkplatz des Hotels **Burgblick** gehen Sie links in den Ort hinauf.

Manderscheid

54531, 1.400 Einw.

Kurtaxe: € 1,50

Touristinformation Manderscheid, Grafenstraße 21 065 72/93 26 63, www.gesundland-vulkaneifel.de, manderscheid@gesundland-vulkaneifel.info, am Weg, Nov-Ostern Mo-Fr 10:00-12:30, 13:30-16:00, Ostern-Okt Mo-Fr 9:00-12:30, 13:30-17:00, Sa 9:30-12:30, So, Fei 10:00-12:00

Hotel Heidsmühle, Mosenbergstraße 22, 065 72/747, www.heidsmuehle.de, post@heidsmuehle.de, 1,5 km, gratis, 42 Betten, Winterpause Nov-Karneval, ÜF EZ ab € 65, DZ ab € 98, € 8. Sie schlafen in einer 1840 erbauten Mahlmühle für Getreide direkt an der Kleinen Kyll. Um 1900 wurde sie um ein Sägewerk ergänzt, das sich auf die Herstellung von Eichenfässern für die Moselwinzer spezialisierte. Seit 1907 ist sie Ausflugslokal und Hotel. Allein die riesige Tortenauswahl ist einen Abstecher wert. Tourtipps und GPS-Planung,

♦ Hotel am Ceresplatz, Wittlicher Straße 2, 017 0/964 33 53, www.hotelamceresplatz.com, hotelceresplatz@t-online.de und info@hotelamceresplatz.com, 250 m, 32 Betten, ÜF ab € 40, am WE mind. 2 Nächte, geschmackvoll eingerichtetes Hotel unter niederländischer Leitung im Ortszentrum, Wegstreckenberatung, @

Familie Krämer, Kapellenhof, 065 72/44 08, 01 51/29 10 16 16, www.kapellenhof.de, post@kapellenhof.de, 1,9 km ab Manderscheid, 1,3 km ab Weifelsjunk, 4 MBZ, 4 FeWo, EZ € 40, DZ € 70, MBZ € 35 pro Person, Wärmekabine, Wegstreckenberatung,

♦ Altes Forsthaus, In den Wiesen 4-6, 065 71/37 54, teusch-martins@t-online.de, 450 m, 12 Betten und eine FeWo, ÜF EZ € 55, DZ € 75, @

♦ Hotel Haus Burgblick, Klosterstraße 18, 06 572/784, www.hausburgblick.com, info@hausburgblick.com, am Weg, 30 Betten, ÜF EZ ab € 49, DZ ab € 87, € 6. Besonders schön sind die Zimmer mit Blick auf die Oberburg und das Liesertal. Einfaches Frühstück, kleine Bibliothek, Terrasse, Liegewiese, @

Vulkaneifel-Jugendherberge Manderscheid, Mosenbergstraße 17, 065 72/557, www.diejugendherbergen.de, manderscheid@diejugendherbergen.de, 1 km, 105 Betten, ÜF im DZ € 24,40, im MBZ ab € 23,40, Jugendgästehaus mit Bistro, Café-Bar, Snackbereich, Sportmöglichkeiten, Grillhütte und Ruhewiese, Wegstreckenberatung, @

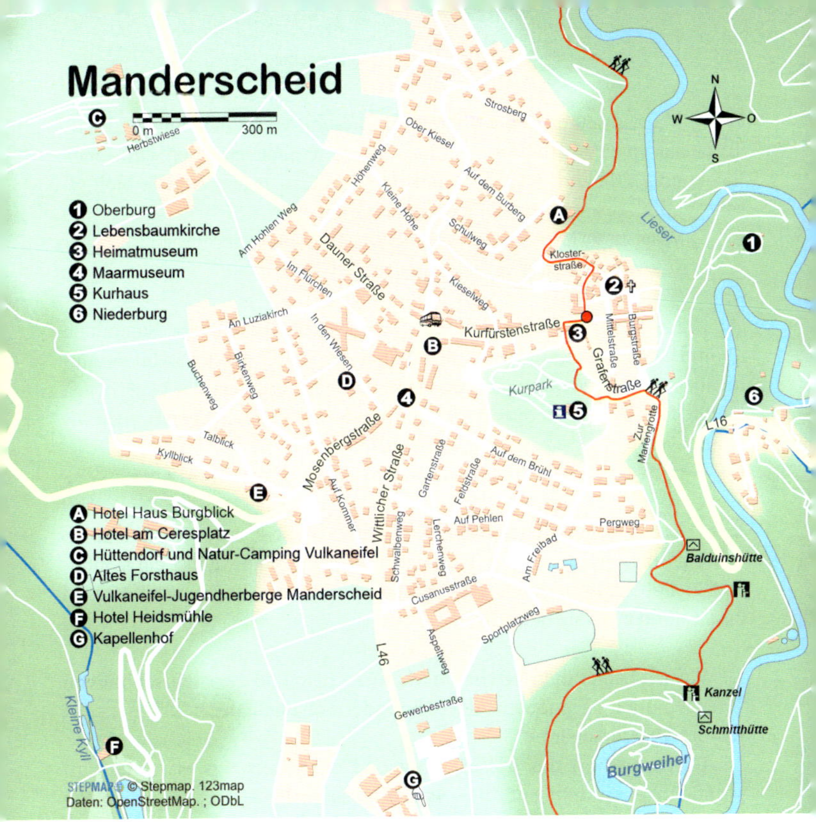

Hüttendorf und Natur-Camping Vulkaneifel, Herbstwiese, ☏ 065 72/921 10, www.naturcamping-vulkaneifel.de, info@naturcamping-vulkaneifel.de, 1 km, 26 einfache beheizbare Hütten, ÜF € 18, außerdem Naturcampingplatz mit 90 Stellplätzen, € 10-24 pro Person, Sport- und Grillplätze, teilweise @

Freibad Manderscheid, Am Freibad 3, in der Freibadsaison 10:00-18:00, bei schönem Wetter auch länger.

Historisches Burgenfest: Die beiden Manderscheider Burgen bieten eine eindrucksvolle Kulisse für Ritterspiele und Markttreiben. Am letzten Augustwochenende, www.burgenfest.info. Die meisten Unterkünfte sind lange im Voraus ausgebucht.

Busverbindungen nach Wittlich, Großlittgen, Karl, Üdersdorf, Trittscheid, Tettscheid, Gemünden, Gerolstein und Daun

Taxi Jungen-Lombard, ☏ 065 72/933 65 64

⌘ Maarmuseum Manderscheid: In diesem Museum können Sie als Terranaut einen Ausflug in das Innere der Erde machen. Hier wird Ihnen fachkundig erläutert, wie die Eifelmaare entstanden und welche biologische Vielfalt ein sumpfiges Trockenmaar birgt.

♦ Maarmuseum Manderscheid, Wittlicher Straße 11, 54531 Manderscheid, 💻 www.maarmuseum.de

⌘ Im Heimatmuseum können Sie die heimatkundliche Sammlung „Vom Bauernhof zum Kurort" betrachten. Neben all den liebevoll zusammengetragenen Werkzeugen und Gebrauchsgegenständen der bäuerlichen Kultur fällt besonders das Modell der beiden Manderscheider Burgen ins Auge.

♦ Heimatmuseum, Kurfürstenstraße 24, 54531 Manderscheid, ☏ 065 72/45 17

✞ Lebensbaumkirche. Diese Konstruktion ist ebenso ungewöhnlich wie eindrucksvoll: Aus dem Taufbecken in der Krypta wächst ein symbolischer Lebensbaum durch die Kryptadecke in den Altarraum hinauf und bildet mit der Krone den Altar.

Wo sich früher die Herren von Manderscheid und die Erzbischöfe von Trier feindlich gegenüberstanden, befindet sich heute der heilklimatische Kurort Manderscheid.

Als Etappenort des Lieserpfades und des Eifelsteigs ist er gut auf Wanderer eingestellt und bietet sich für einen Pausentag an, wenn Sie eine Rundwanderung durch die Wolfsschlucht zu den Mosenberg-Vulkanen, zum Windsborn-Kratersee und zum Meerfelder Maar machen wollen.

Bettenfeld

🛏 ⛺ 🚌 ➲ 5 km ✉ 54533, 680 Einw.

🛏 Gasthaus Weiler, Holzbeulstraße 8, ☏ 065 72/46 11, 💻 www.gasthaus-weiler.de, 📧 info@gasthaus-weiler.de, ➲ 5 km über den schönen VulkaMaar-Pfad, 9 Betten, 5 FeWo, ÜF EZ € 38, DZ € 66, Ferienwohnung € 70-105 für 2 Personen, keine Endreinigung, Biergarten, 🐕 in FeWo erlaubt € 10, 🧺 🍎 📷

⛺ am Sportplatz, nähere Infos im Gasthaus Weiler

🚌 Busverbindungen nach Manderscheid, Gerolstein, Daun, Gemünden, Trittscheid, Tettscheid, Üdersdorfer Mühle und Großlittgen

12. Etappe: Manderscheid – Himmerod

18,2 km, 6 Std., ↑ 426 m, ↓ 499 m, ⇧ 216-383 m

0,0 km	⇧ 372 m	Manderscheid ⌘
1,2 km	⇧ 337 m	Burgweiher
2,3 km	⇧ 327 m	Achelsberg
3,5 km	⇧ 285 m	Weifelsjunk
4,6 km	⇧ 308 m	Fahlbach, Abzw. Laubach (⌘)
8,7 km	⇧ 231 m	Bieder-Burg-Brücke
11,3 km	⇧ 217 m	Ilgenbach
13,1 km	⇧ 275 m	Babenbach
18,2 km	⇧ 300 m	Himmerod, Abtei ⌘

Am zweiten Tag auf dem Lieserpfad wandern Sie erneut auf schmalen Steigen und schattigen Waldwegen durch das Liesertal. Zahlreiche kunstvoll gebaute Kanzeln, Schutzhütten und andere Aussichtspunkte bescheren Ihnen bezaubernde Aussichten ins grüne Liesertal. Bei Karl verlassen Sie den Lieserpfad und wandern auf Wald- und Wirtschaftswegen durch das Ilgenbachtal und durch den Himmeroder Kessel zur ehemaligen Abtei Himmerod.

In Manderscheid beginnt die Etappe am Rathaus, hier laufen Sie etwa 50 m nach rechts (Kurfürstenstraße) am Heimatmuseum entlang, dann links durch die Kurpark-Passage und durch den Pavillon links bergab auf einem Teerweg durch den **Kurpark**.

Hinter dem Teich gehen Sie rechts, verlassen den Park nach links und gehen geradeaus weiter, dabei passieren Sie die **Touristeninformation**. Der Weg führt an einem Parkplatz nach rechts in die Straße Zur Mariengrotte und schon an der Hausnummer 1 wieder auf einen schmalen Pfad nach links.

Aus der **Balduinshütte** mit den offenen Holzornamenten können Sie einen guten Ausblick zurück auf die beiden Burgen genießen. Hinter einem kleinen Bach gehen Sie links in die Leo-Bönner-Allee und haben an einem Infopavillon zum Leben im Wald eine weitere schöne Aussicht. Wandern Sie nun geradeaus bis zu einer idyllischen Kanzel ❶ über dem Burgweiher. Links in etwa 100 m Entfernung befindet sich die Schmitthütte.

Sie gehen aber nach rechts (den oberen Pfad, der untere führt zum Burgweiher) weiter und kommen zur **Robertskanzel** mit Blick auf die Schmitthütte. Dahinter nehmen Sie den unteren Pfad. Sollten Sie nun meinen, der Lieserpfad habe durchgehend so angenehm viele Schutzhütten, dem Wetter sei also ein Schnippchen zu schlagen, indem Sie sich immer wieder ins Trockene flüchten, so werden Sie später am Tag feststellen, dass aus der Ballung von Hütten um Manderscheid nicht auf den gesamten Weg geschlossen werden darf.

Zwei Bächlein werden auf Stegen überquert, am zweiten kommt von links der Pfad vom Burgweiher herauf. Nach einer abgesicherten Engstelle nehmen Sie an einer Gabelung den linken Pfad.

Hier am **Achelsberg** ❷ ist der Pfad oft so schmal, dass Sie bei Gegenverkehr zum Ausweichen ein paar Meter zurückgehen müssen. Umso entsetzter war ich, als ich während meiner Recherchewanderung bei Regen und Sturm frische Mountainbikespuren sah. Wer kommt denn auf eine solch halsbrecherische Idee?

✋ Vorsicht! Am **Philosopheneck** (Bank mit Blick auf die Lieserbrücke) ist die Oberfläche der Hangbrücke bei Regen sehr glitschig. Dahinter nehmen Sie die Brücke über einen Bach. Von links kommt hier ein Weg aus bzw. nach Pantenburg und Laufeld.

Überqueren Sie hier rechts den nächsten Bach. Bei Schneeschmelze und Regenperioden führt dies voraussichtlich zu nassen Füßen. Gehen Sie in einer Rechtskurve nach links zur ⌂ **Weifelsjunkhütte** ❸, von dort links bergab auf dem Mühlenweg. Der Weg beginnt hier recht breit, wird aber bald wieder zum gewohnten schmalen Pfad mit Sicherungen wie Geländern, Stützen und Stegen.

An einer großen Wegekreuzung gehen Sie nach links bergab, auf einer Wiese schräg links und überqueren die **Lieser** auf einer Brücke. Der Lieserpfad entfernt sich auf der folgenden Strecke ein wenig vom Fluss, kommt aber hinter der Kuppe Beilseit wieder zurück.

Zunächst einmal gehen Sie dem Fahlbach entgegen. Nach 200 m nehmen Sie an der Gabelung ❹ den rechten Pfad bergauf. (Der geradeaus verlaufende Weg führt im Fahlbachtal nach Oberöfflingen 🚌 und Laufeld ☕ ⌘ 🚌.)

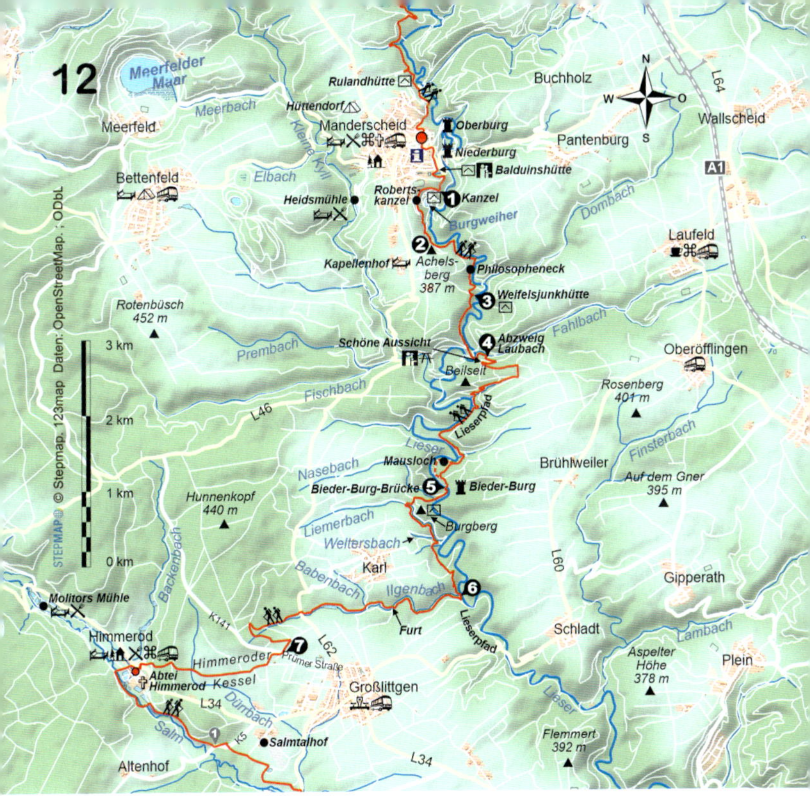
12
Meerfelder Maar
Meerfeld
Meerbach
Rulandhütte
Hüttendorf
Manderscheid
Kleine Kyll
Oberburg
Niederburg
Balduinshütte
Buchholz
Pantenburg
Wallscheid
L64
A1
Bettenfeld
Elbach
Heidsmühle
Roberts-kanzel
Kanzel
Burgweiher
Dombach
Laufeld
Kapellenhof
Achelsberg 387 m
Philosopheneck
Weifelsjunkhütte
Rotenbüsch 452 m
Schöne Aussicht
Abzweig Laubach
Fahlbach
Prembach
Beilseit
Oberöfflingen
Rosenberg 401 m
Fischbach
L46
Lieserpfad
Lieser
Finsterbach
Brühlweiler
Nasebach
Mausloch
Bieder-Burg-Brücke
Bieder-Burg
Auf dem Gner 395 m
Hunnenkopf 440 m
Liemerbach
Burgberg
Weltersbach
L60
Karl
Babenbach
Ilgenbach
Gipperath
Molitors Mühle
Backenbach
K141
Furt
Himmerod
Schladt
Lambach
Himmeroder
Prümer Straße
L62
Aspelter Höhe 378 m
Plein
Abtei Himmerod
Kessel
Großlittgen
L34
Dürrbach
Salm
K5
Salmtalhof
Flemmert 392 m
Altenhof
L34
3 km
2 km
1 km
0 km
STEPMAP © Stepmap, 123map Daten: OpenStreetMap ; ODbL

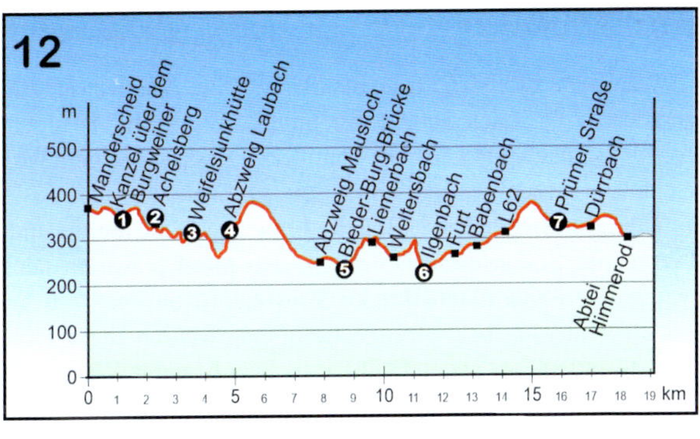
12
m
500
400
300
200
100
0
Manderscheid
Kanzel über dem Burgweiher
Achelsberg
Weifelsjunkhütte
Abzweig Laubach
Abzweig Mausloch
Bieder-Burg-Brücke
Liemerbach
Weltersbach
Ilgenbach
Furt
Babenbach
L62
Prümer Straße
Dürrbach
Abtei Himmerod
0 1 2 3 4 5 6 7 8 9 10 11 12 13 14 15 16 17 18 19 km

Überqueren Sie nun einen breiteren Weg von rechts und gehen weiter bergauf. Am **Rastplatz Schöne Aussicht** folgen Sie dem Forstweg scharf links und weiter bergauf. Nach gut 500 m haben Sie einen schönen Blick auf die Felder von Oberöfflingen, dort gehen Sie nach rechts und am Waldende wieder nach rechts.

An der folgenden Gabelung wandern Sie links am Waldrand bergab. Der Eifelsteig verlässt den Weg nach etwa 500 m scharf links ins Tal. Er führt kurz darauf wieder scharf rechts und neben einem Bach weiter ins Tal. Wenn linker Hand die Lieser schon zwischen den Bäumen zu sehen ist, gehen Sie in einer Serpentine nach links, überqueren den Bach (Vorsicht! Nasse Füße bei Regenwetter!), umlaufen ein weiteres Bachtal und nehmen dahinter den unteren Weg.

An einem **Felsen** mit luftiger Aussicht gehen Sie in Serpentinen und durch ein Seil gesichert bergab, die Wiese muss rechts des Pfades sein. An der Gabelung gehen Sie rechts bergab („Himmerod 10,2 km“). Überqueren Sie den nächsten Bach bitte vorsichtig. Im März nahm vor meinen Augen ein Wanderer bei Temperaturen um den Gefrierpunkt ein unfreiwilliges Bad darin. Dahinter können Sie zur Erholung einem etwas breiteren Weg nach rechts folgen.

Der ausgeschilderte geologische Aufschluss **Mausloch**, ein 10 m langer ehemaliger ∩ Stollen in einem Schieferfelsen, ist nur 100 m entfernt, Sie müssen bei diesem Abstecher auch nicht denselben Weg zurückgehen, vom Mausloch führt ein Weg weiter unten wieder auf den Eifelsteig und Lieserpfad.

Wer dem Eifelsteig treu bleibt, geht am Wegweiser zum Mausloch geradeaus. Wo nach 300 m der untere Weg vom Mausloch einmündet, gehen Sie nach links, direkt dahinter verlassen Sie den Weg und gehen rechts zur Lieser.

Über die **Bieder-Burg-Brücke** ❺ gelangen Sie auf die andere Seite der Lieser. Sie finden diese Brücke in den meisten Karten noch unter dem Namen Karl-Kaufmann-Brücke. Karl Kaufmann war von 1904 bis 1938 Vorsitzender des Eifelvereins, nach ihm wurden diese Brücke und der Hauptwanderweg (2) von Brühl nach Trier benannt. Wegen seiner Nazivergangenheit hat der Eifelverein seinen Hauptwanderweg bereits 2019 in Ville-Eifel-Weg umbenannt.

Der Verbandgemeinderat Wittlich-Land überlegte, ob die Brücke nach dem Moderator und Wanderautor Manuel Andrack benannt werden sollte, entschied sich dann aber 2020 bei der die Benennung der Brücke zugunsten der Bieder Burg, die im 14. Jahrhundert auf einem Felsvorsprung östlich der Brücke stand.

Sofort hinter der Brücke gehen Sie links den Weg am Lieserufer entlang. Das kurze ebene Stück hat kurz vor Ende der Wiese am Übergang über den **Nasebach** sein Ende. Es geht wieder bergauf und zwar steil!

Während Sie oben an der Wegkreuzung wieder zu Atem kommen, können Sie überlegen, ob Sie links einen 300 m langen ➯ Abstecher zur **Burgberghütte** mit Blick auf die Ruine der **Bieder-Burg** machen oder sofort geradeaus weiterwandern.

Der Weg führt nun bergab, weiter unten geradeaus durch den **Liemerbach** und dann nach links, also in Fließrichtung. (Wer bei hohem Wasserstand keine nassen Füße bekommen will, kann auch den Weg vor dem Bach links nehmen. Sie gehen dann nach einem Linksbogen scharf rechts und kommen auf einen Fahrweg am Lieserufer, auf dem eine Überquerung des Bachs problemlos ist.)

Liemerbach

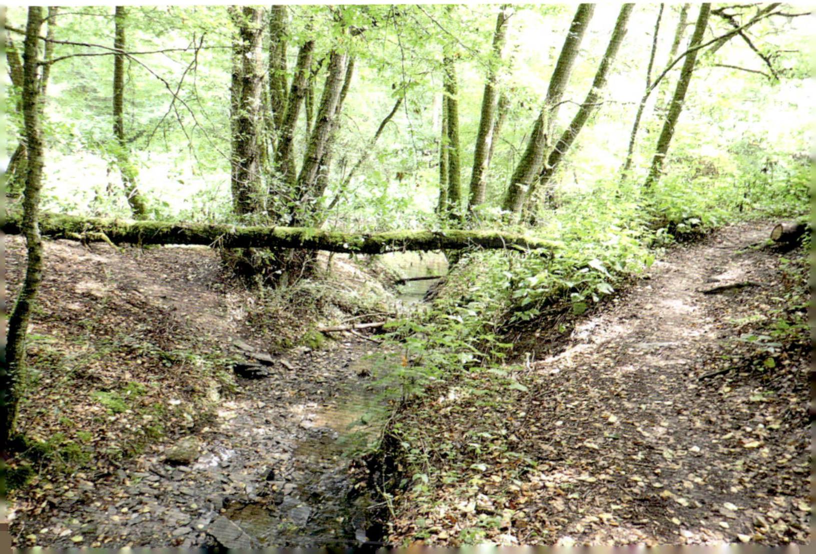

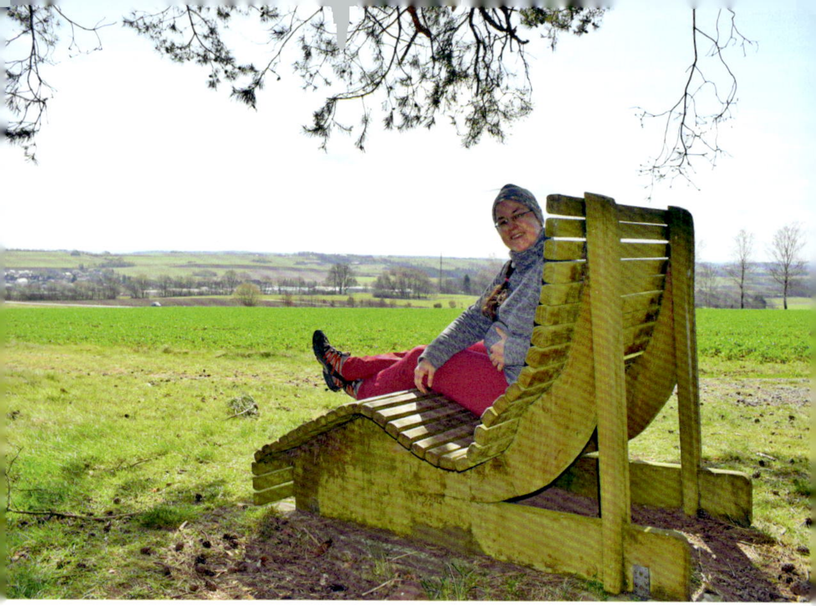

Liege mit Aussicht bei Großlittgen

Auf dem eigentlichen Weg gehen Sie am **Weltersbach** geradeaus und an einer T-Kreuzung nach rechts bergauf. An der nächsten T-Kreuzung, vor einem Hochsitz, wandern Sie nach links weiter und überqueren einen Bach. Ein Wegweiser zeigt nach rechts noch 1,5 km bis Karl an.

Der Weg führt nun geradeaus steil bergauf, der Wald lichtet sich. Folgen Sie dem Pfad am linken Wiesenrand zu einem Feldweg und diesem etwa 50 m hinauf zu einer Sitzbank (Karl rechts ➲ 1 km). Gehen Sie links zwischen Bäumen hindurch in einem Rechtsbogen bergauf, dann in Serpentinen bergab zur Lieser. Eine Brücke bringt Sie auf die andere Seite des **Ilgenbachs ❻**.

50 m dahinter verlassen Sie den Lieserpfad und wandern rechts den matschigen Weg am **Ilgenbach** hinauf. An einem mit 1 und 11 markierten Baum überqueren Sie den Bach und gehen rechts am Hang weiter.

↬ Wenn Sie wegen Hochwasser nicht über den Ilgenbach gehen können: Geradeaus erreichen Sie bald auch einen Fahrweg, auf dem Sie nach rechts bequem auf die andere Bachseite kommen.

An dem alten **Marienbildchen** gehen Sie geradeaus weiter. Bleiben Sie immer auf der nördlichen Seite des Ilgenbachs. An der nächsten Kreuzung geht es rechts nach Karl ➲ 500 m und links nach Großlittgen ➲ 1,5 km BANK.

Nun sind es noch gut 5 km nach Himmerod. Sie überqueren den **Babenbach**. Nach den letzten Stunden im Tal der rauschenden Lieser ist dieser Weg herrlich beschaulich, der Bach plätschert nur leise, sogar Vogelgezwitscher ist wieder zu hören. Sie passieren einen kleinen Stausee und gehen dahinter links am Zaun entlang auf eine Straße zu, deren Leitplanke schon zu sehen ist.

Überqueren Sie die **Manderscheider Straße** (L62) etwas nach rechts versetzt und laufen Sie auf der rechten Talseite weiter. Auch am Ende der Wiese wandern Sie weiter geradeaus, also in den Wald hinein. Nach einer Rechtsbiegung führt der Eifelsteig auf einen Forstweg, hier gehen Sie scharf links. Bald verlassen Sie den Wald mit einem Blick auf Großlittgen.

Umlaufen Sie die **dreistämmige Kiefer** mit der Holzliege und dem Blick nach Großlittgen auf ihrer rechten Seite und gehen Sie auf dem Grasweg nach links hangabwärts.

Licht und Schatten

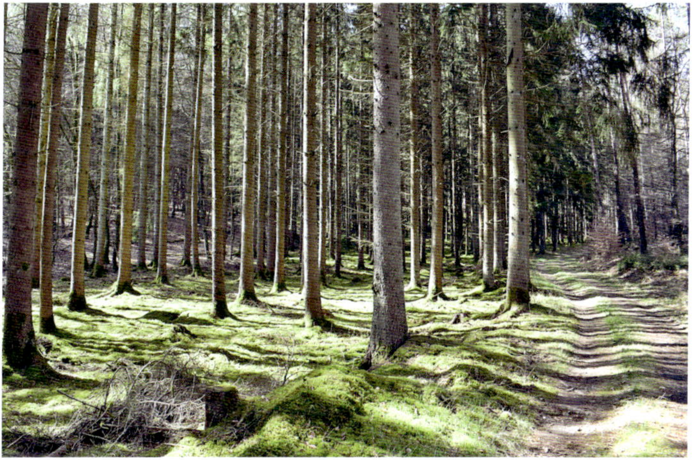

Hier haben Sie einen Fernblick auf etliche andere Dörfer und gehen halb links auf einen Wirtschaftsweg zu. Sie folgen ihm nach rechts und gehen auf eine Baumgruppe zu. Sie überqueren die Prümer Straße (K141) ❼ und wenden sich sofort hinter dem parallel zur Straße führenden Wassergraben nach rechts.

Der Weg führt eine Wiese hinauf, dabei halten Sie sich rechts von einem ehemaligen Munitionsdepot und haben einen ersten Blick in den **Himmeroder Kessel**. So wird die Talsenke genannt, durch die Sie nun bis zur Abtei Himmerod wandern werden.

Hinter dem Depotzaun gehen Sie nach links hinab zu einem Teerweg und folgen diesem nach rechts. Er führt durch die offene Senke. Wohlmeinende Menschen haben am **Dürrbach** eine Fußbrücke neben die Furt gebaut. Hier gehen Sie geradeaus in den Wald hinein.

An einer Waldkreuzung folgen Sie schräg links dem Wegweiser nach Himmerod und gehen auch über die nächste Waldkreuzung schräg links hinweg. Über den Klosterparkplatz erreichen Sie das Etappenziel, die **Abtei Himmerod**. Hier in der Südeifel wird dieser Name wie „Hammerd" ausgesprochen.

🛏 ✕ Gasthaus Graf Zils, Himmerod 1, 54534 Großlittgen, ☏ 065 75/44 80, 💻 www.gasthof-graf-zils.de, ✉ grafzils@t-online.de, ➲ am Weg (direkt neben der Abtei), 18 Betten, ÜF EZ € 38, DZ € 70,
Eifelsteig-Angebot: ÜF + Dreigängemenü € 47

♦ Molitors Mühle, Eichelhüttel, 54533 Eisenschmitt, ☏ 065 67/96 6-0, 💻 www.molitors-muehle.de, ✉ hotel@molitors-muehle.de, ➲ 1,5 km am Salmufer entlang, 100 Betten, ÜF EZ 90-100, DZ € 150-220, 🐕 12-18, Hotel mit umweltschonender Holzschnitzelheizung in einer alten Getreidemühle. Hier fehlt es an nichts: Dampfbad, Rasul, Finnsauna, Kneippbecken, Pfahlsauna, Badesee, Hammam, Beautyprogramme, Massagen, @ 🍎 🏊

⛪ Abtei Himmerod, Abteistraße 3, 54534 Großlittgen, Gästebüro: ☏ 065 75/95 13 80, 💻 www.abteihimmerod.de, ✉ info@abteihimmerod.de, ➲ am Weg, rund 50 Betten, ÜF EZ ab € 50, DZ ab € 90, im MBZ auf Anfrage, ⛺ Zelten in der Nähe des Klosters wird ermöglicht, Abendessen à la carte in der Klostergaststätte oder einfaches Klosterabendbrot (Brot, Wurst, Käse, Salat, Tee). Bestellen Sie Pater Stephan, dem ehemaligen Gastmeister, ganz liebe Grüße von mir. Die Gespräche mit ihm und die gastfreundliche Aufnahme haben mir sehr wohlgetan. Wie schön, dass er auch nach Auflösung des Konvents geblieben ist. 🍎

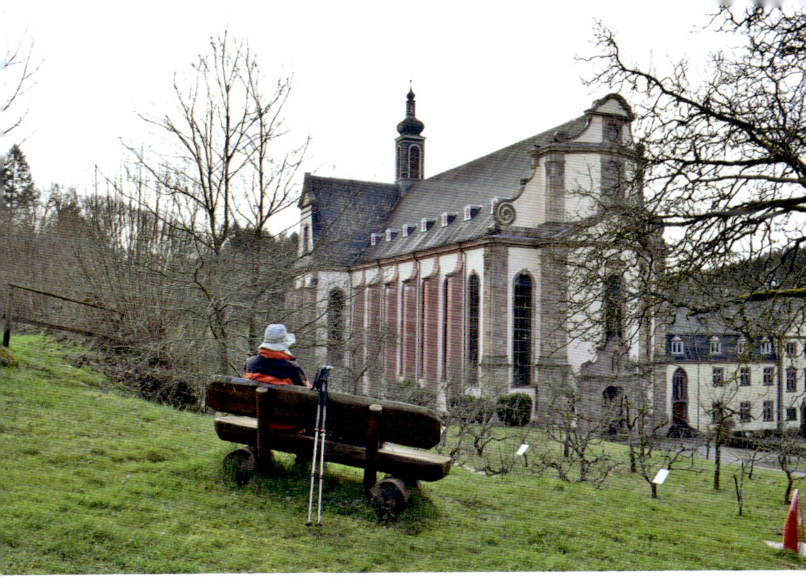

Abtei Himmerod

✕ Klostergaststätte, deftige Küche, süffiger Viez und Apfelsaft aus der Klosterkelterei, Mi-So 11:00-21:00

Klosterbäckerei & Café, Mo-Fr 6:00-18:00, Sa 6:00-13:30, So 7:30-17:00

Busverbindungen nach Wittlich und Großlittgen

Taxi Gutjahr-Reitz, Wittlich, ☏ 065 71/933 39

⌘ Museum Alte Mühle: In der noch intakten Wassermühle mit dem urigen Holzbackofen ist die Geschichte des Zisterzienserordens dokumentiert.

♦ Museum Alte Mühle, auf dem Abteigelände, April-Okt Di-So 14:00-17:00

✞ Abtei Himmerod: Der Gründer des Zisterzienserordens Bernhard von Clairvaux persönlich bestimmte den Ort, an dem dieses Kloster 1134 gegründet wurde. Nach der Auflösung durch Napoleon 1803 wurde es 1919 neu aufgebaut, die Kirche ist viel jünger, als Sie glauben mögen: Sie stammt aus dem Jahr 1960. 2017 wurde der Zisterzienser-Konvent aufgelöst, als „geistlicher Ort" soll Himmerod nach dem Wunsch des Bistums Trier erhalten bleiben.

www.abteihimmerod.de

13. Etappe: Himmerod – Gladbach

➲ 25,4 km, ⌛ 7 Std., ↑ 266 m, ↓ 324 m, ⇧ 184-324 m

0,0 km	⇧ 300 m	Himmerod, Abtei
4,0 km	⇧ 266 m	Großlittgermühle
6,0 km	⇧ 254 m	Meesenmühle
8,6 km	⇧ 244 m	Burgermühle
9,0 km	⇧ 254 m	Ranzenmühle
11,5 km	⇧ 324 m	Landscheid BANK
14,7 km	⇧ 236 m	Abzweig nach Niederkail (➲ 700 m)
21,0 km	⇧ 187 m	Bruch
25,4 km	⇧ 239 m	Gladbach

Mit duftendem Proviant aus der Klosterbäckerei begeben Sie sich auf eine Etappe, die dem Lauf der Salm folgt. Der Eifelsteig führt über breite Forstwege, weiche Waldwege und schmale Steige, durch saftig grüne Auenwiesen und dichten Wald. Sie werden staunen über die zahlreichen Mühlen, die es im Salmtal gab, einige davon sind noch recht gut erhalten. Die letzte Wanderstunde laufen Sie dem Gladbach entgegen auf Waldpfaden nach Gladbach.

In den meisten anderen Streckenempfehlungen endet die 13. Etappe schon nach gut 20 km in Bruch. Das bedeutet für die 14. Etappe eine Strecke von fast 28 km. Das war auch mein Vorschlag in der letzten Auflage. Doch leider gibt es inzwischen in Bruch keine Unterkunft mehr, die

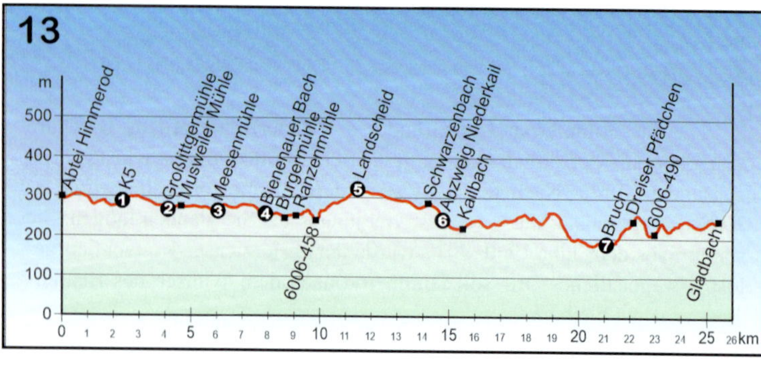

Übernachtung mit Frühstück anbietet. Wer sich für eine Übernachtung mit Frühstück in Gladbach entscheidet und dabei mit Zigarettenrauch (nur an der Bar, nicht in den Zimmern) arrangieren kann, kann zwei gleichlange Tagestouren von je 24 km wandern.

Gehen Sie aus dem Abteitor und halb links einen Fußweg hinab und überqueren Sie den **Backenbach**. An der Weidenkapelle vorbei laufen Sie durch die Auen, überqueren die **Salm** und gehen nach links auf dem Weg am Salmufer entlang. Hinter den Teichen bietet die Abtei noch einmal einen schönen Anblick.

Hier ist auch ein **Ehrenfriedhof** ausgeschildert, diesem Schild folgen Sie nach links ein paar Stufen hinab. Sie gehen über eine Holzbrücke zurück auf die andere Salmseite und weiter auf einem Pfad. An einer T-Kreuzung hinter einem Teich gehen Sie nach rechts auf einen Waldweg, der parallel zur Salm verläuft. An einer Einmündung von links gehen Sie weiter geradeaus auf dem Waldweg bis zur Straße K5 ❶.

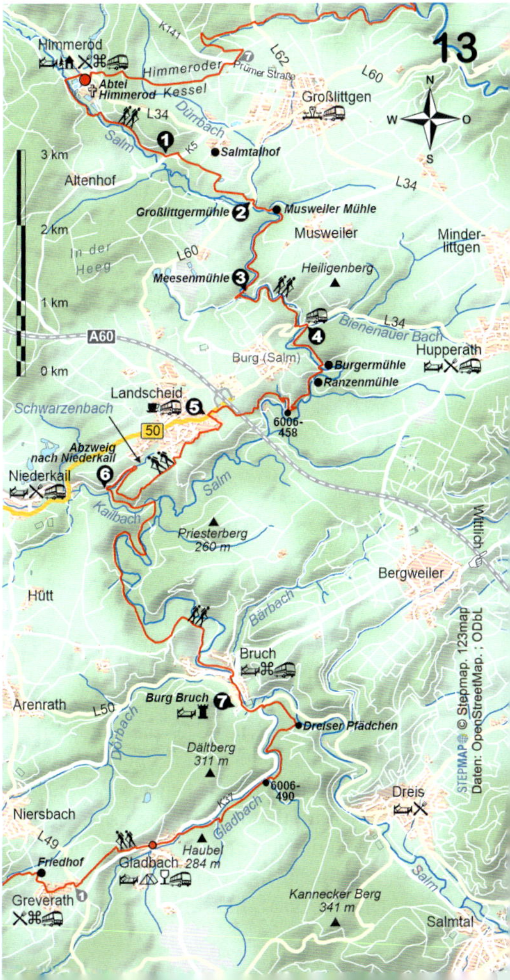

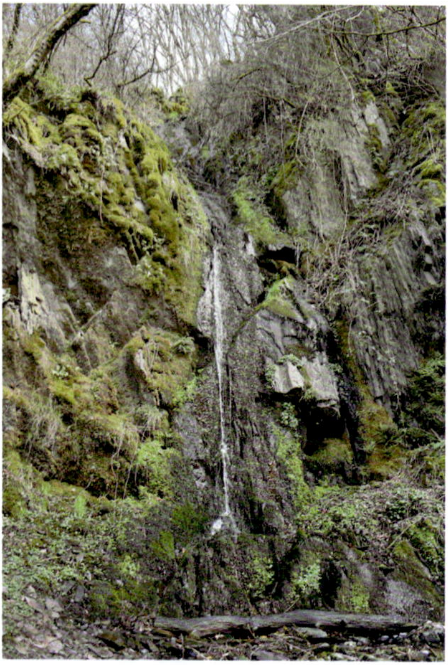

Miniwasserfall im Salmtal

Dieser folgen Sie für etwa 100 m nach links, dann gehen Sie in einer Rechtskurve geradeaus den **Hohlweg** hinauf und folgen auf der Höhe dem Pfad nach rechts zurück zur K5. Queren Sie die Straße und folgen Sie dem Pfad auf der anderen Straßenseite geradeaus in den Wald hinein.

Sie wandern bergauf und am Waldrand weiter. Links liegt im Feld der **Salmtalhof**, an seiner Zufahrt gehen Sie weiter geradeaus, passieren eine Tongrube und biegen an einer schönen Sitzbank an einem Weiher nach rechts ab.

Ignorieren Sie den Feldweg von links und gehen Sie geradeaus auf ein Haus mit einer hohen Hecke zu. Dort laufen Sie links am Waldrand entlang. An vier hohen Tannen nehmen Sie den Pfad nach rechts bergab zur **Großlittgermühle ❷**.

Hier folgen Sie der Straße für 30 m nach rechts und gehen vor der Salmbrücke nach links. Dort führt der Weg als Feldweg auf der linken Salmseite zum Steinbruch Großlittgermühle.

An der **Musweiler Mühle** gehen Sie rechts zwischen den Gebäuden des Mühlgrundstücks hindurch. Sie halten sich immer möglichst nah an der Salm, deshalb wählen Sie auch am Hochsitz den rechten Pfad. Er verläuft direkt neben der Salm und ist mitunter etwas matschig.

Oberhalb der Staustufe gehen Sie geradeaus weiter parallel zur Salm, an der **Meesenmühle ❸** gehen Sie rechts über den Mühlbach und die Salm. Schon an der nächsten Forstwegkreuzung biegen Sie scharf nach links ab. Nach 15 m nehmen Sie an einer Ruhebank links den schmaleren Weg. Er führt leicht bergauf, links im Tal plätschert die Salm.

Halten Sie sich auf der linken Seite der großen **Lichtung** und folgen Sie an deren Ende dem Waldpfad nach links bergab, er verläuft als Steig auf der rechten Salmseite und endet – inzwischen wieder auf Forstwegbreite – an der Zufahrt zu einer Kläranlage. An dem Picknickplatz an der Kläranlage folgen Sie dem Teerweg leicht bergauf, der Teer hat aber bald ein Ende. An einer Schranke gehen Sie nach links, nach 50 m scharf links hinab zur L34. Am Straßenrand laufen Sie nach links über eine Straßenbrücke und verlassen die Bundesstraße nach 120 m an der Bushaltestelle. (Geradeaus führt die L34 nach Hupperath.)

Hupperath

3 km 54518, 600 Einw.

Hotel & Restaurant Eifeler Hof, Wittlicher Straße 16, 065 71/974 70, www.eifeler-hof-hupperath.de, info@eifeler-hof-hupperath.de, 3 km, 35 Betten, ÜF im EZ € 53, im DZ € 45, im DBZ € 42, € 8, gemütliches familiengeführtes Drei-Sterne-Hotel, @ (zwischen Himmerod und Bruch 30 Cent je km)

Busverbindungen nach Wittlich, Landscheid, Karl, Großlittgen, Üdersdorf, Trittscheid, Gemünden, Manderscheid und Daun

Wanderer am Bienenauer Bach

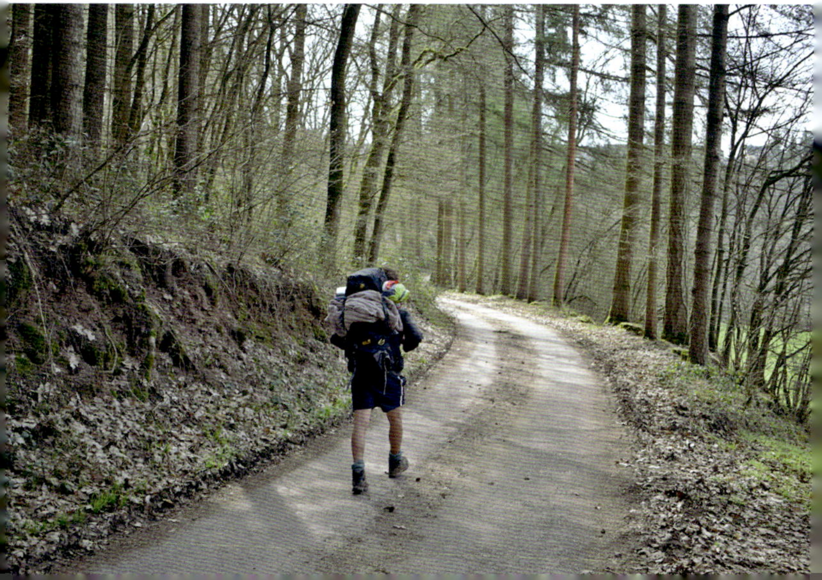

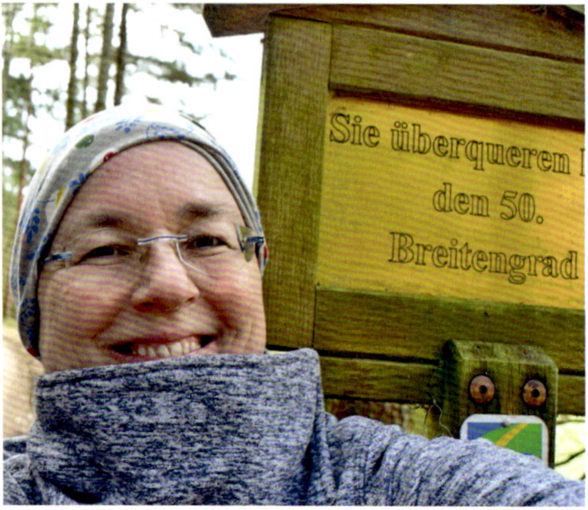

Am Breitengrad

Sie biegen rechts in das Sträßchen ab und überqueren kurz hintereinander den **Bienenauer Bach** ❹ und den **50. Breitengrad**.

Am ehemaligen Hotel Viktoria gehen Sie links, dann vor der **Burgermühle** rechts auf einer Steinbrücke über den Mühlbach und die Salm, dahinter nach links bergauf.

Sie gehen an einem Fels nach rechts hinab zur **Ranzenmühle** und an deren Zufahrt geradeaus, bleiben also auf der rechten Salmseite. An einer Viehweide nehmen Sie den rechten/oberen Weg, an der nächsten Gabelung den linken/unteren.

Am Ende des Weges gehen Sie nach links bergab und folgen an einer Rastbank einer Haarnadelkurve. Am Rettungspunkt 6006-458 wandern Sie nach rechts bergauf und folgen dem Weg an einem kleinen Bachübergang in einer Haarnadelkurve nach links.

Sie unterqueren die Autobahnbrücke der A60, dahinter führt der Weg bergauf ein Stück neben der A60 entlang, dann in einem weiten Linksbogen nach **Landscheid** ☕ 🏪 BANK 🚌 ❺ hinein.

An der Feuerwehr biegen Sie links in die Straße Auf'm Mühlenberg, die zum Schotterweg wird und hinter dem letzten Haus nach rechts durch die Felder führt. Hinter dem Haus Nummer 15 (es gehört zur Straße Zum Mühlenberg) gehen Sie nach links und wandern eine Weile hinter den Gärten von Landscheid auf einem Feldweg. Hinter einem eingezäunten Grundstück gehen Sie nach rechts bis zur Maarstraße, am nächsten Abzweig nach rechts und durch offenes Ackerland zu einem Waldstück. Der Weg führt durch lichten Wald zu einer Weggabelung, an der Sie sich rechts halten.

Dieser Weg war bei meinen Recherchen wegen Wegebauarbeiten gesperrt. Sollte die Sperrung noch bis zu Ihrer Wanderung anhalten, folgen Sie der markierten Umleitung nach links bergab zu einer T-Kreuzung. Dort treffen Sie wieder auf den Eifelsteig und folgen ihm nach links über den Kailbach (die Umleitung verkürzt die Etappe um 1,7 km).

Der Weg führt in einer Haarnadelkurve links um das Tal des **Schwarzenbachs** herum, nehmen Sie hinter der Kurve den linken/unteren Weg. Er führt zu einer T-Kreuzung mit einer Sitzbank am Abzweig nach **Niederkail** ❻.

Landscheid-Niederkail 700 m 54526, 540 Einw.

Hotel Lamberty, Brückenstraße 8, 065 75/951 80, www.hotel-lamberty.de, hotel-lamberty@t-online.de, 1,5 km (auf Wanderwegen), 40 Betten, ÜF EZ € 50, DZ € 80, @ (vom/zum Waldhotel), Lesertipp

Busverbindungen nach Hupperath, Landscheid und Wittlich

An der Bank gehen Sie auf einem Schotterweg nach links und über den Schwarzenbach und am Klärwerk vorbei. Sie überqueren den **Kailbach** auf einer Brücke und folgen 20 m weiter dem Weg nach rechts leicht bergauf. An einer Einmündung von rechts gehen Sie geradeaus, kurz darauf folgen Sie dem Weg nach rechts.

Der Weg nimmt eine Rechtskurve, dahinter gehen Sie geradeaus. Was Sie nun zuerst links neben sich fließen hören und dann auch sehen, ist wieder die Salm. Der Weg verläuft neben einer Felswand, fast schon würde er wie ein Hohlweg wirken, wäre da nicht immer noch die **Salm** wahrzunehmen. Am Ende der Felspassage gehen Sie geradeaus und nach 20 m rechts. Sie queren ein kleines Bächlein und gehen geradeaus. Dabei ignorieren Sie die beiden Wege mit den orange geringelten Pfählen. Der Weg führt hoch über der Salm am Waldrand den Berg hinauf.

An einer Wegkreuzung wandern Sie nach links wieder leicht bergab, hinter dem Rastplatz können Sie Bruch schon sehen. Überqueren Sie die Salm auf einer Betonbrücke, dahinter gehen Sie rechts und auf dem Teerweg links der Salm in den Ort Bruch (von Einheimischen meist eher „Bruuch“ ausgesprochen) hinein.

Auf der Schulstraße überqueren Sie die Salm, wenden sich am Gedenkstein der Motorradfreunde Bruch nach links zur Ölmühle und laufen dort links neben Mühlbach und Salm auf einem schmalen Wiesenpfad mit zwei Treppen bis zu einer zweiten Brücke. Am oberen Ende der Treppe kreuzen Sie den Borweg und folgen geradeaus der Burgstraße bis zur ♜ **Burg Bruch** ❼ direkt an der Straße nach Dreis (auch Dreiser Pfädchen genannt).

Bruch 54518, 480 Einw.

Burg Bruch, Dr. Ingrid Förschner, In der Burg 1, ☏ 065 78/16 20, www.burg-bruch.de, info@burg-bruch.de, ➲ am Weg, 6 Betten in Zweibettzimmern, kein (!) Frühstück, Mindestaufenthalt 2 Nächte, Ü EZ € 60-80, DZ € 100-120. Hier übernachten Sie in einer echten Burg im malerischen Salmtal, genauer gesagt: in einem barocken Gebäudeteil aus dem Jahr 1704. Gäste dürfen den Bergfried besteigen und die ehemalige Kapelle besichtigen. Teich mit Badesteg, 10.000 m² Garten, Wegstreckenberatung,

♦ FeWo Pitsch, Borweg 4, ☏ 065 78/521, www.eifelsteig-ferienwohnung-pitsch.de, info@eifelsteig-ferienwohnung-pitsch.de, ➲ 20 m, 5 Betten, Ü EZ € 40, DZ € 70, € 5, @

♦ Pension Hoffmann, Auf der Katz 8, ☏ 065 78/99 23 92, ➲ am Weg, 8 Betten, Ü ab € 32,

Busverbindungen nach Wittlich, Dreis, Gladbach und Zemmer

Taxi Wittlich, ☏ 065 71/56 56

♜ Burg Bruch wurde an dem bereits 1138 urkundlich erwähnten Sitz der Herren von Bruch erbaut, vermutlich 1243. Erweiterungen erfolgten um 1340 und 1650. Im Jahr 1995 stieß die Familie Förschner auf die verwaiste Burg und renovierte sie in liebevoller Fleißarbeit. Heute kann sie von außen besichtigt werden, von Übernachtungsgästen auch von innen.

⌘ Ölmühle aus dem 19. Jahrhundert, die Vorgängermühle stammt aus dem Jahr 1284.

Alternative Unterkünfte, von Bruch erreichbar mit :

Hotel Vulcano Lindenhof, Am Mundwald 5, 54515 Wittlich, ☏ 065 71/69 20 www.lindenhof-wittlich.de, hotel@lindenhof-wittlich.de, ➲ 10 km (13 Min Autofahrt oder auf der 12. Etappe auf dem Lieserpfad bleiben, statt nach Himmerod abzubiegen), 76 Betten, ÜF EZ € 80-105, DZ € 129-155, Little Spa mit Indoor-Pool, Sauna, Infrarotkabine, Dampfbad und Gradierwerk. Streckeninfo, @

🛏 ✕ Waldhotel Sonnora, Auf'm Eichelfeld, 54518 Dreis, ☏ 065 78/982 20, www.hotel-sonnora.de, info@hotel-sonnora.de, ➲ 3 km (auf dem Dreiser Pfädchen an der Salm entlang), 15 Zimmer, ÜF EZ € 170, DZ € 220, Zustellbett € 30, edles Ambiente, gute Küche, @

An der Burg laufen Sie Richtung Dreis, zunächst für etwa 100 m auf der Straße, danach hinter einer Bank mit Kruzifix auf einem Grasweg neben der Straße. Sie überqueren die K37 (nach Gladbach und Greverath) und den **Gladbach**, dahinter folgen Sie einem Waldweg nach rechts bergauf.

Wenn der Forstweg nach rechts abknickt, gehen Sie geradeaus weiter. Der Wald wird lichter, im Sommer laufen Sie nun ein Stück durch blühendes Eifelgold (Ginster). Im Hochwald geht es nun nach einem kurzen Bergab-Stück rechts auf einem Pfad bergauf. Am Übergang von Laub- zu Nadelwald laufen Sie an der T-Kreuzung nach rechts auf einem weichen Waldweg bergab. Sie erreichen den Gladbach und folgen ihm auf dem Uferweg. An einer Zufahrt zur K37 bleiben Sie geradeaus neben dem Gladbach. Vor einer Linkskurve gehen Sie den Pfad bergab nach rechts zu einer Bank und einem Holzsteg über einen Zulauf des Gladbachs.

Sie erreichen einen Teerweg (Rettungspunkt 6006-490), diesen überqueren Sie und folgen dem Steig neben dem Bach über zahlreiche Wurzeln. An einer Lichtung wird er zum Waldweg und mündet in einen Forstweg. Auf diesem wandern Sie geradeaus weiter bis zu einem **einzelnen Haus**. 50 m vor dem Haus führt halb links ein Pfad wieder in den Wald und am Fuß des Haubel (284 m) weiter dem Bach entgegen. Auf einem Holzsteg überqueren Sie den Gladbach, dahinter laufen Sie halb links nach **Gladbach** hinein. Folgen Sie nun links dem Mühlenweg. Sie queren die Straße Im Flürchen und wandern an einer abknickenden Vorfahrtstraße geradeaus Richtung Greverath. Der Mühlenweg heißt inzwischen Neustraße.

Gladbach

🛏 ⛺ 🍷 🚌 ✉ 54518, 360 Einw.

🛏 🍷 Gasthaus Kronauer, Peter-Mergen-Straße 37, ☏ 065 08/10 92, 01 75/225 95 02, u.kronauer@gmx.de, ➲ 300 m, 7 Betten, ÜF € 32, € 5. Ferner werden ein Blockhaus und eine FeWo vermietet. Wermutstropfen für Nichtraucher: An der Theke darf geraucht werden. Streckenberatung, Kaminfeuer, Lesertipp, @

⛺ am Blockhaus des Gasthauses, Zelt € 4, pro Person € 3,50, Dusche € 3,50

🚌 Busverbindungen nach Wittlich, Bruch, Zemmer und Dreis

14. Etappe: Gladbach – Kordel

23,0 km, 7 Std., ↑ 358 m, ↓ 469 m, ⇧ 138-401 m

0,0 km	⇧ 239 m	Gladbach
1,3 km	⇧ 300 m	Greverath ⌘
4,1 km	⇧ 346 m	Steinesseberchen
6,8 km	⇧ 394 m	Rothaus
8,6 km	⇧ 365 m	Zemmer BANK ⌘
11,8 km	⇧ 385 m	Kreuzmühlenplatz
14,0 km	⇧ 384 m	Rodt
17,9 km	⇧ 146 m	Deimlinger Mühle
20,4 km	⇧ 219 m	Froschley
21,7 km	⇧ 205 m	Kauley
23,0 km	⇧ 138 m	Kordel BANK

Nach dem Start in Gladbach laufen Sie durch Offenland hinüber nach Greverath. Von hier führt der Weg durch ein Bachtal zu einer Quelle und durch schattigen Wald zum Rothaus. Den Ort Zemmer umlaufen Sie und haben hoffentlich in Rodt noch die Kraft, den Aussichtsturm mit seinem phänomenalen Rundumblick zu besteigen. Am Schleidweiler Bach und an der Kyll wandern Sie dem Tagesziel entgegen und werden kurz vor Kordel einige sehenswerte Sandsteinformationen bestaunen können.

Hinter dem Ortsausgangsschild folgen Sie dem Pfad nach rechts und bergauf in den Wald. Nach ein paar Serpentinchen gehen Sie nach links, nach 20 m ignorieren Sie den Weg von rechts und laufen parallel zur Straße bergauf. An der nächsten Gabelung gehen Sie nach rechts, am Steinkreuz nach links, Sie folgen hier einem Forstweg. Hinter einer rot-weißen Schranke verlassen Sie den Wald und laufen geradeaus auf **Greverath** ⌘ ❶ zu.

Am Ortseingangsschild gehen Sie nach rechts, hinter der Pizzeria Zum Weißenstein biegen Sie links in die Straße Zum Weißenstein. Hier finden Sie eine gute **Übersichtstafel** mit den nächsten Rastgelegenheiten.

An der Linde mit den Sitzbänken gegenüber der alten Eifeler Obstbrennerei biegen Sie rechts in die Hubertusstraße ein und laufen geradeaus aus dem Ort heraus. Dabei passieren Sie die ⌘ **Alte Dorfschmiede** mit einem überdachten Rastplatz.

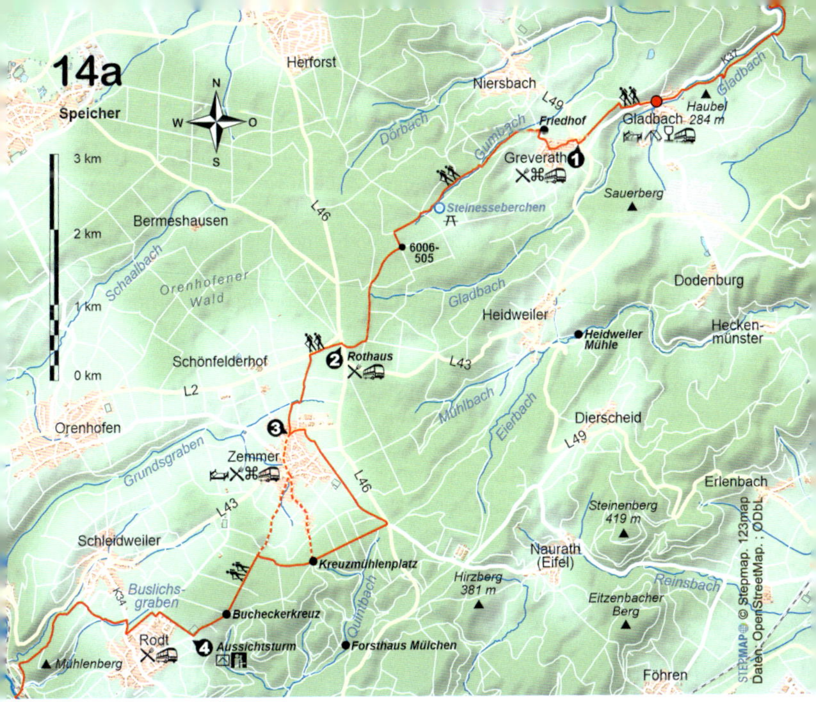

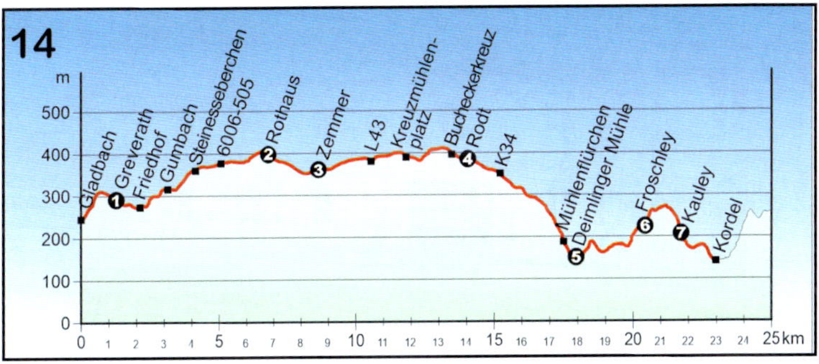

Am Friedhof folgen Sie dem Teerweg noch nach links, hinter der Stromleitung orientieren Sie sich an dem Schild „Zum Steinesseberchen" nach rechts. Der Weg stößt auf einen Forstweg, dort überqueren Sie den **Gumbach** nach rechts, gehen dahinter nach links und laufen auf dem Waldweg stetig bergauf.

Linker Hand liegt ein idyllischer ⩩ Rastplatz mit Teichen, das ist die Quelle **Steinesseberchen**. Dahinter stoßen Sie auf eine Forstwegkreuzung, Sie gehen 10 m nach rechts bis zu einer zweiten Kreuzung, dort gehen Sie nach links und passieren eine weiß-rote Schranke.

An der nächsten Wegkreuzung laufen Sie nach links zu einer weiteren Kreuzung und gehen rechts am Rettungspunkt 6006-505 vorbei zu einer Infotafel über die **römische Langmauer**, die hier im 4. Jahrhundert auf 72 km Länge vermutlich eine rund 220 km² große kaiserliche Gutsanlage umfasste. Gebaut wurde sie für Valentian I, der in Trier residierte. Wandern Sie geradeaus weiter bis zur nächsten Kreuzung, dort geht der Weg nach rechts weiter und mündet am **Rothaus** ✕ 🚌 ❷.

✕ Gasthof Rothaus, 💻 www.gasthof-rothaus.de, 🚪 Di-So 11:00-23:00, ehemalige Postkutschenstation mit großem Biergarten.

Das Rothaus

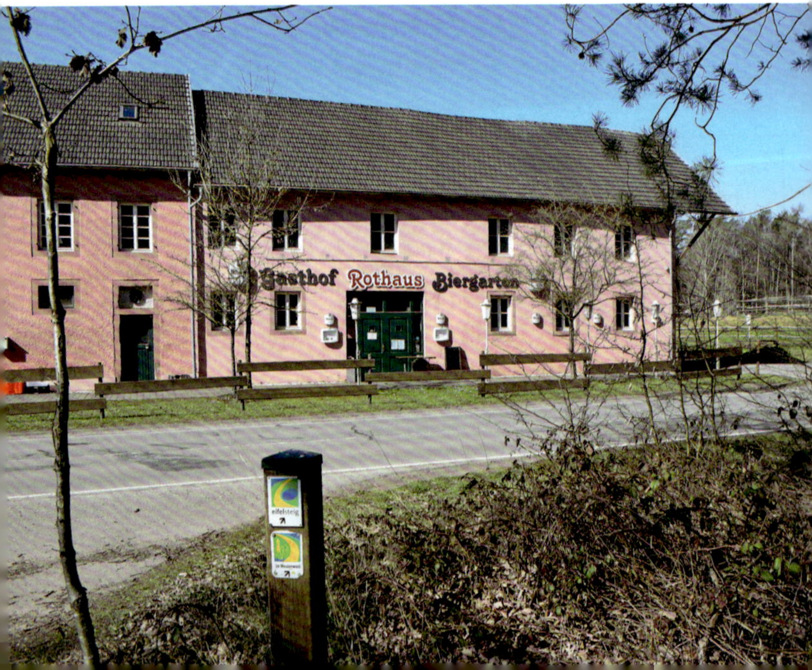

Überqueren Sie die L 46 und laufen Sie rechts am Rothaus entlang über den Parkplatz und seine Verlängerung auf einem Fuß- und Radweg neben der Straße nach Schönfelderhof. Nach rechts haben Sie einen Fernblick über den Orenhofener Wald.

Biegen Sie links ab auf einen Feldweg und gehen Sie an einem Hochspannungsmast vorbei hinunter Richtung Zemmer. Sobald der Weg wieder geteert ist, verlassen Sie ihn nach rechts und folgen dem Schotterweg durch eine Linkskurve. An einer Wegkreuzung halten Sie sich parallel zum Zaun, der Weg wird im Ort zur Straße In den Eichen und trifft auf die L43 ❸.

Zemmer 54313, 1.140 Einw.

Hotel & Restaurant Denis, Kreuzfelder Straße 15, ☎ 065 80/431, 01 60/94 65 20 23, denis-zemmer.de, ralf.denis@yahoo.de, 250 m, 18 Betten, Ü EZ € 40, DZ € 58, Zustellbett € 20, F € 8,50, FeWo € 110. Im Restaurant gibt es erlesene Gerichte und herzhafte Salate. Lesertipp,

Ferienhaus Poss, Naurather Straße 22, 01 72/651 85 24, possost@aol.com, 450 m, Ferienhaus für bis zu 5 Personen, Ü (2 Personen € 98), Mindestmietdauer 3 Tage, also als Quartier für die letzten drei Etappen denkbar. Die Gastleute arbeiten in Trier (in einem Wanderschuhshop!) und sind mit behilflich. @

Busverbindungen nach nach Wittlich, Gladbach, Bruch und Dreis

⌘ Heimatmuseum

♦ ☎ 065 80/495-452, nach tel. Anmeldung, Gebrauchsgegenstände aus dem bäuerlichen Leben und Handwerkszeug

Der Eifelsteig wird nicht mehr durch Zemmer, sondern in einem großen Bogen am Ortsrand entlanggeführt. Wer schneller sein will oder in Zemmer etwas zu erledigen hat, läuft in den Ort hinein und folgt an der Mülchenstraße oder der Waldstraße den Wegweisern für die örtlichen Wanderwege 2, 3 und 4 zum Kreuzmühlenplatz.

Wer tapfer dem gekennzeichneten Eifelsteig folgt, geht nach links und auf der Straße Am Schießberg aus dem Ort heraus. An der Hausnummer 33 biegen Sie rechts in einen Feldweg ab und laufen durch Wiesen. Sie kreuzen zwei Straßen, an der zweiten passieren Sie einen Fußballplatz. An einem **Holzschuppen** entdecken Sie einen improvisierten Rastplatz unter einem Schutzdach, hier sind Eifelsteig-Wanderer ausdrücklich willkommen.

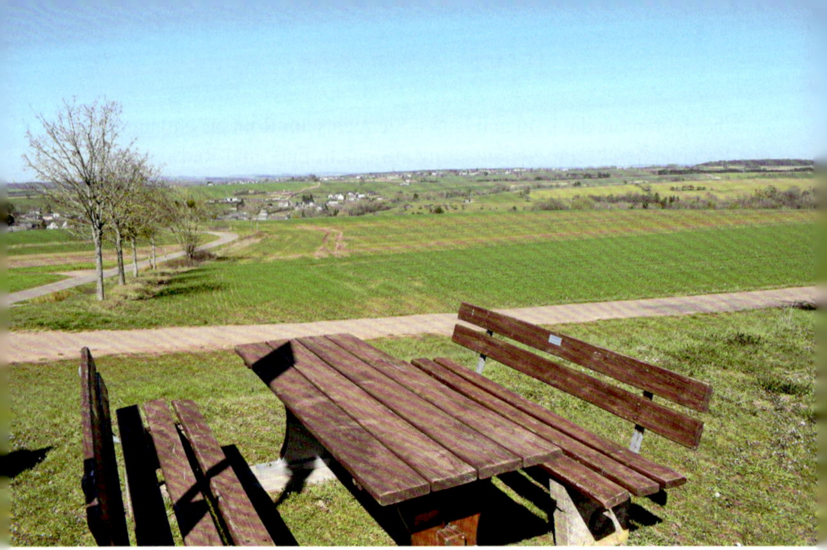

Rastbank bei Rodt

Auch am Waldrand gehen Sie noch geradeaus bis zur **L46**. Hier folgen Sie dem Radweg nach rechts und gehen nach 40 m erneut rechts (Schranke). Eine breite Wanderwaldautobahn bringt Sie nach 1,2 km auf einer anfangs schnurgeraden Strecke bis zu einer großen Wegekreuzung namens **Kreuzmühlenplatz** (Rettungspunkt 6106-764). Er verdankt seinen Namen dem Umstand, dass (von Zemmer kommend) links die Heidweiler Mühle, geradeaus das Mühlchen und die Büchelsmühle, halb rechts die Heldmühle und die Deimlinger Mühle und rechts die Itteltalmühle liegen.

Nehmen Sie am Kreuzmühlenplatz den Weg an dem Metallkreuz, also geradeaus. Der Weg verlässt den Wald und führt zwischen Wald und Feld weiter. An einer Waldwegkreuzung gehen Sie links und an der nächsten Kreuzung geradeaus bis zu einer alten **Pferdetränke**, sie wurde 1940 von Soldaten der nahe gelegenen Bunker gebaut.

Das Bucheckerkreuz

Auch das Kreuz vor der Tränke ist einen Blick wert. Können Sie die Inschrift entziffern? Hier meinte wohl jemand, etwas Geschriebenes gehöre auf jedes Kreuz, war aber selbst des Schreibens nicht mächtig. Selbst wenn Sie meinen, die Jahreszahl 1635 zu erkennen, weiß niemand, ob dies eine authentische Jahreszahl ist oder der Urheber Sie irgendwo abmalte.

Der Legende nach wurde hier ein Mann aus Zemmer namens „Krämer” erschlagen, vielleicht war Krämer aber auch seine Berufsbezeichnung oder beides. Er wollte in Winterdorf eine Erbschaft abholen, kehrte aber nicht mehr zurück, seine Leiche fand man später an dieser Stelle. Zur Aufklärung des Verbrechens mussten alle Männer der Fidei zwischen 20 bis 60 Jahren an der Bahre vorbeigehen, dabei zuckte der Nachbarssohn des Krämers zusammen, legte ein Geständnis ab, wurde zum Tode verurteilt und am Galgen unterhalb des Schönfelderhofes hingerichtet.

Hier gehen Sie halb rechts und erreichen einen Sportplatz mit Picknicktisch und Schutzhütte, eine Infotafel und einen **Aussichtsturm** ❹. Der Ort geradeaus ist Rodt, der Ortsname leitet sich von Rodung ab.

Hinter dem Sportplatz wandern Sie rechts herum, auf einem Schotterstreifen neben dem Teerweg am Waldrand. Hier haben Sie einen schönen Fernblick, ohne auf den Aussichtsturm gestiegen zu sein. Am Ende der Straße **Am Eifelsteig** (was für ein schöner Straßenname!) gehen Sie nach links und am Schild „Willkommen in Rodt“ nach rechts. Neben dem Picknicktisch laufen Sie den geteerten Feldweg hinab.

Nach 100 m wandern Sie nach links auf einem Feldweg durch den Acker zur K34. Dieser folgen Sie nach rechts. Etwa 40 m hinter einem überdachten **Picknickplatz** mit einem großen Stein gehen Sie links auf dem Pfad am Feldrand neben dem „Buslichsgraben“ bergab. Die Wiese ist mitunter etwas sumpfig. Unten angekommen folgen Sie dem Teerweg nach rechts bis zur T-Kreuzung.

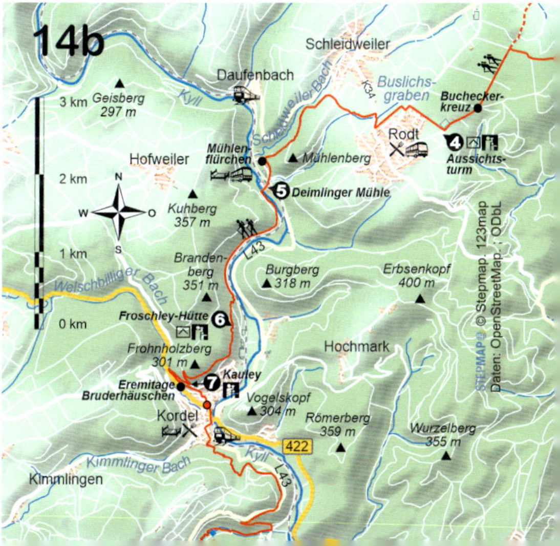

Hinter dem Holzzaun wandern Sie geradeaus weiter. Sie queren einen Fahrweg und laufen geradeaus auf einem Grasweg zwischen Weiden zu einem Schotterweg, dort gehen Sie links und an einer Kläranlage vorbei oberhalb des **Schleidweiler Bachs**. Rechts ist ein kleiner Abstecher zu einem Wassertretbecken möglich.

Hinter einem Rastplatz gehen Sie schräg rechts bergab. Hier können Sie einmal mehr die eindrucksvolle Tiefe eines Bachtals gepaart mit Felsen auf sich wirken lassen. Nach einer leichten Rechtskurve führt der Weg an einer Gabelung rechts weiter bergab. In einer Linkskurve sind schon die Dächer der Häuser von **Mühlenflürchen** zu sehen. Sie folgen der Straße in Verlängerung des Weges bis zur Bushaltestelle.

Zemmer-Daufenbach ➲ 900 m 54313, 160 Einw.

Ferienhaus Kylltal, Marliese & Frank-Peter Holz, Im Mühlenflürchen 29, ☏ 065 05/82 55, www.ferienhaus-kylltal.de, anfrage@ferienhaus-kylltal.de, ➲ am Weg, Ferienhaus für bis zu 6 Personen, Mindestmietdauer 3 Nächte, 3 Nächte ab € 370 (20 Minuten zu Fuß zum Bahnhof Daufenbach, von dort 25 Min Fahrzeit bis Trier),

Busverbindungen nach Zemmer und Rodt

Sie wandern halb links über den Höldbach, dann queren Sie auf dem Kyllradweg nacheinander die L43, die Bahnlinie und die Kyll an der **Deimlinger Mühle ❺**. Unmittelbar hinter der Kyllbrücke laufen Sie links auf dem Pfad weiter.

Bei Hochwasser bleiben Sie auf dem Kyllradweg. Nach etwa 300 m treffen sich beide Varianten wieder und führen halb rechts bergauf.

Der Eifelsteig verlässt nach etwa 20 m den Kyllradweg nach rechts, den unauffälligen Pfad den Hang hinauf können Sie leicht übersehen, aber die Markierungen an den Bäumen zeigen zuverlässig an, wie die Wegpaten es sich gedacht hatten.

☺ Wenn Ihnen dieses Kraxel-Abenteuer nicht behagt, bleiben Sie einfach auf dem Kyllradweg. Es folgen noch zwei weitere Möglichkeiten, von dort auf den Eifelsteig zurückzukehren.

Der Pfad führt für etwa 500 m meist in Sichtweite des Kyllradweg über einen Ausläufer des Kuhbergs. Es geht auf einem schmalen Steig durch urigen Wald mit moosbewachsenen Bäumen und Felsen. Mit zwei Stufen geht es zurück zum Kyllradweg, dem Sie nach rechts folgen.

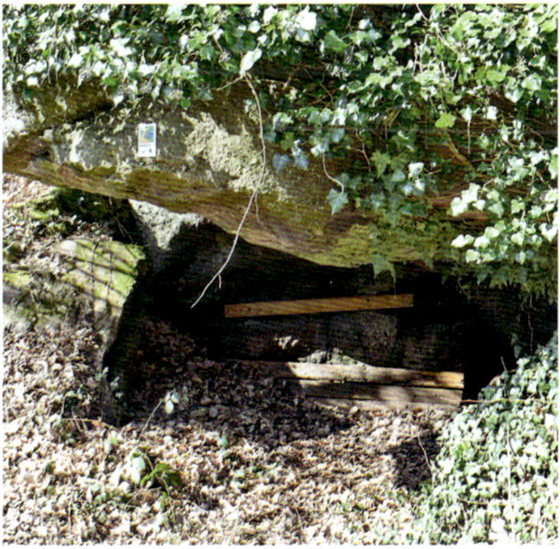
Kleine Höhle am Kyllradweg

Nach etwa 200 m – Sie müssen eine kleine ∩ **Höhle** passiert haben – führt der Eifelsteig erneut auf einem schmalen Pfad rechts in den Hang. Der schmale Steig entfernt sich etwas vom Radweg und endet an einem Rückeweg. Folgen Sie diesem nach rechts zurück auf den Kyllradweg.

Nach etwa 400 m kommen links zwei Rastbänke in Sicht. Sie gehen nicht zu den Bänken, sondern steigen an dem Punkt, an dem Sie die Bänke sehen können, scharf rechts den steilen Hang hinauf, einige Stufen helfen dabei.

☝ Dieser Pfad bergauf war bei meinen Recherchen wegen Wegebauarbeiten gesperrt. Sollte die Sperrung noch bis zu Ihrer Wanderung anhalten, folgen Sie der markierten Umleitung für etwa 700 m weiter auf dem Kyllradweg und dann scharf rechts auf dem Forstweg bergauf, nach gut 600 m trifft er an einer Forstwegkreuzung wieder auf den Originalweg, hier scharf links (die Umleitung verlängert die Etappe um 1,2 km).

Oben folgen Sie dem Pfad nach links und treffen nach einigen weiteren Stufen auf eine Forstwegkreuzung. Hier folgen Sie dem Forstweg halb rechts und bergauf in den Wald zur ⌂ Froschley-Hütte. Hier oben auf der **Froschley** ❻ haben Sie eine gute Aussicht ins Kylltal.

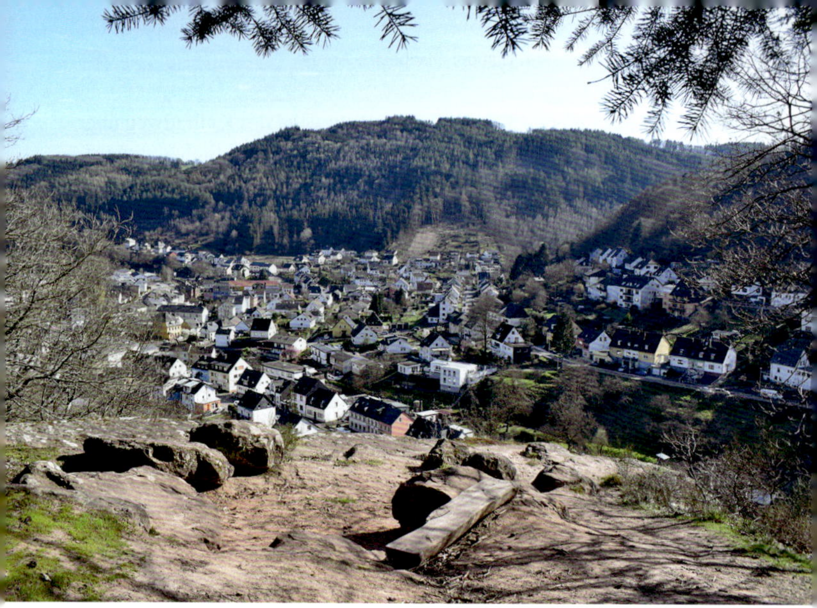

Auf der Kauley

An der Gabelung mit den zwei Sitzbänken nehmen Sie den rechten, oberen Weg. Sie wandern nun in einem weiten Rechtsbogen auf halber Höhe um den Frohnholzberg (301 m), nach gut 600 m führt ein Waldpfad scharf links bergab zu einer T-Kreuzung an einem Aussichtspunkt auf dem Sandsteinfelsen **Kauley ❼**, von dem Sie den Ort Kordel prima überschauen können.

↳ Hier sollen Sie offiziell scharf rechts durch eine Serpentine gehen, wer dafür zu müde ist, kann nach links um 800 m abkürzen, verpasst aber einige sehr schöne Sandsteinformationen. Versäumen Sie auch bei diesem Weg ins Tal nicht, sich den Aussichtspunkt von unten anzusehen, es lohnt sich!

Der Eifelsteig führt also von der Kauley in ursprünglicher Laufrichtung nach rechts und nach etwa 400 m scharf links. Hier kommt der westliche Ortseingang von Kordel in Sicht. Wenn Sie eine Brücke sehen, halten Sie sich an zwei aufeinander folgenden Gabelungen jeweils links und steigen Sie die Stufen zu der faszinierenden Felswand hinauf.

Hier in dem roten Sandstein gibt es etliche kleine Höhlen und andere Erosionen zu erkunden und zu bestaunen.

An der nächsten Gabelung sollten Sie sich den kleinen ⇘ Abstecher nach links zur **Eremitage Bruderhäuschen** nicht entgehen lassen. Eine kleine Wohnkammer, eine flache Schlafhöhle und ein überdachter Felsbalkon mit Talblick boten mehreren Eremiten ein Zuhause. Im Jahr 1703 wurde sogar eine offizielle Eremitenregel für diese Eremitage eingeführt.

Auf dem rechten Pfad geht es weiter und Sie erreichen den Fuß der Kauley, wo der Abkürzungsweg von links kommt. Sie gehen geradeaus weiter bis zu einem Kruzifix kurz vor einer Sackgasse mit Wendehammer. Dort biegen Sie scharf rechts ab, steigen die Treppe hinab und biegen nach 10 m scharf links ab. Der Pfad führt steil hinab mitten in den Ort hinein, zum Teil über Stufen. An der untersten Stufe gehen Sie nach links und am Brunnen wieder nach links. An zwei Pollern laufen Sie nach rechts durch eine Gasse („Im Gäßchen") auf die Apotheke zu.

Kordel ✉ 54306, 2.140 Einw.

☺ Es bietet sich an, in Kordel zwei Übernachtungen zu buchen, dann können Sie mit wenig Gepäck nach Trier wandern und sind mit der Bahn nach nur 12 Minuten Fahrzeit wieder zurück in Kordel.

Hotel Neyses am Park, Kreuzfeld 1, ☏ 065 05/914 00, www.hotelneyses.de, info@hotelneyses.de, ➲ am Weg, 29 Betten, ÜF EZ € 59, DZ € 90, DBZ € 118, € 10, @

♦ Gasthaus Pension Reichert, Hauptstraße 19-20, ☏ 065 05/17 57, pension-gasthaus.reichert@t-online.de, ➲ am Weg, 11 Betten, ÜF EZ € 40, DZ € 78-88, auf Anfrage, die Inhaber helfen auch bei der Wegstrecke und vermitteln bei größeren Gruppen Privatunterkünfte, Terrasse, Mo Ruhetag,

Kylltalbad, ☏ 065 05/13 08, www.gemeinde-kordel.de, solarbeheiztes Freibad mit vier Becken, großer Liegewiese, Beachvolleyballfeld und Freiluftschach

stündlich nach Trier und Köln

Taxi Thieltges, Welschbillig, ☏ 065 06/80 33

Kordel hat eine lange Geschichte: Schon die Kelten bauten hier eine Befestigungsanlage und die Römer legten ein Kupferbergwerk an. Die Nähe zu Trier brachte eine gute Infrastruktur mit sich. Der Bahnhof von 1871 steht unter Denkmalschutz.

15. Etappe: Kordel – Trier

17,2 km, 6Std., 644 m, 606 m, 132-292 m

0,0 km	138 m	Kordel
3,5 km	144 m	Parkplatz Ramstein ()
4,8 km	229 m	Hängebrücke
5,7 km	256 m	Pützlöcher ⌘
7,4 km	204 m	Klausenhöhle
9,3 km	253 m	Genovevahöhle
10,1 km	255 m	Eifelkreuz
12,6 km	251 m	Auf der Bausch
14,2 km	134 m	Biewer
17,2 km	174 m	Weißhausbrunnen

Die letzte Wanderetappe ist gleichzeitig einer der Höhepunkte des Eifelsteigs: Auf Waldwegen kommen Sie ins Butzerbachtal mit Stegen, Steigen, Felsüberhängen, Wasserfällen und zwei Hängebrücken. Hinter einem Bergwerk aus der Römerzeit und zwei beeindruckenden Sandsteinhöhlen erreichen Sie Biewer. Von dort bildet der Pfad auf den Buntsandsteinfelsen hoch über der Mosel einen perfekten Abschluss für diesen hinreißenden Fernwanderweg.

Von der Kordeler Apotheke aus gehen Sie halb links zwischen Hotel und Sparkasse über den **Altbach** (so wird der Unterlauf des Welschbilliger Bachs auch genannt) und auf der Straße neben der Bahnlinie bis zur Kimmlinger Straße (L43). Dieser folgen Sie nach rechts, nehmen die nächste

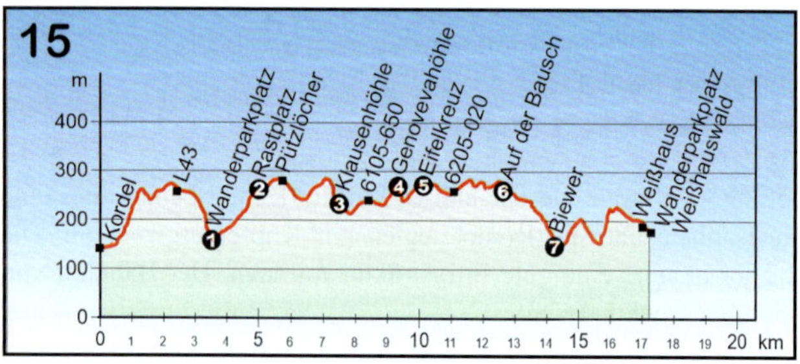

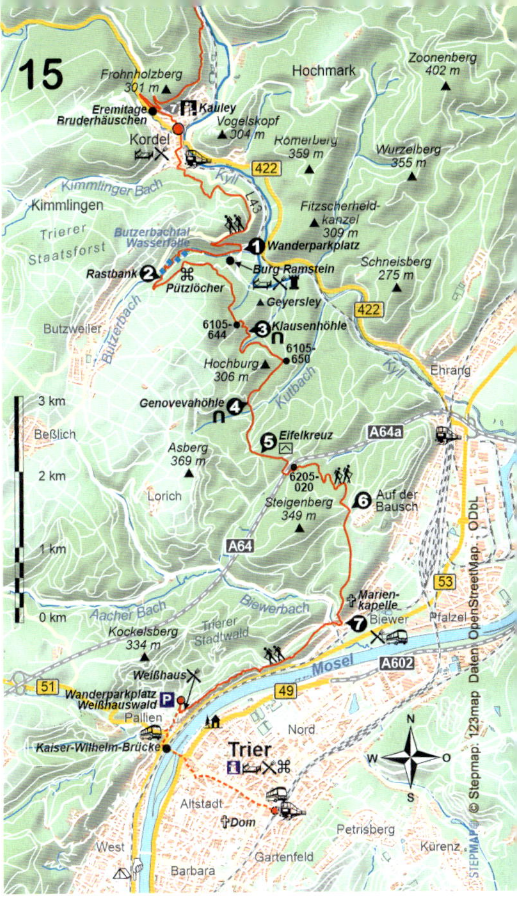

Straße links (Butzweiler Straße) und die zweite Straße rechts, hier geht es steil bergauf (Amselweg). Oben gehen Sie nach links in die Straße Am Butzerberg, die zu einem Waldweg wird. Am Ende des Weges folgen Sie dem Pfad nach rechts bergauf. Nach links haben Sie einen Ausblick hinab nach Kordel. Am höchsten Punkt des bisherigen Weges biegen Sie scharf rechts ab und wandern weiter bergauf.

Sie kommen an einen Wendeplatz für Forstfahrzeuge, dort folgen Sie dem Forstweg nach links. Er führt in weiten Bögen bergab, Sie verlassen ihn hinter einem kahl geschlagenen Hang und gehen auf einem anderen Weg nach rechts bergauf. Dieser bringt Sie zur L43, diese kreuzen Sie und gehen (links von der Leitplanke) auf dem Forstweg unterhalb der L43 und biegen nach 500 m scharf links ab. Der Eifelsteig führt nach weiteren 500 m rechts steil bergab. Sie kommen zu einem Wanderparkplatz ❶ mit Infotafeln und ⩚ Rastplatz direkt am **Butzerbach**.

Hier führt zwar ein Weg direkt hinauf zur Burg Ramstein, Sie sollten sich aber die Wanderung durch das Butzerbachtal nicht entgehen lassen. (Ausnahmen: Sie haben Probleme mit wackeligen Hängebrücken, Gittern und/oder Leitern oder einen Hund dabei, der keine Gitter/Hängebrücken laufen kann und dabei schwerer ist, als Sie tragen können. Aber selbst dann schlage ich vor, zumindest so weit zu gehen, wie Sie sich wagen, das Butzerbachtal ist wirklich malerisch schön.)

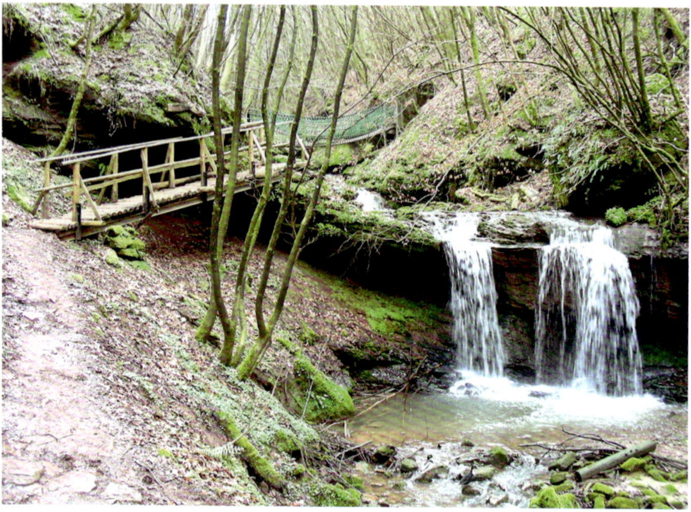

Einer der Wasserfälle im Butzerbachtal

Auf der Seite des Butzerbachs, auf der die Infotafel und der Picknicktisch stehen, folgen Sie dem wandernden Römer den Butzerbach hinauf. Beschildert ist dies mit „Wanderweg zu den Wasserfällen" und als „Römerweg". Sie wandern auf einem breiten Weg durch hohen Nadelwald, alle Baumstämme sind mit Efeu bewachsen. Der überhängende Felsen mit einem großen ⩩ Picknicktisch darunter heißt **Silvesterhöhle**. Dort führt der Weg noch geradeaus, aber nur, um Sie 25 m später scharf links über eine Treppe und einige Trittsteine auf die andere Bachseite zu bringen, damit Sie rechts den ersten Wasserfall besonders gut sehen können.

Schon nach 30 m verlassen Sie diesen relativ breiten Weg (wenn Sie sich oder Ihrem Hund das Butzerbachtal nicht zutrauen, können Sie diesem Weg folgen und können immer wieder einen Blick auf die Wasserfälle erhaschen) nach halb rechts und gehen weiter auf einem Pfad mit Handlauf.

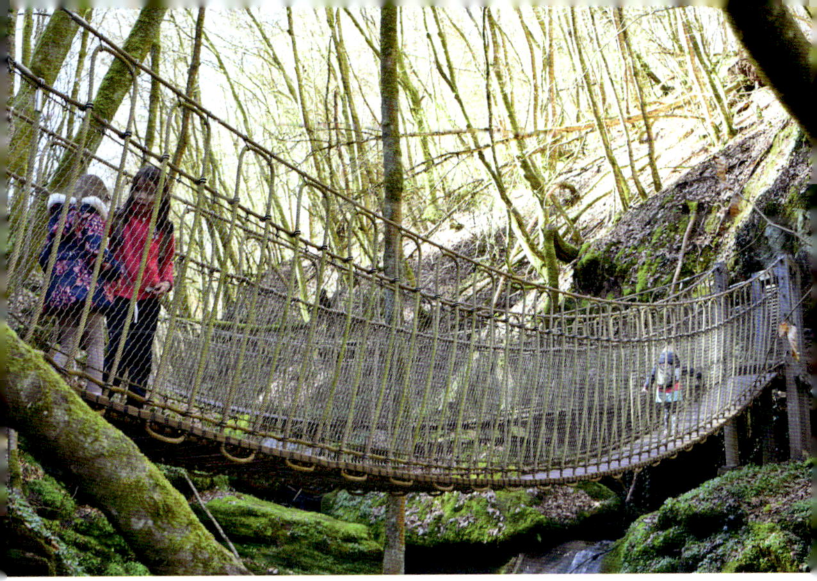

Seilhängebrücke

Auf diesem Pfad kommen Sie an einige Wasserfälle, wechseln noch weitere sechs Male die Bachseite und laufen über Knüppelstege und Leitern. Sogar eine im Zickzack geführte **Seilhängebrücke** wurde über den Bach gespannt – fast also ein Abenteuerspielplatz für Große.

Hinter der letzten Holzbrücke führt eine lange **Treppenflucht** bergauf. An deren Ende erholen Sie sich auf einer Rastbank ❷, dann folgen Sie geradeaus dem Wegweiser zum römischen Bergwerk. Über einen Teerweg gehen Sie nach links (rechts geht es nach Butzweiler). Hinter einer Jagdhütte nehmen Sie den Weg links bergab.

Sie erreichen die ⌘ **Pützlöcher**. Es handelt sich dabei um runde und ovale Schächte mit einem Durchmesser von etwa 120 cm, die zu einem römischen Kupfererzbergwerk aus dem 1. bis 2. Jh. führen.

An einer Weggabelung gehen Sie links einige Stufen bergab. Sie ignorieren einen Weg von hinten rechts und kommen zu einer Kreuzung.

↳ ♜ Dort führt ein Weg nach links zur Burg Ramstein (➲ 300 m). Burg Ramstein war Landesburg der Trierer Erzbischöfe, sie setzten die 20 m hohe Wohnturmburg mit vier Stockwerken auf einen Buntsandsteinfelsen.

🚪 Burgbesichtigungen sind von 10:00-19:00 möglich.

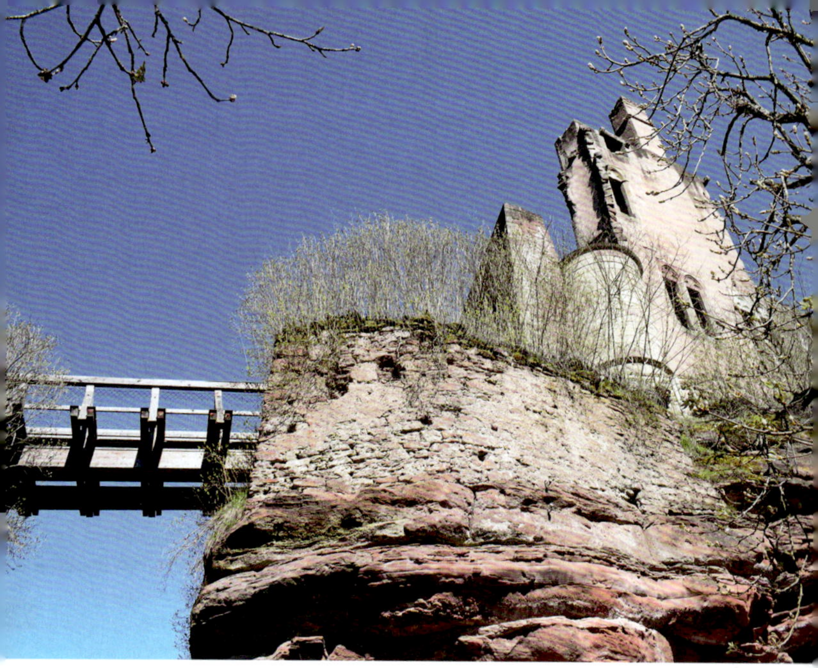

Burg Ramstein

🛏 ✕ Hotel Burg Ramstein, 54306 Kordel, ☏ 065 05/17 35, 💻 www.burgramstein.de, ✉ info@burg-ramstein.de, ➲ 300 m, 25 Betten, ÜF EZ ab € 50, DZ ab € 80, DBZ ab € 115, 🐕 € 10 (nur nach Absprache), 🚪 Mi Ruhetag, 3 km von der nächsten Ortschaft entfernt mit herrlicher Aussicht auf das Kylltal, @ 🚗 💼

♦ Kräuterhotel Villa Vontenie, Burg Ramstein 1, 54306 Kordel, ☏ 065 05/912 61 28, 💻 www.villavontenie.de, ✉ info@villavontenie.de, ➲ 280 m, 30 Betten, ÜF EZ € 59, DZ 69-99, DBZ € 79-112, 🚭 🍎

Sie gehen nun in bisheriger Laufrichtung geradeaus (von der Burg Rammstein kommend müssen Sie links) 1,2 km bergauf. An einer Wegkreuzung mit Rettungspunkt (6105-644), Hütte und Infotafel gehen Sie nach links und nach 50 m an einem ⛼ Picknicktisch nach rechts.

↳ Hier liegt geradeaus in 500 m Entfernung der mächtige Geyersley-Felsen.

Auch den nächsten Weg gehen Sie rechts und bergab, dann links, es geht unter einer Stromleitung hindurch und wird steiler, zum Teil müssen Sie auch Stufen laufen. Ein echtes Highlight dieser Etappe ist die ∩ **Klausenhöhle ❸**, eine Eremitage in einer großen Sandsteinhöhle, in der die Einsiedler des Mittelalters sogar auf zwei Wohnebenen lebten. Zum oberen „Raum", der wohl als Schlafraum genutzt wurde und sogar ein Fenster hat, gelangen Sie über eine Leiter.

In Serpentinen laufen Sie weiter ins Tal. Dort gehen Sie mit Marcus, dem wandernden Römer, nach rechts dem **Laufbach** entgegen. Sie überqueren diesen und folgen dem Weg durch eine Linkskurve, dann in einem langen Bogen nach rechts. Auch an den nächsten zwei Kreuzungen folgen Sie dem netten Römer. Rechts ist der wuchtige Sandsteinfels der **Hochburg** zu sehen, den von der Hochburg kommenden Weg von scharf rechts ignorieren Sie.

An der Klausenhöhle

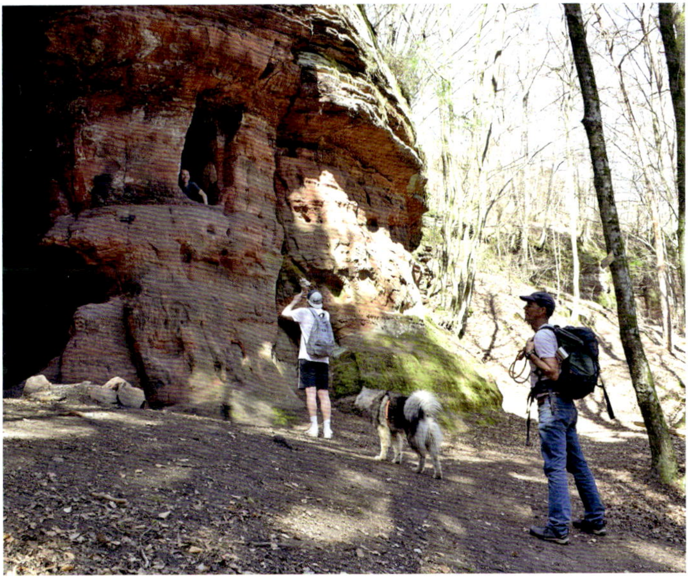

Am nächsten Rettungspunkt (6105-650, mit Sitzbank) gehen Sie nach rechts Richtung Genovevahöhle. Gehen Sie auch an der nächsten Wegkreuzung nach rechts. Der Weg führt zur ∩ **Genovevahöhle ❹**, sie ist 10 m hoch und 15 m breit.

In der großen Genovevahöhle erscheinen selbst ausgewachsene Neufundländer winzig

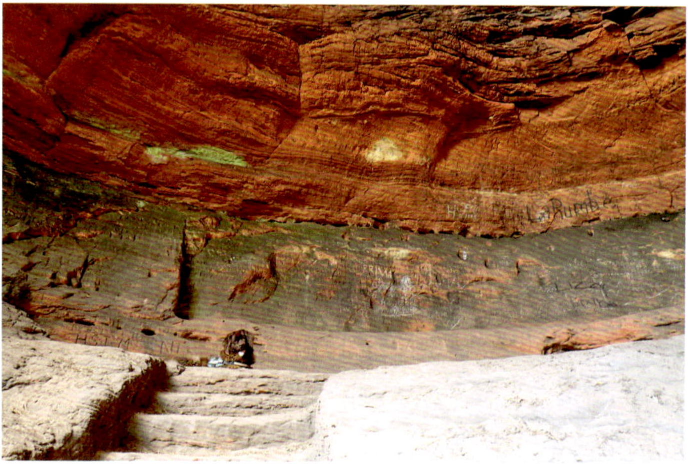

Wie die Genovevahöhle zu ihrem Namen kam

Ursprünglich hieß die Höhle, vor der Sie jetzt stehen, Kuttbachhöhle. Als ein Beamter aus Mayen bei einer Wanderung dieser Höhle ansichtig wurde, erinnerte er sich an die Legende der Genoveva und benannte die Höhle um.

Der Sage nach hatte Pfalzgraf Siegfried im Jahr 75 n. Chr. die hübsche Genoveva zur Frau genommen, sie war die Tochter des Herzogs von Brabant. In diesen unruhigen Zeiten zog er von einer Fehde zur nächsten und musste seine Frau und seinen neugeborenen Sohn häufig allein zurück lassen. Von Eifersucht geplagt unterstellte er ihr ein Techtelmechtel mit dem Haushofmeister Golo und verstieß sie. Sie flüchtete in den Ardennenwald und ernährte sich von Beeren und Pilzen. Bald schon bereute Siegfried sein Tun und suchte überall nach den beiden. Erst nach Jahren fand er sie wieder und brachte sie glücklich wieder nach Hause.

Direkt vor dem Höhleneingang geht es links steil bergab. Unten an der Sitzbank gehen Sie quasi geradeaus. Sie gehen über den **Kuttbach** und erreichen einen Forstweg, hier wandern Sie rechts durch das Tal und hinauf zu einer T-Kreuzung. Dort biegen Sie links ab und laufen nach 15 m nach rechts. Folgen Sie dem Forstweg halb rechts bergauf. Wenn es wieder kurz bergab geht, gehen Sie weiter geradeaus.

Der Eifelsteig führt am **Eifelkreuz** ❺ geradeaus weiter. Sie nehmen also den der ⌂ Hütte am nächsten liegenden Weg, er führt auf die schon am Eifelkreuz gut vernehmbare A64a zu.

An einer Kreuzung mit Sitzbank folgen Sie dem Weg rechts, dieser macht an einer Infotafel (hinter dem Tor ist ein Schnellstraßenparkplatz) einen Rechtsknick und führt unter der **A64a** hindurch. Hinter der Sitzgruppe 393 (Rettungspunkt 6205-020) gehen Sie links und nehmen hinter der Lagerhalle den breiten Weg rechts.

Er windet sich auf den nächsten 1,5 km mehrfach hin und her, hält aber ungefähr die Höhe. An einem Baum voller Schuhe an den Wohnblocks in der Straße **Auf der Bausch** ❻ (Rettungspunkt 6206-151) trifft der Eifelsteig auf den **Moselsteig**.

Gehen Sie hinter dem Parkplatz nach rechts, hier sind gleichzeitig der Moselsteig und der Mosel-Camino markiert. Zunächst am Waldrand, dann über offene Wiesen laufen Sie zum nächsten Waldgebiet. Die Wegweiser führen Sie zu einer **Marienkapelle**, dort nehmen Sie den mittleren Pfad. Hinter dem TV-Umsetzer treffen Sie wieder auf den bisherigen breiteren Weg, dem Sie nach links folgen. Sie laufen vor einem Felsen links den steilen Hang hinab und zwar auf einem hässlichen schmalen Weg zwischen zwei Mauern mit glitschigen, unebenen Stufen.

In **Biewer** ✕ 🍷 🛏 🚌 ❼ biegen Sie rechts in die Biewerer Straße ein. An der Ampel mit dem Jakobsbrunnen gehen Sie rechts in die Donaustraße. Sie gehen auf einer Steinbrücke über den Biewerbach, dann links von einem Turm durch einen Torbogen. An der folgenden Kreuzung nehmen Sie halb links den Pfad bergauf zwischen den Hausnummern 28 und 30 hindurch, dahinter gehen Sie links bergauf. Hier nun stößt auch die von Köln nach Trier führende Via Coloniensis zu den anderen Fernwanderwegen.

Gehen Sie auf dem **Bergrücken** nach rechts. Nun haben Sie einen Blick nach links ins Moseltal – zunächst auf das Gewerbegebiet, hinter dem ersten Aussichtspunkt dehnt sich der Ausblick auf das ganze Stadtgebiet aus.

Die nun folgende Strecke ist eine ungefährliche Gratwanderung entlang roter Sandsteinfelsen hoch über der Mosel. Hinter der gesperrten Treppe wandern Sie weiter bergauf, das bedeutet Sie gehen über weitere Treppenstufen links am Zaun hinauf. Dort lädt ein weiterer Aussichtpunkt zu einer Pause ein. Hier bietet sich Ihnen ein Ausblick auf die Kaiser-Wilhelm-Brücke zwischen Trier und Pallien.

Auch hinter dem Aussichtspunkt nehmen Sie den steileren Weg, gehen also nach links. Hinter der nächsten Pfadkreuzung erreichen Sie das ✕ **Weißhaus**.

✕ Villa Weißhaus, villa-weisshaus.de, tägl. 11:30-21:00, regionale Köstlichkeiten und leckere Brotzeiten.

Rechts vom Weißhaus gehen Sie an dessen Rückseite entlang, dann rechts die Treppe hinab. Auf halber Höhe laufen Sie rechts zur Schranke und zum Endpunkt des Eifelsteigs auf dem **P** **Wanderparkplatz Weißhauswald**. Eine letzte Infostele gibt Ihnen einen Überblick über die zurückgelegte Strecke.

Glückwunsch! Sie haben das Ziel Ihrer Eifelsteigwanderung erreicht und können mächtig stolz auf sich sein. Das war eine echte Leistung.

Werden Sie am Zielpunkt nicht abgeholt, folgen Sie am Endpunkt der Wanderung den Markierungen des Eifelsteig-Zuwegs. Er trägt auch das Eifelsteig-Logo, ist aber in Gelb gehalten. Sie passieren ein altes Tor, auf das Sie beim Abstieg vom Weißhaus bereits zugelaufen sind und gehen links zwischen Hecken hindurch. Am Ende des Weges folgen Sie links dem Teerweg und erreichen über eine Treppe die letzten Sandsteinfelsen. Gehen Sie nun links auf dem Gehweg neben der Straße hinab zur Kaiser-Wilhelm-Brücke in **Trier-Pallien**.

Ferienhaus Palagena, Palliener Straße 18, 54294 Trier-Pallien, 01 77/854 35 28, www.palagena.de, trier@palagena.de, Ferienhaus mit 3 Doppelzimmern, 4 Personen € 200/Nacht, 6 Personen € 280/Nacht, Vermietung ab 2 Nächten, @

Zur Innenstadt von Trier kommen Sie nun über die **Kaiser-Wilhelm-Brücke**, Sie folgen dafür zunächst den Markierungen des Moselhöhen-

Verbindungsweges, später den Wegweisern „City/Innenstadt". An der Haltestelle „Bitburger Straße" halten auch die Buslinien 7 und 87, sie bringen Sie unmittelbar zum Hauptbahnhof. Sie können auch die Linien 3 und 8 nehmen, dann müssen Sie einmal an der Porta Nigra umsteigen. Zu Fuß benötigen Sie von der Brücke etwa eine halbe Stunde zum Hauptbahnhof. Orientieren Sie sich dafür am Stadtplan auf S. 213.

Trier

BANK

54290-54296, 111.500 Einw.

Trier Tourismus und Marketing GmbH, Simeonstraße 55, 06 51/978 08-0, www.trier-info.de, info@trier-info.de, Die aktuellen Öffnungszeiten stehen auf der Homepage.

Beckers Hotel und Restaurant, Olewiger Straße 206, 06 51/938 08-0, www.beckers-trier.de, info@beckers-trier.de, 40 Betten, ÜF ab € 85,

♦ Nells Park Hotel, Dasbachstraße 12, 06 51/14 44-0, www.nellsparkhotel.de, info@nellsparkhotel.de, 159 Betten, ÜF EZ ab € 75, DZ ab € 116, € 15 nach Anmeldung, € 8,90, Hotel am größten Park von Trier mit Sauna, @

Hotel Deutschherrenhof, Deutschherrenstraße 32, 06 51/605 50 01, www.hotel-deutschherrenhof-trier.de, hdhhotel@online.de, ÜF EZ € 63-70, DZ € 88-105, DBZ € 135-155

Warsberger Hof, Kolpinghaus, Dietrichstraße 42, 06 51/97 52 50, www.warsberger-hof.de, info@warsberger-hof.de, Jugendgästehaus/Hostel in der Trierer Altstadt, 20 Min. zum Hbf, Ü im EZ ab € 39, im DZ ab € 34,50, im MBZ € 22,50, Frühstück € 8,20, € 7,50

♦ Römerstadt-Jugendherberge, An der Jugendherberge 4, 06 51/14 66 20, www.diejugendherbergen.de, trier@diejugendherbergen.de, 370 Betten, ÜF EZ ab € 32,80, im DZ ab € 30,50, im MBZ ab € 24,40, moderne Jugendherberge an der Mosel mit Spielen und Bistro, @ DJH-Ausweis erforderlich

♦ Evergreen Hostel, Gartenfeldstraße 7, 54295 Trier, 06 51/69 98 70 26, 015 78/856 95 94, www.evergreen-hostel.de, info@evergreen-hostel.de, nahe am Palastgarten, 42 Betten, Ü im EZ € 40-44, im DZ € 25-28, im MBZ 19-21, F € 8, @

Camping- und Reisemobilpark Treviris, Luxemburger Straße 81, 06 51/8 69 21, www.camping-treviris.de, info@camping-treviris.de, Ü € 6,30-6,60, Zelt € 5,30-6,30, € 1,80, am Ufer der Mosel, parkähnlich angelegt, mit kleinem Kiosk, Schließfächer mit Steckdose für Zeltgäste, € 1, @

Falls Sie danach noch weiter wandern, ist Trier eine gute Adresse für Wanderschuhe (www.bergfest-trier.de), Schuhreparaturen (www.schuhmacher-trier.de) und orthopädieschuhtechnische Betreuung (www.poss-trier.de).

Antikenfestspiele Trier, finden im Sommer vor der Kulisse der historischen Gebäude statt, www.antikenfestspiele.de

Stadtbad Trier, Südallee 10-12, www.stadtbad.info, Hallenbad mit sieben Becken, Whirlpool, Sauna, Massage, Sonnenterrasse und Cafeteria

♦ Freibad Trier-Süd, An der Härenwies, Bad für Schwimmer, Nichtschwimmer, und für Liebhaber von Rutschen und Springtürmen

♦ Freibad Trier-Nord, Zurmaiener Straße 122, Schwimmer- und Nichtschwimmerbecken, 1-m- und 3-m- Sprungbrett, Beachvolleyballfelder

InterCity direkt oder mit Anschluss in Saarbrücken und Koblenz, ICE846 über Koblenz, Köln, Düsseldorf, Ruhrgebiet, Hannover und Wolfsburg nach Berlin

Personenschifffahrt Kolb, Georg-Schmitt-Platz (Anleger: Stadthafen Trier-Zurlauben), www.kolb-mosel.de, Linienverkehr auf der Mosel nach Bernkastel und auf der Saar nach Saarburg

♦ Entente Touristique de la Moselle Luxembourgeoise, Stadthafen Trier-Zurlauben, www.entente-moselle.lu, Moselschiffahrten nach Bernkastel, Schweich, Grevenmacher und Schengen

Busverbindungen nach Pallien und Biewer

☺ TrierCard: Freie Fahrt auf den Buslinien der Stadtwerke Trier und Ermäßigungen von 10 bis 30 % auf den Besuch der Römerbauten, Rundfahrten, Stadtbesichtigungen, Schwimmbäder und bei anderen Anbietern. Sie ist an drei aufeinanderfolgenden Tagen gültig und kostet für Einzelpersonen € 15.

Taxi-Zentrale Trier, ☏ 06 51/120 12

⌘ Porta Nigra, Simeonstraße. Das Stadttor aus dem 2. Jahrhundert ist das Wahrzeichen von Trier. Im Laufe der Geschichte war es Verteidigungsanlage, Einsiedlerei und Kirche. Mein ganz besonderer Tipp: Treten Sie nach Abschluss der Wanderung als Legionär in die römische Armee ein, indem Sie sich eine Karte zur Erlebnisführung „Das Geheimnis der Porta Nigra“ kaufen. So eine Führung haben Sie bestimmt noch nicht erlebt!

⌘ Kaiserthermen, Weberbach. Römischer Badepalast aus dem 4. Jahrhundert. Im Sommer ist die Erlebnisführung „Verrat in den Kaiserthermen“ sehr zu empfehlen.

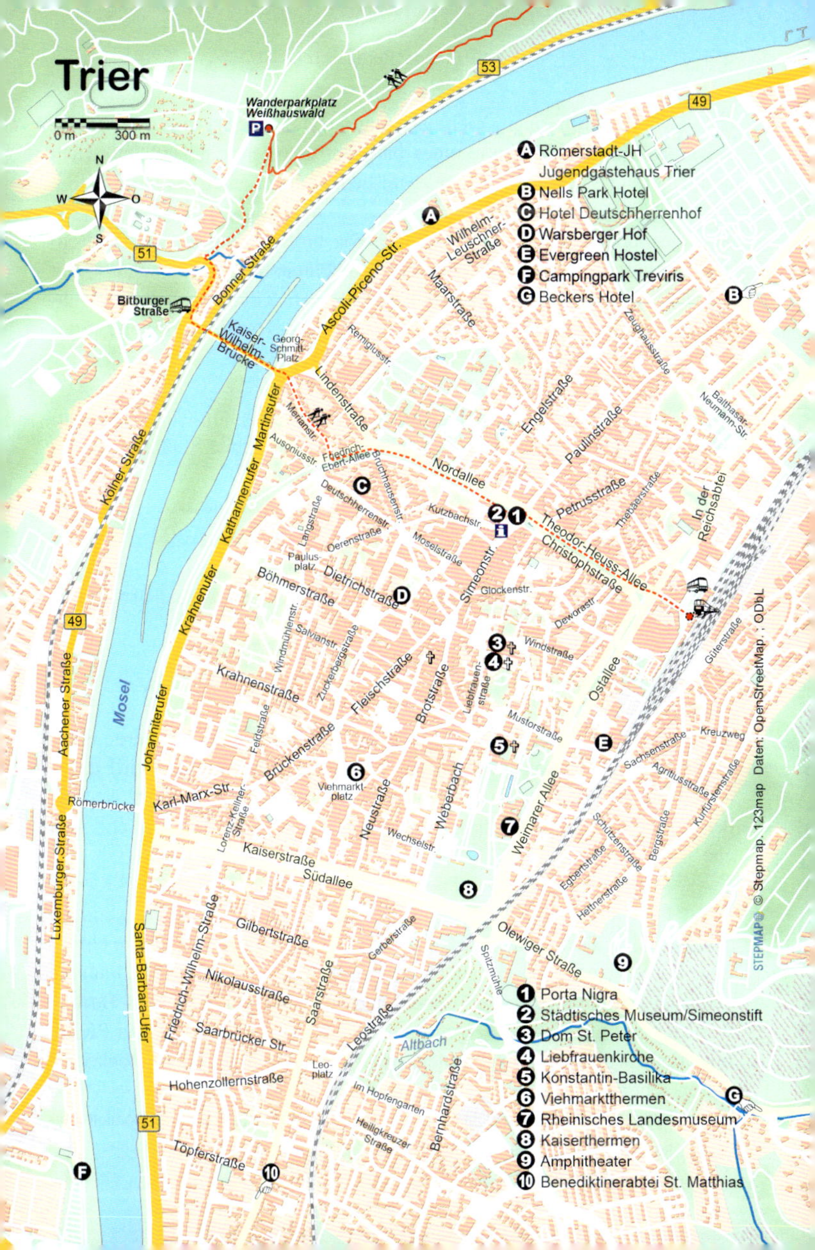
Trier
0 m
300 m
N
W
O
S
Wanderparkplatz
Weißhauswald
P
53
49
51
A Römerstadt-JH
Jugendgästehaus Trier
B Nells Park Hotel
C Hotel Deutschherrenhof
D Warsberger Hof
E Evergreen Hostel
F Campingpark Treviris
G Beckers Hotel
Bitburger Straße
Bonner Straße
Ascoli-Piceno-Str.
Wilhelm-Leuschner-Straße
Maarstraße
Kaiser-Wilhelm-Brücke
Georg-Schmitt-Platz
Remigiusstr.
Zeughausstraße
Lindenstraße
Martinsufer
Katharinenufer
Krahnenufer
Johanniterufer
Santa-Barbara-Ufer
Kölner Straße
Aachener Straße
Luxemburger Straße
Mosel
Engelstraße
Paulinstraße
Balthasar-Neumann-Str.
Meriansstr.
Ausoniusstr.
Friedrich-Ebert-Allee
Nordallee
Bruchhausenstr.
Deutschherrenstr.
Kutzbachstr.
Petrusstraße
Thebäerstraße
In der Reichsabtei
Theodor-Heuss-Allee
Christophstraße
Langstraße
Oerenstraße
Moselstraße
Simeonstr.
Paulus-platz
Dietrichstraße
Böhmerstraße
Glockenstr.
Deworastr.
Windmühlenstr.
Salvianstr.
Zuckerbergstraße
Windstraße
Güterstraße
Krahnenstraße
Fleischstraße
Brotstraße
Liebfrauen-straße
Ostallee
Mustorstraße
Kreuzweg
Feldstraße
Brückenstraße
Sachsenstraße
Agritiusstraße
Kurfürstenstraße
Römerbrücke
Karl-Marx-Str.
Viehmarkt-platz
Neustraße
Weberbach
Weimarer Allee
Schützenstraße
Bergstraße
Lorenz-Kellner-Straße
Wechselstr.
Egbertstraße
Kaiserstraße
Südallee
Hettnerstraße
Friedrich-Wilhelm-Straße
Gilbertstraße
Gerberstraße
Olewiger Straße
Spitzmühle
Nikolausstraße
Saarstraße
Saarbrücker Str.
Leostraße
Altbach
Leo-platz
Hohenzollernstraße
Bernhardstraße
Im Hopfengarten
Heiligkreuzer Straße
Töpferstraße
1 Porta Nigra
2 Städtisches Museum/Simeonstift
3 Dom St. Peter
4 Liebfrauenkirche
5 Konstantin-Basilika
6 Viehmarktthermen
7 Rheinisches Landesmuseum
8 Kaiserthermen
9 Amphitheater
10 Benediktinerabtei St. Matthias
STEPMAP © Stepmap. 123map Daten: OpenStreetMap.; ODbL

⌘ Viehmarktthermen, Viehmarktplatz. Die ehemalige römische Badeanlage und die Kellerräume eines barocken Klosters sind gut überdacht und daher auch bei ungünstigen Wetterbedingungen einen Besuch wert.

⌘ Amphitheater, Olewiger Straße. Die große Arena für Gladiatoren- und Tierkämpfe hatte einen großen begehbaren Keller und sogar einen Bühnenlift. Wer sich in der Erlebnisführung von „Gladiator Valerius" führen lässt, dem wird das Herz schwer angesichts des Schicksals vieler römischer Gladiatoren.

⌘ Stadtgeschichtliches Museum direkt neben der Porta Nigra, kostenloser Audioguide. Besonders eindrucksvoll ist das große Stadtmodell von Trier.

♦ Städtisches Museum Simeonstift, Simeonstraße 60, 54290 Trier,
💻 www.museum-trier.de

⌘ Das Rheinische Landesmuseum ist ein archäologisches Museum zur Kultur und Kunst der Moselregion aus allen Epochen.

♦ Rheinisches Landesmuseum, Weimarer Allee 1, 54290 Trier,
💻 www.landesmuseum-trier.de

✞ Konstantin Basilika, Weberbach. Im Jahre 310 n. Chr. wurde diese große Halle als Thronsaal für Kaiser Konstantin gebaut, sie wird daher auch Römische Palastaula genannt und gilt als der größte säulenlose Saal der Antike nördlich der Alpen. Inzwischen ist sie eine evangelische Kirche.

✞ Dom und Liebfrauenkirche, Domfreihof. Über einer Palastanlage aus der Zeit Kaiser Konstantins wurde im 4. Jahrhundert die größte christliche Kirche der Antike gebaut. Sie ist die älteste Bischofskirche Deutschlands und allein wegen der Gestaltung ihres Innenraums einen Besuch wert: Es gibt nur einen einzigen Punkt, an dem man die tragenden Pfeiler mit allen zwölf Aposteln und den zwölf apostolischen Glaubensbekenntnissen sehen kann.

⊙ Pilger, die den Dom besucht haben, erhalten ihren Pilgerstempel in der Dominformation schräg gegenüber: Liebfrauenstraße 12, 54290 Trier,
💻 www.dominformation.de.

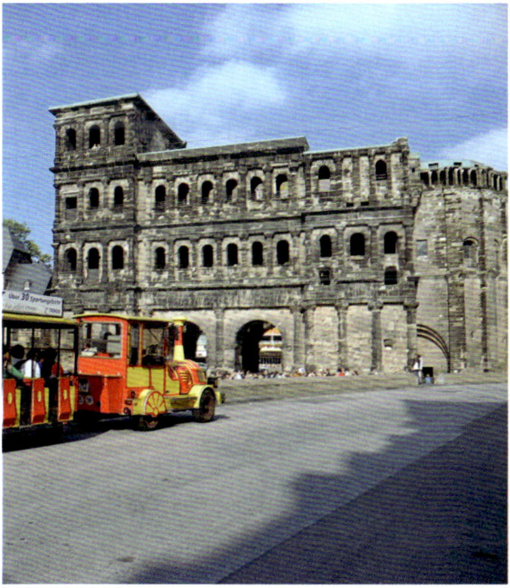

Porta Nigra, 📷 Dirk Winter

✞ Benediktinerabtei St. Matthias: Seit dem 12. Jahrhundert wird in dieser romanischen Basilika das Grab des Apostels Matthias verehrt. Pilger haben also die Möglichkeit, während Ihrer Pilgerfahrt gleich zwei Apostelgräber zu besuchen: Hier das Grab des Heiligen Matthias (übrigens das einzige Apostelgrab nördlich der Alpen) und in Santiago de Compostela dann das Grab des Heiligen Jakobus.

♦ Benediktinerabtei St. Matthias, Matthiasstraße 85, 54290 Trier, 💻 www.abteistmatthias.de

Sie wollen Ihre Wanderschuhe in Trier noch nicht ausziehen? Dann haben Sie u.a. zur Auswahl:

▷ den Saar-Hunsrück-Steig durch den Naturpark Saar-Hunsrück nach Idar-Oberstein und/oder Mettlach-Orscholz, gesamt 180 km, 💻 www.saar-hunsrueck-steig.de.

📖 Deutschland: Saar-Hunsrück-Steig von Wolfgang & Idhuna Barelds, OutdoorHandbuch Band 249, ISBN 978-3-86686-249-4, € 12,90

▷ den Jakobsweg nach Santiago de Compostela über Vézelay oder Le Puy, ab hier noch ca. 2.000 km

📖 Jakobsweg Trier – Le Puy-en-Velay von Martin Simon und Ingrid Retterath, Outdoor-Handbuch Band 211, ISBN 978-3-86686-662-1, € 16,60 oder

♦ Jakobsweg Trier – Vézelay von Martin Simon und Ingrid Retterath, OutdoorHandbuch Band 194, ISBN 978-3-86686-688-1, € 16,90

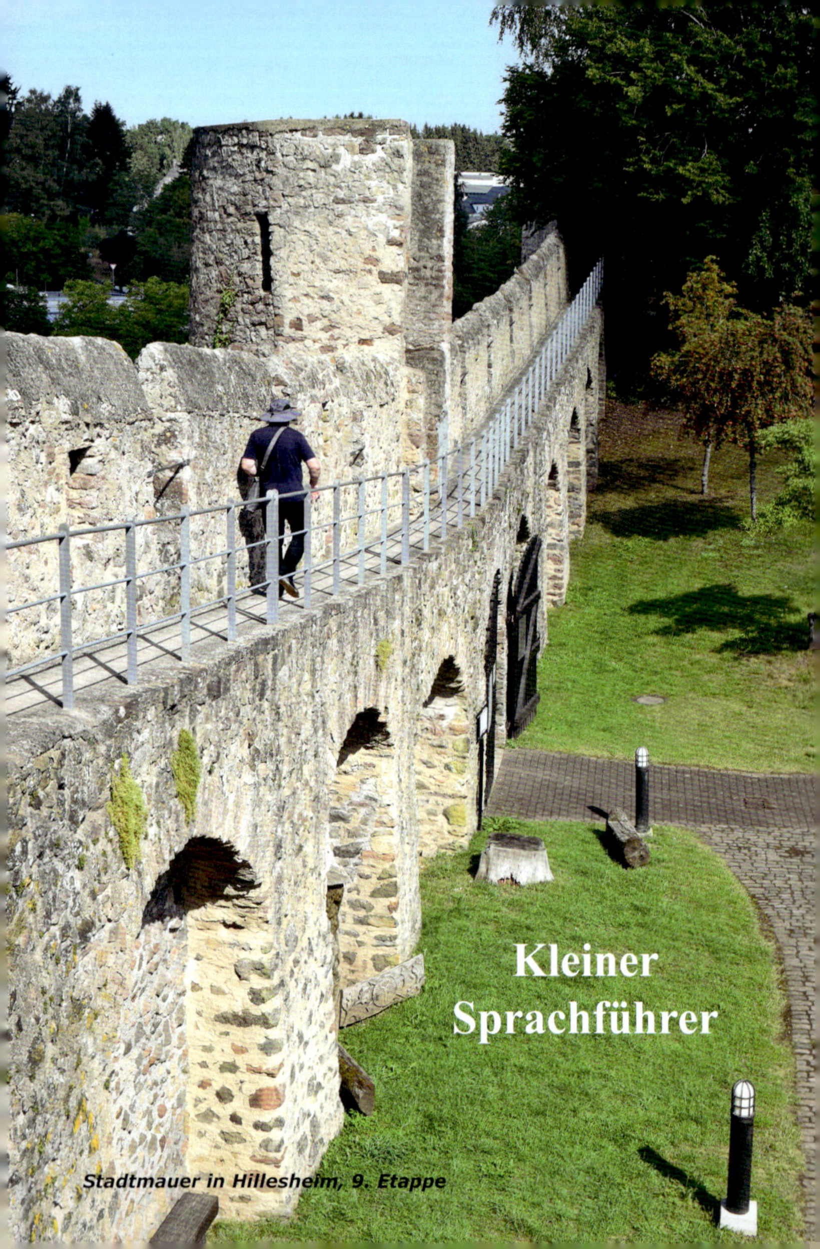

Stadtmauer in Hillesheim, 9. Etappe

In der Eifel, im belgischen Hohen Venn und an der Mosel wird Hochdeutsch gesprochen und verstanden, mein Sprachführer für den Eifelsteig beschränkt sich daher auf kleine Höflichkeitsfloskeln und ist so zu lesen, dass Sie mein Augenzwinkern sehen.

Je kleiner der Ort und je uriger die Eckkneipe, desto eher werden Sie mit Kölsch, Rheinisch, Moselfränkisch oder Eifeler Platt zu tun bekommen. Dazwischen gibt es oft kleine, bisweilen auch deutliche Abweichungen, die hier aber unberücksichtigt bleiben sollen.

Survival-Phrasen

Die typische Begrüßung in der Eifel verläuft nach einem scheinbar standardisierten Ablaufschema, das auch aus dem Rheinland bekannt ist und für den Reisenden mitunter einen Abend auf der Kleinkunstbühne ersetzt. Dabei werden Sie immer weniger Rheinisch und immer mehr Moselfränkisch hören, je weiter Sie nach Süden vordringen. Hören Sie einfach zu und genießen Sie:

Zunächst wird die Tageszeit genannt, bei mehreren Personen stets gefolgt von zesamme:

Guten Morgen!	Morje (zesamme)!
Guten Tag!	Daach (zesamme)!
Guten Abend!	N'Ovend (zesamme)!

Danach fragt man sein Gegenüber nach dem werten Befinden. Kennt man die Familie, wird sie nun einzeln abgecheckt:

Wie geht's?	Wie isset?
Und die Gemahlin?	Un de Frau?
Und die Kinder?	Un de Pänz?
Und der Herr Vater?	Un de Papp?
Und die Frau Mutter?	Un de Mamm?
Und das Auto?	Un et Auto?
Und der Hund?	Un de Hungk?

Zwingende Abschlussfrage (egal wie tief man in die Verästelungen des Stammbaums gegangen ist, wer es eilig hat, steigt sogar mit dieser Frage in ein Gespräch ein):

Und ansonsten?	Un sons? (Nordeifel)
Und ansonsten?	Unn? (Südeifel)

Der höfliche Gesprächspartner antwortet stets ohne Nachdenken (selbst mit Kopf unter dem Arm):

Gut!	Jot! (Nordeifel)
Irgendwie muss es gehen!	Muss! (Südeifel)

Dann erst steigt man in ein Gespräch ein. Wichtiges Vokabular:

Ja	jo
Nein	enä
Bitte (erbitten)	Sid e so jot un ... (Sind Sie so gut und ...)
Bitte (beim Anreichen)	Dä!
Danke	Isch dank der
Bitte (auf Danke)	Bitteschön!
Wie bitte?	Wat ess?
Wie spricht man das aus?	Wie sät mer dat?
Verzeihung/Entschuldigung!	Pardong!
Sekunde/Moment bitte!	Momang!
Kneipe	Weetschaff
Prost!	Prost!
Rhein	Rhing

Ein Trierer holt, wenn jeder andere nimmt. Er holt also während einer Eifelsteigwanderung oder Diät ein paar Kilo ab und holt Medikamente ein, wenn er krank ist. Holen Sie dann bitte auch bei Ihrer Laufgeschwindigkeit Rücksicht auf ihre moselfränkischen Mitwanderer und versuchen Sie bloß nicht, ihm den Unterschied zu erklären! Dann könnten Sie auch Berlinern den Unterschied zwischen mir und mich erklären oder die Mosel bitten, ihre Fließrichtung zu ändern.

Beendet wird das Gespräch mit:

Auf Wiedersehen!	Tschö (zesamme)! (weit verbreitet: „Tschö mit Ö!“)
Gute Nacht!	Naach (zesamme)!
Machs gut! Macht es gut!	Machet jot! Maadet jot!

Der Trierer ist dabei eher maulfaul: Er ersetzt Fragen wie „Wie geht's?“, „Was gibt es Neues?“, „Wie geht es deiner Frau?“, „Trinkst du einen mit?“, „Was hast du all die Jahre gemacht?“ oder gar die ganze Fragenlitanei mit „Unn?“ (Und?), die Antwort ist stets (!) „Muss!“.

Index

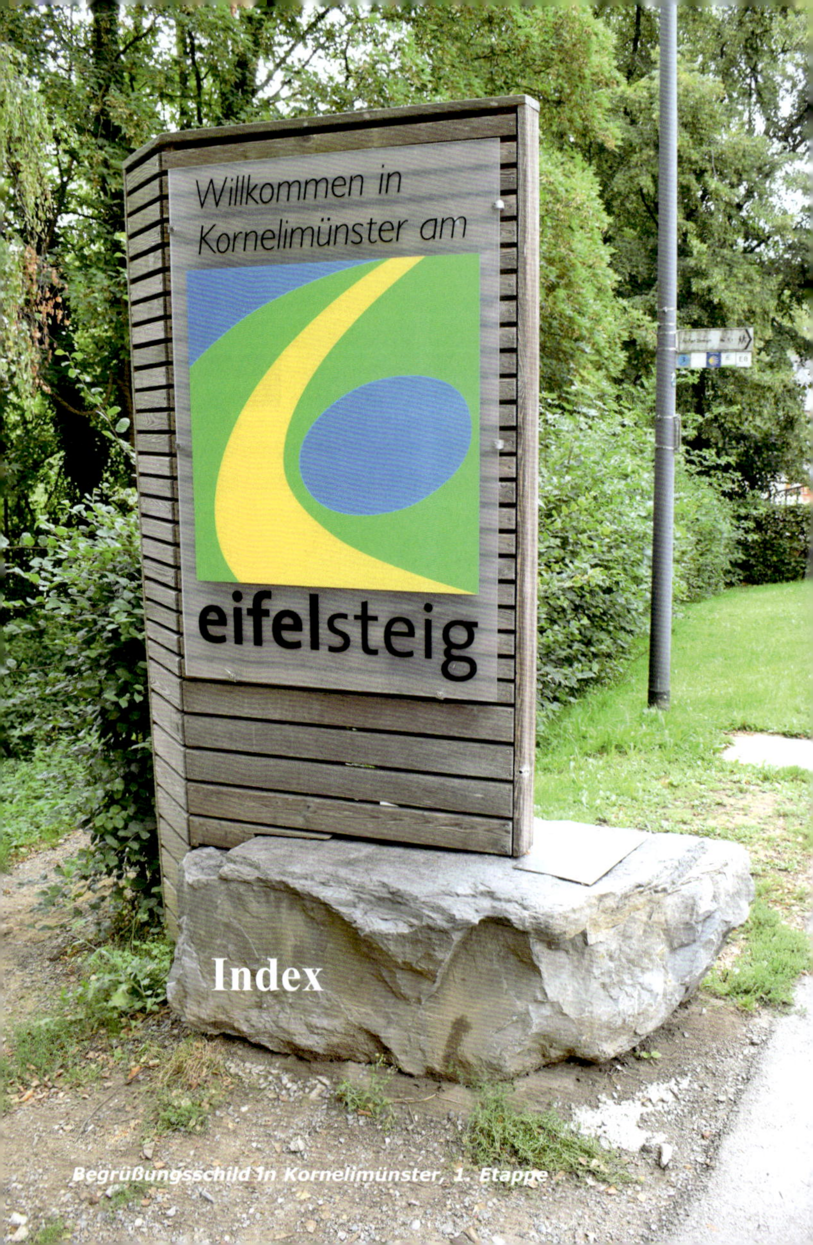

Begrüßungsschild in Kornelimünster, 1. Etappe

W

Z